임진전쟁과
민족의 탄생

임진전쟁과 민족의 탄생

2019년 9월 30일 제1판 1쇄 인쇄
2019년 10월 7일 제1판 1쇄 발행

지은이   김자현
옮긴이   주채영
펴낸이   이재민, 김상미

편집   이상희
디자인   달뜸창작실, 정희정

종이   다올페이퍼
인쇄   천일문화사
제본   길훈문화

펴낸곳   너머북스
주소   서울시 서대문구 증가로20길 3-12
전화   02) 335-3366, 336-5131 팩스 02) 335-5848
홈페이지 www.nermerbooks.com
등록번호 제313-2007-232호

ISBN 978-89-94606-55-2 93910

너머북스와 너머학교는 좋은 서가와 학교를 꿈꾸는 출판사입니다.

임진전쟁과
민족의 탄생

김자현 지음

윌리엄 하부시, 김지수 편집
주채영 옮김

The Great
East Asian War and
The Birth of
the Korean Nation

너머북스

옮긴이 일러두기

1. 역사 용어나 한자음은 현재 국내 학계 기준을 따랐다.

2. 한문 번역 주석에는 다음의 번역을 참고하였다.

    - 조선왕조실록: 국사편찬위원회 조선왕조실록 사이트 http://sillok.history.go.kr
    - 「亂中雜錄」: 『國譯 大東野乘』 6·7권, 민족문화추진회, 1971.
    - 吳希文, 海州吳氏楸灘公派宗中譯, 『瑣尾錄』, 국사편찬위원회, 1971.
    - 高敬命, 고씨 종문회 옮김, 『(國譯) 霽峯全書』, 韓國精神文化硏究院, 1980.
    - 「강도몽유록」: 구인환 엮음, 「강도몽유록」, 『몽유록』, 신원문화사, 2004.

3. 일문 자료는 원문을 따라 재번역하였다.

4. 서지사항은 원서의 표기법을 따르되, 주석과 참고문헌의 세부 분류는 역자가 재조정했으며, 일부 오류가 있는 부분은 바로잡았다.

5. 주석과 참고문헌에서 한국인 저자와 일본인 저자는 영문 저작일 경우에는 영문으로 표기하고 한국어 저작 혹은 일본어 저작일 경우에는 해당 언어로 표기했다.

6. 주석에서 [MD]는 편집자인 마르티나 도이힐러가 붙인 주석이고, [ED]는 김자현의 제자들이 붙인 주석이다.

차례

5장 \ 후유증: 몽유록과 기념문화

머리말

2011년 1월 아내 김자현이 세상을 떠났다. 그때까지 그는 여러 해 동안 한 가지 연구과제에 몰두하고 있었다. 그는 연구의 결실을 보지 못하고 세상을 떠났지만 컴퓨터에 수많은 파일을 남겼다. 그의 유일한 후계자이 자 그가 남긴 저작의 관리자인 나는 최소한 그의 작업을 그에게 의미가 매 우 큰 역사학 공동체에 제공해야 한다는 무거운 책임감을 느꼈다.

그는 위독해지자 자신의 컴퓨터에서 미완성 원고들을 찾을 수 있도록 내게 알려줬다. 그는 출판하기에 많이 부족하지만, 그것을 콘퍼런스나 워 크숍에서 그의 동료들에게 공개하고, 그들이 함께 출판을 위한 편집 작업 을 해주기를 부탁했다. 결론적으로 나는 그의 컴퓨터와 디스크, 유에스비 usb 등을 검색하는 것 이상을 수행했다. 가장 많이 완성한 원고와 그렇지 못한 작업은 모두 그가 나에게 알려준 파일들 안에 들어 있었다.

나는 그가 대학원생일 때부터 쓴 모든 원고를 읽었다. 그가 처음 일을 시작했을 무렵부터 나는 그의 첫 번째 교열자로 그의 작업에 실질적으로 기여했다. 시간이 지나면서 내 역할은 점점 줄었지만 그의 원고를 읽는 습관은 남았다. 우리 사이에서 나의 큰 즐거움 중 하나는 그의 원고를 먼저 읽을 수 있는 것이었다. 우리는 종종 그의 원고에 대해 토론했다. 수학자로서 나는 역사에 대해 조언할 전문적 능력은 없지만 첫 독자로서 비전문가(일반인)의 견해를 제공하고, 때로는 순진무구한 반응을 보이며 그의 의도가 제대로 전달되지 못한 부분이 있음을 알려줬다. 어떤 면에서 나는 그의 작업 관행과 용어 사용에 대해 다른 이들보다 더 익숙했다. 나는 그가 대수롭지 않거나 불완전하다고 느낀 것이 꽤 많다는 것을 알았다.

나는 이미 (과거에) 그가 남긴 파일의 많은 부분을 읽었지만 (이제) 모든 파일을 함께 읽으면서 그것들이 전체적으로 일관성 있게 구성되었음을 느꼈다. 파일들을 어느 정도 손본 후 일리노이대학에 근무하는 인류학자 에이블만Nancy Abelmann, 런던의 SOAS(아시아·중동·아프리카 지역학 연구 단과대)에서 한국역사학 명예교수로 있는 도이힐러Martina Deuchler 그리고 버나드컬리지의 중국사가中國史家 도로시 고Dorothy Ko 등 그와 함께 일했던 세 동료에게 보냈다. 세 독자는 모두 이 파일들이 연구에서 중요한 발견이며 충분히 출판할 만큼 흥미로운 서사로 한국사 연구에도 의미 있는 기여를 할 것이라는 판단에 뜻을 함께했다. 그래서 나는 파일들을 출판에 적합한 원고로 정리하는 작업을 시작했다.

세 학자에게 원고를 준비하고 편집하는 작업에 대해 의견을 구했고, 세명 모두 충만한 의지와 열정을 보여줬다. 내가 그들에게 보낸 파일들은 서른다섯 쪽짜리 도입부와 매우 긴 2개 장으로 구성되었다. 첫 장은 의병 봉기와 1592년 일본의 침략에 대한 저항에 할애하였다. 특히 이 장의 핵심은 백성을 자극하는 격문과 지방 의병 부대, 게릴라 부대의 실제 봉기에 있었다. 이들 격문에는 민족적인 내셔널리즘nationalism의 수사가 많이 담겼다. 두 번째 장은 북쪽 국경지대로 피란 간 조정, 공식적인 의사소통 과정에 등장한 한글 그리고 공식적이지만 두서없는 한글 사용 공간의 출현을 수반하는 전환에 할애하였다. 조정이 북쪽의 국경지역까지 피란을 간 상황과 조정에서 한글을 공식적 의사소통 수단으로 인지한 것 그리고 한글이 만든 공식적이고 혼란한 공간을 담았다. 왜란이 끝난 뒤 전후 기념사업이 등장하고, 1627년과 1636~1637년 사이에 있었던 정묘·병자호란으로 전후 기념 의례의 실행이 더 확고해진 것 또한 고려하였다.

임진전쟁 중 한글 소통과 더불어 전후 기념사업의 이러한 의례는 일종의 민족담론 교환의 기회로 발전했다. 한 장이 긴 것은 상당히 많은 편집상 주의를 요구했다. 약간 테스트를 거친 후 세 편집자는 문체를 통일하고 책 안에 자현의 목소리가 그대로 실릴 수 있도록 편집을 최소화하는 것이 가장 좋은 방법이라는 결론을 내렸다. 편집자들은 각 장에 새로운 제목을 부여하기 위해 기존의 장을 일부 각색하여 둘로 나누기로 결정했다. 장들을 나누는 것은 편집, 글의 문맥과 관련한 많은 결정과 얽혀 있었다. 도로시 고는 시체와 전후 기념문학에 관한 과거 에세이는 논리적으로 봐서 다섯째 장에 넣을 수 있다는 의견을 냈고, 그 부분을 원고에 맞게 수정했다. 도이힐러는 엄청난 양의 사료와 참고자료 확인 작업을 했다. 컬럼비아대학의 레드야드Gari Ledyard는 자현의 연구 논저와 추가 자료들의 목록을 작성하는 데 힘을 보탰다. 나 또한 일리노이대학에서 한일 관계를 중심으로 일본사를 연구하는 토비Ronald Toby에게 일본과 관련된 자료에 대한 해설을 의뢰했다. 이렇게 원고는 윤곽이 잡혔고, 출판을 위한 심사에 들어갔다.

원고에 대한 리뷰들은 매우 호의적이었으며 컬럼비아대학 출판부에서 출판을 결정했다. 마침내 출판 작업에 돌입했는데, 이는 엄청난 기술적 편집 작업을 요구했다. 인쇄 작업은 종종 난항에 부딪혔는데, 인명은 한자와 맞지 않았고, 메모는 파편적이거나 불완전했으며, 참고문헌이나 해설이 없었다. 나는 자현의 제자들에게 이러한 부족한 점을 보완해달라고 부탁했다. 조지워싱턴의 김지수는 많은 공을 들여 1장과 2장의 참고문헌을 확인했고, 원고의 최종 편집을 맡았다. 그리고 친절하게도 그녀는 출판과 관련한 총책임을 맡아 여러 동료에게 일을 배분했다. 컬럼비아대학에서 학부와 석사과정을 마친 자현의 제자 왕사상Sixiang Wang이 컬럼비아대학 스타Starr도서관의 희귀본 서고The rare book room of the Starr Library at Columbia에 보관된 자현의 논문들을 전자파일로 정리했기에 유일하게 각 장들 사이에 일관성을 보장하였다. 그는 또한 모든 장에서 인용한『실록』의 문구들을 점검했다. 자현의 제자이자 하비에르대학 교수인 조휘상 Hwisang Cho은 3장과 4장의 미주를 완성했다. 자현의 또 다른 학생이자 프린스턴대학 조교수 치조바Ksenia Chizhova는 5장과 참고문헌 목록을 담당했다. 이 책의 주석 부분에 나오는 [MD]는 마르티나 도이힐러가 작성한 것이고, [ED]는 자현의 제자들로 이뤄진 이 팀이 담당한 것이다.

여기까지가 이 책의 역사지만 출발이나 동기를 부여한 것을 말하지는 않는다. 동아시아 문화 혹은 사상 또는 비서구권의 역사나 문화를 연구하는 누가 되든 주요 불만은 익숙한 유럽식 발전에 비해 비서구권의 역사 발전은 별개라는 점이다. 전문용어와 현대 역사학의 개념적 구조 틀이 유럽의 경험에 뿌리를 두고 있다. 하지만 동아시아 지적 체계의 논리적 구조는 완전히 다른 연구 계획을 요구한다. 다른 상황에서 사건이 벌어졌고, 다른 환경 아래에서 개념이 나타났고, 담론의 시각은 문화적 관습에 뿌리내렸다. 컬럼비아대학 출판부에서 책으로 나온 그녀의 박사학위 논문을 토대로 한 『왕이라는 유산』(너머북스, *The Confucian Kingship in Korea: Yŏngjo and the Politics of Sagacity*, 2001) 일부분에서 그녀는 17세기 예송논쟁 참여자들이 왕권의 정통성을 드러내기 위한 아이디어로 의례의 준수와 실천이라는 개념을 활용했음을 밝혔다. 명대明代 조선의 국왕은 명 황제에게 사신을 보내 고명을 받음으로써 정통성을 인정받았다. 한국의 학자·관료들은 만주족의 정통성을 인정하지 않았고, 그로써 왕권이 정통성을 보장할 수 있는 확고한 기초를 찾는 데 어려움을 겪었다. 왕권을 위협하는 듯했던 학문적 논쟁은 반란을 야기했다. 지금은 수용될 여지가 있는 이 시각은 한국 역사가들의 거대한 저항을 받았다. 그 시기에 인정받은 관점은 이러한 논쟁이 지식인층의 철학이 모호하고 이해하기 힘든 지점을 극복하려는 힘겨루기라는 것이었다. 그러므로 조선 관료가 속해 있는 학문적 공동체의 지적 산출물을 사회 혹은 정치적 구조에 대한 의미 있는 담론으로 해석했다. 그것은 소통 활동과는 다른 범주에 머물렀다.

동아시아 연구의 구조에 확실히 문제가 발생했다. 중국과 일본을 거의 완전히 구분된 두 문명으로 하였다. 이런 맥락에서 한국의 문명화를 연구하는 학자의 과제는 폐쇄되어 고립된 지식의 뭉치를 세 번째로 창조하는 것이었다. 그러면 신유학과 같은 무언가를 만드는 것은 무엇인가? 그것을 외부에서 수입한 무엇으로 보거나 어쩌면 지적 식민주의의 한 부류로 볼 것인가? 이 생각을 19세기 말 20세기 초 한국의 반식민주의 담론에서 널리 사용하였다. 자현은 단순하게 이런 편협주의를 이용하지는 않았다.

자현의 교육과 지적 배경은 폭넓었다. 그는 이화여대에서 영문학을 전공했으며 소설을 열렬히 사랑했고, 유럽과 미국의 소설과 드라마를 잘 소화했다. 그는 종종 사람들이 대화에서 언급하는 작품들을 읽은 유일한 사람이기도 했다. 이화여대를 졸업한 후 영화 비평을 했으며, 한국 영화업계에서 작가와 영화 편집자로 일했다. 뉴욕에 온 직후 그는 컬럼비아대학에서 중국 역사와 사상, 언어를 공부했다. 미시간대학 크럼프 James Crump의 지도를 받으며 원대 포공元代 包公을[1] 주인공으로 한 중국 문학을 논문으로 써서 석사학위를 받았다. 그 뒤 컬럼비아대학에서 레이야드 교수의 지도를 받아 조선사로 박사학위를 얻었다. 그가 특별히 문화교류를 의식하고 직감적으로 사건들 속에 내재된 국내외 문화지형을 찾은 것이 놀랍지 않다.

연구자로 활동하는 동안 그는 공식·비공식 사료, 일기, 잡지, 문집, 추도문, 송사, 회고록, 서간 등 1차 사료를 모으고 연구하는 데 많은 시간을 보냈다. 그는 비교적 알려지지 않은 것을 포함하여 단편과 장편을 가리지 않고 많은 양의 전근대 시기 소설을 섭렵했다. 그가 사료를 탐구하는 범위는 엄청나게 넓고 깊었으며 자신의 학문 세계에 그 모든 것을 반영했다. 『왕이라는 유산』을 저술할 때, 그는 한자 사료와 일부 한글 사료를 분석하는 데 몰두했다. 그의 가장 잘 알려진 작품—사도세자의 빈이자 정조의 어머니인 혜경궁 홍씨의 『한중록』에 대한 복원과 번역—은 여성이 쓴 한글 작품이지만 한자를 사용하는 왕조의 역사가가 참고한 자료였다. 그는 한글 문학에 지속적인 관심을 가졌고 더욱이 한국 문학의 유산 속에서 고립되어 볼 수 없었던 여성의 작품을 예리하게 인식했다.

그렇지만 글을 쓰면서 자현은 논의가 한 정권의 역사에서 나온 개념과 용어가 다른 맥락에서 사용될 때 따르는 제약이 뚜렷한 체제를 나눈 것처럼 역사를 보는 습관에 따라 위축된 것을 발견했다. 한국 역사에서 꽤 자연스럽게 사용하는 개념인 'rights(권리)'나 'national interest(국익)' 같은 아이디어나 사건은 별개 관점에서 논의되어야 했다.

더 최근에 그는 한국에서 두 종류의 언어를 사용한 것에 흥미를 느꼈다. 그것은 상류층의 언어이자 공식적인 언어 하나와 일상적인 언어 두 가지를 동시에 사용하는 것이었다. 한국에서 언어는 공식적인 역사 서술, 관료 조직의 업무, 많은 시와 문학작품의 창작 등에 이용된 한자와 일상 언어인 한글이 있었다. 그는 특히 한국 문학 유산의 다층적 구조에 집중했다. 그 연구는 조정에서 한자로 작성된 공식적 문서부터 한글로 이루어진 좀더 개인적인 연락까지 그리고 여성과 비양반 계층이 지은 한글 작품과 한자 저작 등 모든 것에 대해 다방면으로 확장되었다. 그는 한글 교지가 나타난 배경에 깊은 관심을 기울였다. 1592년 발발한 임진전쟁에 대한 연구를 하던 중 그는 궁지에 몰린 선조가 북방 경계에서 돌아온 후 갑작스럽게 한글을 사용했다는 것을 발견했다. 자현은 한글 사용의 배경을 어렵게 알아내면서 그것이 민족의 출현과 문화적 자각 그리고 많은 사회 계층이 참여할 수 있는 한국 사람의 공적 소통 공간 구축을 유도한 사실을 깨달았다. 이런 사실들은 그를 흥분시켰고, 이 프로젝트와 저작으로 이끌었다. 16세기 말에 있었던 임진전쟁과 1627년, 1636~1637년에 발생한 만주족의 침략으로 한국인은 출생, 언어 그리고 동아시아 3대 권력의 어마어마한 충돌로 생긴 믿음으로 묶인 뚜렷한 민족적 특성에 대해 스스로 확고한 인식을 드러냈다고 그는 느꼈다. 그러므로 그는 한국은 17세기에 'nation' 바로 앞까지 도달했다고 주장했다. 이 사건을 다시 검토하여 동아시아의 국제적 역사가 아닌, 진정한 지역적 문제를 공통 문명의 사상과 역사를 결합한 별개 국가들의 연합 복합체로 만들 수 있기를 바랐다. 그가 살아 있다면 분명히 이 프로젝트를 끝냈을 것이다. 난 이렇게 모은 조각들에서 그가 구상한 생각을 엿볼 수 있기를 바란다. 드디어 나는 이 책을 완성할 수 있도록 최선을 다해주신 모든 이들에게 진심어린 존경과 애정을 담아 가슴 가득히 감사를 드린다.

일리노이 샴페인에서

윌리엄 하부시|William J. Haboush

옮긴이 머리말

　보통의 한국 사람이라면 "우리 한민족은 단군 이래 단일 민족으로…" 라는 수사가 매우 익숙할 것이다. 그렇다. 한국 사람은 당연히 단군 이래로 아주 오래전부터 '우리 민족'을 당연시했다. 하지만 이 당연함이 학계로 넘어오면 이야기가 좀 달라진다. '민족'은 서구 학계의 nation에 대응하는 용어로, 근대 서양에서 출현한 학술 개념이다. 17~18세기 유럽에서 태동한 nation이란 개념은 일본 혹은 중국을 거쳐 한반도에 도달했다. 그동안 학문의 영역에서 한국 민족이란 개항 이후 들어온 근대의 개념이기에, 전근대 시기의 민족을 논하는 것은 논란을 감당할 각오가 필요했다.

　『임진전쟁과 민족의 탄생The Great East Asian War and Birth of Korean Nation』은 이러한 풍토에서 전근대 시기 한국 민족을 논한다. 저자 김자현에 따르면, 임진전쟁을 거치며 동아시아에는 명·청 교체와 에도 막부의 수립이라는 정치적 격변이 발생하였다. 하지만 전장戰場이던 한반도에서는 왕조 교체가 일어나지 않았다. 저자는 마치 아무 일도 없던 것 같은 조선에서 사실은 민족의 출현이라는 커다란 변화가 나타났다고 말한다. 타자의 침략을 받은 조선인은 자신의 가족과 고장, 문화와 역사를 지키기 위해 봉기했으며, 동일한 언어와 문화, 과거를 공유한 이들이 지역적 제한을 넘어 '우리'라고 인식한 것을 민족담론의 시작으로 보았다. 이러한 현상은 병자호란과 조선 후기의 사회적 변화를 거치며 변화하고 강화되었다.

김자현은 조선의 민족담론이 출현하는 과정은 눈에 보이며, 추적이 가능하고 문서화할 수 있다고 여겨 이 책에서 그에 대한 논증을 보여주었다. 우리는 그의 주장을 따라갈 수 있으며, 그의 논지가 설득력이 크다는 것을 확인할 수 있다. 임진전쟁의 의병장이 발송한 격문과 통문, 초유사의 초유문에서는 우리와 타자를 구별하는 수사를 발견하고, 우리말과 한글, 문화와 역사는 우리와 외부인(명군과 일본군)을 구분시킨다. 임진전쟁을 거치며 조선인은 '우리'의 범위를 인식하고 그것으로 '타자'를 배척하거나 구분했다. 전후 기념사업으로 이러한 인식이 더욱 굳어지며 근대로 이어졌다.

이 책은 저자의 연구 인생을 총결산한 역작이었을 것이다. 그가 평생 연구해온 성리학의 나라 조선의 정치와 문화, 임진전쟁, 조선의 문학 등을 모두 이 책에 담았다. 아쉬운 점은 미완성 유고遺稿라는 것이다. 따라서 책을 읽으며 의문이 드는 점도, 아쉬운 부분도 있다. 다소 거친 논리와 서술도 있다. 그럼에도 이 책은 우리에게 놀라운 정도로 많은 시사점을 남긴다.

서구학계의 주류에서 활동하는 몇 안 되는 한국 학자였던 김자현은 한국사를 폭넓은 시각으로 세계사의 흐름 속에서 명쾌히 설명하였다. 'The

Great East Asian War'라는 제목이 보여주듯 임진전쟁을 한국사 차원이 아닌 동아시아, 나아가 세계사 차원에서 접근하고 분석하였다. 16세기 동아시아의 격변을 가져온 전쟁이자 제2차 세계대전 발발 이전까지 세계 최대 규모의 전쟁인 임진전쟁을 한국학계는 그동안 어떻게 보았는지 되새기게 한다. 그동안 한국학계의 임진전쟁 연구는 저자가 밝히듯 헤아릴 수 없을 만큼 쌓였다. 하지만 그 많은 연구 중 임진전쟁 전반을 관통하며 개괄하는 묵직한 연구는 많지 않다. 우리 학계가 임진전쟁을 일국사의 관점에서 애국심의 프레임으로 점점 더 잘게 자르며 파고들 때, 오히려 서구학계에서 홀리Samuel Hawley, 턴불Stephen Turnbull, 스와프Kenneth Swope 등은 국제전쟁으로서 임진전쟁을 개괄하는 연구 성과를 내놓았다.

여전히 근대 서구역사학 이론이 지배적인 학계에서 전근대 한국 민족의 출현이란 담론은 저자도 예상하듯이 논란의 여지가 있을 것이다. 그렇지만 저자의 주장은 역사학의 유럽중심주의를 극복하는 대안이자, 한국을 포함한 동아시아 학계에는 연구의 지평을 확장할 좋은 기회를 선사하였다.

옮긴이는 석사과정 수업시간에 김자현 선생의 연구를 처음 접했다. 당시 영조의 정국 운영에 관해 연구하던 옮긴이에게 김자현 선생의 전작인 *The Confucian Kingship in Korea: Yŏngjo and the Politics of Sagacity*(『왕이라는 유산』, 너머북스, 2017)는 강한 인상을 남겼다. 2016년 말 유작인 『임진전쟁과 민족의 탄생』이 출간된 후 이 책의 비평논문을 게재한 것을 계기로 번역까지 맡았다.

김자현 선생의 문장은 영어가 모국어가 아니라고 생각하기 힘들 정도로 유려하고 상당히 문학적이다(복문 속의 복문으로 이어진 만연체 문장이다. 한 문장이 반 페이지를 넘는 경우도 종종 있다). 이런 책의 번역을 맡는 것 자체가 너무도 큰 도전이었다. 번역하면서 매일 이 일을 맡은 '2017년 여름의 나'를 원망했다. 오기와 치기, 어설픈 도전의식이 김자현 선생과 너머북스에 폐가 되지 않도록 매순간 긴장하고 고민하였다. 단순히 책을 읽는 것과 번역은 완전히 다른 분야라는 것을 알았지만 직접 경험하는 것은 상상 이상이었다. 단어 하나, 쉼표 하나도 허투루 쓸 수 없었고, 단순히 문장의 의미를 전달하는 것이 아니라 저자의 의도가 곡해되지 않도록 온 힘을 기울였다. 하지만 저자의 문학적 표현과 그 맛을 그대로 살리는 것은 능력 밖의 일이었다. 너머북스의 요청에 따라 직역에 충실하되 번역투 문체는 피하려 노력했다. 의미 전달이 힘든 경우에 한해 서양사, 동양사를 전공하는 여러 동료와 토론을 거쳐 일부 의역을 하였다. 가급적 읽기 편한, 가독성이 좋은 글을 목표로 하였다.

초보 연구자에게 기회를 주시고, 한없이 늦어지는 번역을 싫은 소리 한마디 없이 기다려주신 너머북스 이재민 대표님께 무한한 죄송함과 감사함을 전한다. 또 제자에게 기회를 주시고, 그 작업을 걱정 어린 시선으로 지켜봐주신 지도교수 계승범 선생님께도 깊이 감사드린다. 마지막으로 이 작업이 가능하도록 열과 성을 다해 도와준 서강대 사학과 동료와 친구들(남호현, 박찬희, 송인주, 이규동, 임현채, 정희윤, 조영지)에게 고마움을 전한다.

2019. 9
주채영

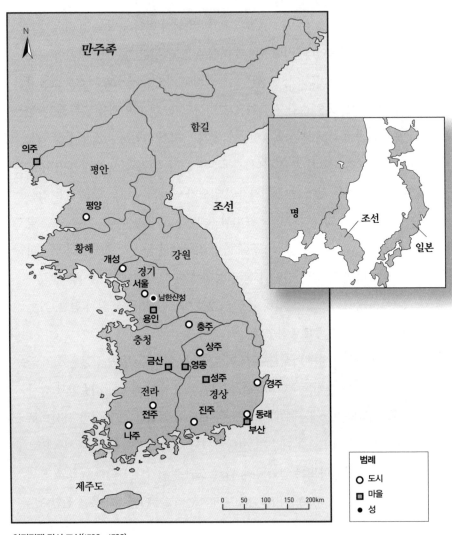

범례

○ 도시
□ 마을
● 성

임진전쟁 당시 조선(1592~1598)

(오른쪽 지도) 명나라와 일본 사이에 낀 조선의 지정학적 위치

서장

나는 이 책에서 민족담론이 16세기 말(1392~1910) 조선에서 등장했으며, 근대에 이르기까지 다양한 모습으로 지속했음을 제안한다. 민족담론은 1592년 일본이 한국을 침략하여 임진전쟁이 발발했을 때 나타났다. 그후 1627년과 1636~1637년에 걸친 만주족의 조선 침략이 조선의 민족담론을 재성형하고 강화했다.

동아시아에서 벌어진 큰 전쟁

임진전쟁과 만주족의 흥기는 동아시아 역사에서 기념비적인 주요 사건이었다. 우선 이는 상당히 대륙적인 규모였다. 1차 한국전쟁 혹은 대동아전쟁[1]으로 불린 도요토미 히데요시豊臣秀吉(1536~1598)의 한국 침략은 6년간 한국, 중국, 일본 등 동아시아 삼국으로 확대된 지역전이었다. 삼국은 동맹을 맺거나 서로 적으로 싸웠다. 각국의 조정은 육지와 바다를 막론하고 화기火器를 사용하고 막대한 군대를 동원하며 전력투구하였다. 6년이 넘는 기간에 50만 이상의 전투병을 투입한 이 충돌은 사실상 16세기 세계 최대 규모의 전쟁이라고 할 수 있다. 동아시아인의 기억 속에서 이 전쟁은 제2차 세계대전이 있기 전까지 가장 큰 전쟁으로 남았다. 홍타이지(1592~1643)가 10만 대군을 이끌고 조선을 침략하자 조선 조정은 남한산성으로 피란을 떠났고, 49일 동안 남한산성에 포위당해 버렸지만 결국 만주족에 무릎을 꿇었다. 이 사건은 만주족이 자신의 제국을 건설하는 과정에서 거둔 일련의 승리 중 하나일 뿐이었다. 만주족은 1644년 명明(1368~1644)을 정복하며 승리의 마침표를 찍었다.

임진전쟁과 만주족의 정복으로 일본과 중국은 국내적으로 그리고 지역적으로 강력하고도 근본적인 영향을 받았고, 이는 정권교체로 이어졌다. 히데요시는 150년간 이어진 분열과 무법상태를 종식한 후, 일본 열도의 모든 번藩을 자신의 지배하에 두었다. 일본군이 조선에서 빠르게 철수한 이유 중 하나인 1598년 히데요시의 죽음 이후, 그의 후계자는 도쿠가와 이에야스德川家康(1542~1616)에게 패했다. 이에야스는 도쿠가와 막부(1603~1868)를 세웠다. 이에야스는 1868년 메이지유신明治維新 이전까지 통일된 막부를 평화롭게 주재했다. 중국에서는 한족 왕조인 명이 만주족의 청清 왕조(1644~1911)로 교체되었다.

임진전쟁과 청 제국의 흥기는 지배집단의 흥망성쇠보다 더 많은 것을 암시한다. 이는 동아시아 지역의 권력 재편성을 시사하며, 지역을 관념과 영토에 따라 새롭게 배치하는 것을 입증하였다. 히데요시는 중국과 그 너머를 포함한 거대한 아시아 제국을[2] 건설하는 첫걸음으로 조선을 침략하였다. 일본군은 조선을 넘어 진격하지 못하고 천명한 목표를 전혀 이루지 못한 채 조선에서 철수했다. 그렇지만 조선 침략은 새로운 권력의 출현을 의미하며, 단명했지만 원대한 히데요시의 꿈을 실현하는 새로운 세계 비전을 알리는 계기였다. 반면 만주족의 중국 정복은 한족 왕조와 이민족[夷狄]이 천년 넘게 이어온 라이벌 관계에 정점을 찍은 사건이다. 특히 이들은 한족이 유사有史 이래 만리장성을 구축하며 막고자 한 북방 민족이었다. 그들의 관계는 공격, 퇴각, 정복 그리고 동화의 끝없는 진동이었다. 중국 역사는 엄밀한 의미에서 중국 본토의 일부분을 북방 민족들 혹은 민족이 점령한 분열의 시기로 나뉜다. 이들 중 다수는 중국 문화와 한족공동체에 동화되었을 것이다. 몽골의 중국 점령은 이런 일반적 유형에서 벗어나 보인다. 원元(1271~1368)은 세계의 절반을 통치한 몽골 칸이 다스리는 4개국 중 하나였다. 100년간의 점령이 끝난 후 많은 몽골인은 그들의 고향으로 돌아갔다. 만주족의 경우 중원 정복은 오랜 꿈의 실현이었고, 1911년 청이 멸망하였을 때 소수의 만주족만이 그들 조상의 민족적 기원을 되찾으려 한 것 같다. 만약 청의 중원 정복을 성공적인 다민족 제국의 건설로 볼 수 있다면, '오랑캐'가 문화적 중심인 중국을 지배하면서 그 영향이 이 지역으로 파급되었다고 할 수 있을 것이다.

한국의 민족담론

놀랍게도 이 지역이 변화와 재편으로 소용돌이치는 와중에 한반도의 조선 왕조는 1910년까지 지속되었다. 전체적 구조는 이어지면서도 심오하고 역동적이며 역사적인 역사기록상 움직임이 일어났다. 바로 민족 개념이 나타나고 유포된 것이다. 일본에 대항하여 자신의 집과 고장을 지키기 위해 자발적으로 일어난 의병대장이 사용한 수사에 민족 개념이 처음 등장하였다. 당시 관군은 속수무책으로 당한 상태이며, 일본군은 의기양양하게 북으로 행진하며 한번에 밀려들어 마을과 도시를 파괴하고, 주민을 위협하고 학살했다. 게릴라 전투에 참여할 것을 호소한 의병대장은 의병에게 국토와 민족을 위해 목숨을 걸고 싸울 비전을 제시해야 했다. 그렇게 민족담론이 시작되었다. 우리와 다른 장르, 언어 공간에 속한 타 집단 때문에 민족담론의 또 다른 갈래가 매우 빠르게 결합하였다. 민족담론은 처음에 반反일본 정서로 알려졌고, 만주족 침략 이후 변하면서 강화되었다.

다수 연구에서 민족의식과 민족정체성은 타 존재와의 부정적인 접촉으로 일깨워지고 구축되는 양상을 보여주었다. 조선도 각각 일본, 만주족과 접촉에서 민족 자체에 대한 인식이 생겼으며, 이는 그들이 마주한 존재와 상반되는 방식으로 형성되었다. 조선은 일본에 대항해 민족성과 역사로 스스로를 정의하였다. 만주족에게는 문화와 문명으로 맞섰다. 조선은 반왜反倭, 반청反淸 담론을 각각 구별하며 겉모습을 달리했지만 두 담론을 서로 분리하지 않고 민족이라는 통합된 개념의 용광로 속에서 재구성하였다. 그러면서 그곳에서 추가 의미의 지층을 생성하였다. 즉 반왜, 반청 담론이 언뜻 한 덩어리처럼 보이는 것은 사실상 일본과 만주족을 향한 적대감을 내포한 민족담론의 한 면을 보고 그 전체를 판단하기 때문이다. 실제로 반일본, 반만주족 담론의 구성요소를 다른 시대에 있던 다양한 민족담론의 갈래 속에 배치하고 강조하면서 담론의 모습과 구성을 계속 변화시켰다.

전후 조선에서 민족담론은 임진전쟁과 만주족 침략 이후 두 전쟁을 기념하는 활동, 한국의 정체성 담론, 전쟁 이미지에 대한 허구적 재구축 등 다양한 방식으로 수행되었다. 각 갈래에는 다양한 주제가 두드러졌다. 가령 기념 차원에서는 애국주의가, 정체성 담론에서는 한국 문화와 역사가, 그리고 허구 차원에서는 민족 지속성이 눈에 띄었다. 이러한 갈래들은 무수히 많은 엇갈림을 낳기도 하였다. 한편, 민족담론의 가닥은 서로 다른 특징을 보이기도 하였다. 기념은 가장 폭넓은 참여자를 보유한 사업이었다. 이들은 국가, 지역, 가족 그리고 개인과 같은 행위자로서 전쟁 기억을 소유하거나 독점하기 위해 문서와 의례 수행의 차원에서 경쟁하였다.

세계 질서는 '오랑캐'가 중국을 지배하며 바뀌었다. 이 변화한 상황에서 지식인은 주로 명문銘文, inscriptional의 공간에서 정체성 담론을 수행하며 조선의 역할을 재평가했다. 개인적인 그리고 집단적인 조선의 운명에 기초한 허구적 담론은 명문의 공간 밖에 자리 잡았으며, 이곳은 공식적으로 승인되지 않은 기억에 대해 독립적이거나 반대되는 공간이었다. 이러한 다발성, 다중성, 다층성 담론은 선형 또는 병렬 방식으로 시간적 또는 공간적으로 이동하지 않았다.

그렇지만 이러한 모든 담론은 조선의 과거를 숙고하며 미래 방향을 추구하였다. 모든 가닥에 깔린 핵심적 고민은 조선공동체의 의미였다. 특히 개인과 나라 사이의 관계를 상상하는 것이었다. 애국심은 이상을 제공하였다. 과거 행동에 영광을 부여하는 방식으로 애국심을 정의하는 것은 다양한 집단의 사람들이 사실 그들에 대한 일련의 이상적 태도를 만들어내는 것이었다. 그러나 조선은 애국적 행위로 간주한 독립적인 개인의 행위를 인정하고 보상하는 방법으로 공공연하게 그리고 확실히 책임을 짊어졌다. 이 책임은 개인의 독립적 행위와 그 내용을 포함했다.

행동주의적 충성심에 대한 상호 이상을 확인함으로써 백성과 나라는 인민주권과 주권국가의 의미를 모두 정의했다. 임진전쟁과 만주족 침략 기간에 드러난 지도력의 부재로 권위와 권력이 땅에 떨어졌음에도, 역설적이게도 조선 정부는 살아남았다. 이 시기 일본과 중국에서는 동시에 정권 교체가 일어났다. 전후 민족담론이 조선 왕조를 지속시키고 만들었다고 하는 것은 과장이 아니다. 일본과 만주족에 대항하여 떠올린 민족이라는 개념을 주권으로 상상해야 했다.

역사서술에 대한 고민: 개념과 용어

전근대 혹은 근대 초기 아시아에서 민족의 출현을 이야기하는 것은 과거에 홉스봄Eric Hobsbawm이 한국, 중국, 일본 그리고 이란을 '역사적 국가'로 간결하게 범주화한 것을 제외하면 처음 있는 일이다. 나는 여러 가지 역사기록적 쟁점에 주의를 기울일 필요가 있다고 느낀다. 민족과 그와 관련된 이슈는 수세기 동안 학계에서 가장 폭넓게 논의한 것이며, 치열한 접전을 벌인 주제였다. 학계의 엄청난 관심 속에 주제와 연구 시기마다 선호하는 문제화와 방법론이 쏟아져 나왔다. 여기서 기존 연구를 조사하는 것이 적합하지는 않지만 내 연구의 좌표를 설정하기 위해 간단하게 20세기 마지막 10년부터 시작해서 최근 경향을 실례로 보여줄 것이다. 1990년 홉스봄은 1968년부터 1988년 사이의 기간을 이 주제에 대해 가장 생산적으로 논한 시기라고 말하며, 당시 가장 영향력 있던 책 11권을 선정하였다.[3] 선정한 책들은 민족을 자본주의, 산업화, 정치적 자유 등과 함께 발달한 개념이자 근대성을 내포한 개념으로 보는 대표적인 근대주의자의 저작들이다. 여기서는 민족을 근대성으로 변환하는 서사를 통해 상상하고 표현하였다. 위의 저작들이 펼친 개념의 프레임은 물론이고 이 작업을 거친 많은 토론과 논쟁이 유럽 특유의 쟁점과 불가분하게 엮였다. 여기에 끊이지 않는 세습 관행, 봉건제에 뿌리를 둔 관습 그리고 프랑스 혁명으로 해결된 영토 국가에 대한 개념 사이의 갈등을 포함하였다. 겔러 Ernest Gellner는 전근대 유럽을 귀족과 왕같이 수평적으로 계층화한 계급의 존재로 설명했다. 이들은 세습하면서도 지리적으로는 예속되지 않았다. 반면 이들은 토지에서 일하며 특정 장소에 묶인 자로 이루어진 수직적 계층을 이끌었다.[4] 후기 봉건 유럽에서 특히 두드러지는 이 구조적 체계는 민족에 대한 이론을 이끌어낸 기본 요소가 되었다.

더욱이 이들 논의는 종종 기독교의 기득권에 대한 종교적 권위와 세속적 권위 사이의 갈등, 세속적 권위와 수직적으로 묶인 집단과의 관계 및 수평적으로 엮인 집단과의 관계, 특히 종교적 권위와 세속적 권위에 수직적으로 묶인 집단의 경쟁적 충성을 다룬다. 홉스봄이 이 연구들을 '민족이란 무엇인가?'라는 질문에 집중한 것으로 특성화하고, 민족에 대한 '객관적 기준'을 만들고자 한 시도가 만족할 만한 결과를 추출하지 못한 것으로 결론 내린 점은 자못 흥미롭다. 그 대신에 그는 민족 개념이 연구할 만한 가치가 있다고 제안한다.[5] 이러한 저작은 민족을 정의하려는 욕망을 오랫동안 주 대상으로 삼았고, 연구는 불충분하거나 모호한 결말로 끝났다. 가령, 르낭Ernest Renan의 저작에서 '민족이란 무엇인가'(1882) 같은 질문을 제기하지만, 민족에 대한 시적 은유를 제외하고는 명확한 정의를 얻는 것이 불가능하다는 결론을 낸다.[6]

1990년 홉스봄의 평가 이래 민족에 대한 관심은 이어졌고, 학문적 요구는 다양한 방향으로 새롭게 확장되었다. 몇 가지 예를 들면, 콜리Linda Colley의 *Britons: Forging the Nation 1707~1837*(1992), 그린펠드Liah Greenfeld의 *Nationalism: Five Roads to Modernity*(1992), 벨David Bell의 *The Cult of the Nation in France: Inventing Nationalism, 1680~1800*(2003), 막스Anthony Marx의 *Faith in Nation: Exclusionary Origins of Nationalism* 등이 흥미롭다. 이 연구들은 민족의 구성요소가 특정 나라의 역사적 맥락과 상호작용하며 민족주의를 형성시키는 다양한 방식에 관심을 기울인다. 예를 들면, 민족 구성 요소 사이에서 변화하는 역학을 따라 민족주의는 만들어지고 이어지며 구성된다. 그리고 민족주의에 대한 논의가 진행 중인 각 국가의 내부에서 민족주의의 의미와 영향이 생성되며, 또한 각 국가가 자신들의 외부 세력과 맺는 관계를 통해서 민족주의를 만들어낸다. 그들의 관심이 '민족이란 무엇인가?'에서 '민족은 어떻게 구축되는가?'로 옮겨지면서 저자들은 민족주의의 기원과 요소, 지역에 내장된 필수적이고 다양한 궤적을 강조한다. 이들 저작은 모두 정서, 의식, 인식 그리고 기억 같은 요소를 과정의 주요한 구성 성분으로 본다. 이와 더불어 그들은 이러한 과정이 근대의 한참 전에 시작된 것으로 여긴다. 학계는 이 주장에서 두 가지 견해로 갈라선다. 그린펠드와 벨은 근대주의자 진영에서 중심주의를 지지한 반면 콜리와 막스는 수정주의식 접근법을 취한다. 예를 들어 벨은 프랑스인은 인간의 삶에서 신이 물러난 빈자리를 메우기 위해 17세기 후반부터 조국과 민족에 대한 더 강한 애착을 발전시키기 시작했으며, 이 빈자리를 18세기에는 위대한 프랑스인에 대한 숭배로 대체했다는 관점을 유지했다. 또한 많은 저자는 모두에게 적용할 수 있고 모든 시민을 동질화하기 위해 다양한 구성 성분을 통합하려는 새로운 형태의 노력으로 '프랑스인의 특성'을 정의하려 했다.[7]

콜리와 막스는 근대주의자의 오랜 사상인 민족에 대한 세속의 원리를 부정했다. 그들은 타인에 맞서 민족적 정체성 구축을 이끄는 데 기여한 것은 종교라고 주장했다. 콜리는 18세기 프랑스 가톨릭에 대항하여 영국적 정체성을 구축하는 데 신교가 결정적인 요소였다고 주장했다. 막스는 유럽의 지배자들이 1492년 스페인의 유대인 추방과 종교재판, 영국의 가톨릭 포기와 국교회 도입 또는 16세기 프랑스에서 일어난 성 바르톨로뮤 축일St. Bartholomew's Day의 위그노Huguenots 대학살 같은 종교적 갈등을 자신의 정당성과 권력을 강화하기 위해 부당하게 이용했다고 주장하였다.

배타적인 종교적 열정에서 영국 혹은 유럽 민족주의의 기원을 찾으면서 콜리와 막스는 포괄적인 계몽주의 모델이나 시민 국가에 도전했다. 민족에 대한 학문적 담론은 더 이상 국민국가의 탈계몽주의 모델에 묶이지 않는다. 또한, 학자들이 근대보다 몇 세기 이른 시기에서 민족주의의 기원을 찾으면서 스미스Anthony Smith가 구분한 두 집단 간의 경계가 희미해지는 듯 보인다. 여기서 두 집단이란 민족은 언제나 인간 사회에서 존재했다는 고유·전통주의자[8]와 민족은 근대성의 산물이라고[9] 믿는 근대주의자이다. 기어리Patrick J. Geary는 유럽 민족의 기원이 중세라 주장했다.[10]

동아시아에서 민족과 근대성 개념

동아시아에서 민족이라는 주제에 대한 학문적 지형은 약간 다른 풍경을 보인다. 서구학계에 아시아 민족에 대한 연구가 없지는 않지만 대부분 근대의 민족에 대한 것이다. 내가 알기에 전근대 혹은 근대 초기에 민족을 연결하거나 이 시기를 대상으로 동아시아 민족을 추적한 심도 깊은 연구는 없다. 민족 연구에서 동아시아 국가들이 흥미로운 예시를 제시한 점에서 이러한 학문적 무관심은 의외이다.

일반적으로 동아시아의 세 나라를 역사적 국가로 간주한다. 그렇지만 그들은 유럽의 그것과는 다르게 형성된 것으로 여긴다. 이들은 아주 오래

전부터 영토국가이며, 중국에 뒤이어 한국에서 지배자의 정당성은 최소한 이론적으로는 세습한 영토에 거주하는 민심의 확고한 지지(한국: 천명天命, 중국: tiānmìng)에서 나온다. 관료체제를 거대하고 어떤 면에서 유교 경전에 대한 이해도를 검증하는 과거시험을 거친 잘 교육받은 학자로 구성하였다. 관료가 한자를 사용하였고, 지역의 공용 문자도 한자였다. 또한 그들의 중요한 의무 중 하나는 국가의 정통성을 주장하는 데 주요 고려사항인 전前 왕조의 역사를 서술하는 것이었다. 그렇지만 군주, 귀족 혹은 관료들 중 누구도 겔너가 '좌우로 격리된 농업 생산자 공동체' 위에 자리 잡은 '군사, 행정, 사무, 때로는 상업적으로 분리된 계층'이라고 부르는 것을 형성하지 못했다.[11] 유럽과 달리, 동아시아의 지배 엘리트는 피지배층과 마찬가지로 수직적으로 구분되었다. 중국은 국가 권위에 도전하는 종교적 권위가 없는 반면, 다른 국가에 비해 상당히 많은 인구와 넓은 영토를 지배했다. 따라서 이 지역의 더 작은 나라는 신성·세속이라는 축과는 다른 결과를 가져온 정치체제의 영향에 맞서야 했다.

하지만 유럽 중심적 지식체계가 장악한 상황에서 전근대 동아시아 민족을 연구하는 것은 비서구라는 지역을 연구한다는 점에서 일부 어려움을 수반한다. 차크라바르티Dipesh Chakrabarty는 유럽의 사상과 그 분석 범주가 현대 사회 전반에 걸쳐 비서구를 포함한 모든 사회의 역사 탐구를 위한 기본 틀 및 표준으로 기능했다고 말한다. 그는 또한 이러한 개념이 근본적인 분석의 범주로 우리의 인식에 내재함을 말한다. 최근 수십 년 동안 식민지 및 탈식민지 연구의 출현으로 세계의 비서구 분야에 대한 접근법이 타당성과 정당성 측면에서 도전받기 시작했음을 지적한다. 근대 서구 역사학계의 중심에 놓인 민족과 같은 주제는 더욱 다루기 어렵다. 우선 개념과 용어 문제가 존재한다. 한 지역의 역사적 현상에 근거한 의미를 취하여 다른 지역의 현상을 논의하기 위한 개념과 용어로 쓸 것인가, 쓴다면 그 사용 방법을 질문할 수 있다. 문제는 민족, 주권, 인민주권 등 기본적 개념에서 시작한다. 동아시아 학자 가운데 일부는 이런 용례를 조화시키기 위한 다양한 시도를 해왔다. 동아시아와 서양의 민족개념이 동등하거나 일치하며 혹은 호혜가 가능하다는 주장을 제시하였다.

또 시간성에 대한 논의가 있다. 차크라바르티가 지적한 것처럼 유럽 중심적 역사기록 중심주의는 근대성과 이를 구현한 민족, 자본주의, 산업화 그리고 정치적 자유와 같은 것은 서구에서 처음 성취했으며 그 외의 세계에서는 이후 이 과정을 따랐다는 역사주의를 말한다. 16세기 영국에 민족이라는 근대적 개념을 위치시킨 그린펠드는 영국이 "세계 최초의 민족이다(그리고 유일하다. 200년간 네덜란드라는 예외도 있지만)"[12]라고 말했다. 이는 사실일 수도 있지만, 그는 유럽국가 네 곳과 미국까지 포함해 오직 다섯 나라만 조사하였다. 이 체제는 세계의 역사를 순차적 시간 속에서 근대로 이동하는 서사로 상상하고 표현한다. 대개의 경우, 경제사학자가 산업화를 향하는 동아시아의 상대적 진전을 논하면서 비교 역사성의 문제를 떠안는다. 포메란츠Kenneth Pomeranz는 중국이 유럽의 발전과 어떻게 다른지 논의한다.[13]

반면 프랭크Andre Gunder Frank는 비교연구에 적합한 구조가 불충분함을 지적하며 대신 수평적으로 통합한 거시사를 제안한다.[14) 상대적 접근이 때로는 만족스럽지 않은 결과를 산출할지 모른다는 것은 명백하다. 먼저 용어는 서구적 맥락에서 단순한 의미에 반하는 다층적 의미를 획득했다. 더 주목할 점은 자신의 용법 및 서구적 정의 사이의 동등성 또는 동일성에 대한 지속적 평가와 측정이 연구 주제에서 유럽 사례와 비슷하거나 다른지에 초점을 옮길 수 있다는 것이다. 그렇지만 이 작업은 유럽의 역사 지식체제에서 나온 개념과 어휘를 적용하는 것의 필요성과 또 한편으로는 이러한 작업이 불필요하다는 생각 사이에 존재하는 고민을 해결하기 위함은 아니다. 새로운 어휘를 만들거나 한국어로 'kukka'가 state/nation을 의미하는 식으로 원래 언어 관점을 사용하는 대안이 있을 것이다. 만약 우리 목표가 우리의 지식을 지구적으로 확장하는 것이라면, 이 옵션도 만족스럽지 않다.

오히려 나는 새로운 사용자와 과거의 용례 사이에 상호 합의를 제안한다. 이는 새로운 사용자가 서구체제에서 가장 정확한 용어를 조사하고 차용하는 방식이다. 그 후 새로운 용례는 반대로 과거 용어에 동화되어 새로운 용례가 이 단어의 또 다른 가능한 의미가 되는 것이다. 서구 유럽의 맥락에서 이러한 작업을 이미 진행하고 있다. 또한 이러한 작업을 다른 지역으로 확장할 수 있으며 또 그래야 한다. 이는 지식의 유럽적 체제를 다양하게 분산시키며 단조로운 시야에서 비서구권을 구출한다. 이 작업에서 나는 지식의 유럽 체제에서 기인한 용어를 끌고 갈 것이며, 가능하다면 내 시각의 근원을 밝힐 수 있길 바란다. 그렇지만 내 개념을 지역적 소재와 맥락에 한정해 사용할 것이다.

한국 역사학계에서 민족의 개념

만약 전근대 동아시아 민족에 대한 개념이 서구에서 수행한 역사적 학문에서 새로운 개념이라면, 16세기 한국 민족에 대한 생각 역시 한국에서 익숙하지 않다. 한국에서 한국 민족에 대한 학문적 담론은 상당히 이론의 여지가 있다. 대체로 한국에서 전근대 시기 민족에 대한 담론은 고유·전통주의자와 근대주의자로 나뉜다. 한국 학계에서 전근대의 학문에 대해 다수 학자는 명시적으로 혹은 은연중 고유·전통주의자의 견해를 지지한다. 이 학문적 체제에서는 한국 인종의 장구성과 동질성을 상정한다. 스미스가 에스니ethnie라고 명명한 집단적 성씨, 공동 조상, 공유하는 역사, 명확한 문화, 특정 영역, 그리고 연대의식과 같은 민족 집단을 드러내는 요소를 한국 민족의 연역적 존재의 맥락에서 논의한다. 이때 '한국' 민족은 그 응집력 있는 정체성을 역사적 변화를 통해 유지하였다고 여긴다. 애국심은 한국에 거주하는 이들이 갖고 있는 그리고 어디에나 있는 자연스러운 감성으로 당연시한다. 예를 들어 임진전쟁에 대한 수많은 연구 중 다수는 전쟁 중 한국의 민족주의를 논한다. 그렇지만 그것이 강화되고 고조됨에도 기존에 존재한 것처럼 서술한다. 19세기 말부터 활동한 대부분 역사학자와 사회과학자가 구성한 근대주의자 진영의 학자는 서구의 역사기록학historiography의 역사주의historicism를 지지한다. 그들은 변환의 서사로서 한국 민족을 서구에서 온 새로운 이데올로기와 비전의 후광 아래 때로는 19세기 말 혹은 20세기 초, 근대에 도달한 이후의 시기에 위치시킨다.

문제는 고유·전통주의자와 근대주의자 진영의 분열로 더욱 복잡해진다. 이들은 민족주의자와 반민족주의자의 역사 서술 사이의 또 다른 구분이 생기면서 곤란에 빠졌다. 이 현상은 구체적 내용으로 가득 차 논의하기에 너무 복잡하다. 앞선 식민지 사회에서 포스트식민주의 논의가 그런 것처럼, 이 현상 역시 이데올로기화하고 정치화한 것으로 설명은 충분하다. 한국에서 민족주의의 역사는 외부 위협에 대항하는 전략으로 19세기 말에 시작되며, 한국의 역사와 문화를 신성시하고 강화하려는 욕구와 한국을 지키고 부흥시키려는 영감의 원천으로 알려졌다. 시대의 필요는 물론 각 학자가 개인 성향에 따라 한국 역사의 영광을 구현하기 위해 각기 다른 시대와 계층을 선택하였다. 민족주의 학파의 가장 위대한 역사학자인 신채호申采浩(1880~1936)는 한국이 만주를 포함하여 동아시아 지역에서 핵심 세력으로서 거대한 영토를 다스린 시기를 부각하기 위해 고대를 지목했다. 일본에 병합당한 조선을 심하게 비판하면서 조선은 지식인 때문에 그 힘과 독자성을 상실하였다고 여겼다. 또한 신채호는 조선의 지식인이 중국에서 외래의 유교문화를 도입하면서 조선은 나약해지고 타락했으며 민중, 한국인에게 내재한 진정한 활력이 억압당했다고 판단했다. 일제강점기 사회주의식 글을 남긴 신채호는 일본에 주권을 상실한 정권의 엘리트를 계급의 관점에서 맹비난하고, 이들이 외국을 논리적으로 여기는 지배 이데올로기를 만든 점에서도 비판하였다. 무기력하고 도덕적으로 파탄 난 유교적 지배 엘리트와 한국의 쇠락과 붕괴의 범인으로 몰린 '수입된' 유교에 대한 시각은 신채호에게만 국한되지 않았다. 사실 이러한 신채호의 비판은 20세기 한국에서 오랫동안 과거를 바라보는 지배적 시각이었다. 한국 사회를 바라보는 신채호의 계급 중심적 시각을 1970~1980년대 민주주의를 위한 민중운동에서 인민을 자극하는 전환점으로 사용한 것은 주목할 필요가 있다.

1945년 해방 이후 남북의 학자는 모두 한국 민족의 장구성과 고대문화를 강조했고, 양국 정부 당국을 포함하여 여러 다른 기관이 이를 이용했다. 한국 민족의 신화적 선조이자 한국을 처음 건국했지만 13세기 『삼국유사』에서야 처음 등장한 단군은 통합되고 신성한 한국 민족의 기원에 대한 고대의 민족적 상징으로 열렬히 환영받았다. 동시에 남한에서는 근대화에 대한 의문이 역사적 연구의 주요 쟁점으로 등장했다. 근대로 이행하기 직전의 시기로서 17~18세기 조선 후기가 관심을 모았다. 민족주의 역사학자들은 한국이 오직 외래 정권, 특히 일본의 식민통치와 수입된 기술과 사상을 통해 근대로 이행했다는 견해에 반발하며, 18세기 조선 후기 상업 활동과 실학파 학자의 저서를 증거로 들어 자본주의 맹아론과 내재적 발전론을 제안했다. 민족에 대한 고유·전통주의자의 관점을 지지하는 많은 학자는 이 문제에 관해 민족주의자 진영에 가담하는 듯 보인다. 내재적 발전론에 관한 논문들은 특히 미국에서 활동하는 한국인 역사학자에게서 강한 반응을 불러일으켰다. 이들은 이 분야의 연구에서 객관성과 과학적 탐구 정신이 결여되었음을 지적했다. 이 논쟁에서 일부 흥미로운 성과가 나왔지만 20여 년간 민족주의자와 반민족주의자 진영 사이의 대립은 첨예하게 이어졌다.

1990년대에 들어서면서 한국의 안과 밖 모두에서 한국의 역사 체계는 점점 다양해졌다. 한국에서 많은 학자가 내재적 발전론이나 자본주의 맹아론을 넘어설 때, 서구에서 활동하는 일부 젊은 학자는 오리엔탈리즘적이고 반민족주의적인 학계의 미국 학자를 비난했다. 이들은 미국 학계 자체를 비난했다기보다 미국 학계가 한국 학계를 보는 시각을 비판했다. 다양성은 또한 더 차분한 학문적 흐름을 가져오고 민족주의자와 반민족주의자 진영은 더 이상 한국 근대화의 시초 혹은 한국 학문의 객관성 결여를 논하지 않았다. 이러한 변화에도 불구하고 16세기 후반 한국에서 민족이 출현했다는 논쟁은 수월하게 진행하지 못할 것이다. 민족주의자나 고유·전통주의자는 이것이 쟁점이 아니고 하나의 변칙이며, 늦거나 난해한 타이밍으로 간주할 것이다. 반면 근대주의자와 반민족주의자는 한국의 민족 개념이 민족주의자의 성향에서 나왔다고 의심할 것이다.

16세기 조선에서 민족이 출현했다는 내 제안은 일본이 조선을 침략했을 때 민족담론이 출현했으며, 이는 이어지고 변형되며 만주족 침략 이후 추가적인 관점을 얻었다는 내 발견에 기초한다. 조선 왕조 전체를 통틀어 이 과정은 가시적이며, 추적이 가능하고 문서로 작성할 수 있는 현상이었다. 나는 민족의 출현에 관한 논문을 내기로 했다. 왜냐하면 조선 사회 전체로 확산되고, 수세기 동안 지속적으로 확산된 강력함과 열정과 같은 역사적 현상을 설명하기에 민족이라는 관점이 가장 정확한 설명 틀이 될 수 있을 것이라 생각하기 때문이다. 이는 내가 전근대 시기 한국이 둘로 나뉜 패러다임의 어느 쪽에 속한 민족이었는지 결정하길 원해서가 아니다. 사실 나는 어느 학파도 지지하지 않는다.

16세기 전쟁을 통해 한국 민족이 시작되었다는 것이 그 이전에 민족 정서나 민족적 자각이 존재하지 않았거나 드러나지 않았음을 의미하는 것은 아니다. 임진전쟁은 한국이 고통받은 첫 외침이 아니었다. 예를 들어 13세기 고려시대 몽골의 침략은 비록 고려가 결국 굴복하고 몽골의 지배 아래 한 세기를 살지만 광범위하고 장기적이며 필사적인 저항을 받았다. 로저스 Michael Rogers는 몽골 지배기 고려에서 출현한 단군신화가 한국인 공동체에서 명확한 민족성과 고려인 집단 전체에 대한 통합된 정체성의 열망이 그들의 자각으로 나타난 것임을 설득력 있게 주장했다.[15] 역사의 다른 지점에서 산발적으로 나타난 수없이 많은 다른 상징과 형상이 있다. 이들을 민족 감정이나 민족 자각에 대한 표현으로 설명할 수 있다. 그렇지만 더 앞선 징후들은 단순하고 고립되었으며 연결되지 않았기에 담론으로 연결하고 전후사정을 연결 짓기에는 일관성이 부족했다.

나는 민족과 관련한 근대주의 학파의 사상을 지지하지는 않는다. 이 작업에서는 근대화가 아니라 민족으로의 변환에 대한 서사를 서술할 것이다. 민족담론은 결국 조선 사회의 문자와 의례라는 수단과 자료로 거의 모든 집단과 이어지며 확산되고, 전근대와 근대 초기 발달한 기술이 이러한 담론을 이행하였다. 이 책은 전근대와 특정 시기의 공간에서 초기 근대 민족에 대해 연구한 것이다. 나는 한국의 사례가 더 폭넓은 아시아는 말할 것도 없이 동아시아 다른 나라들을 대표한다고 생각하지 않는다. 한국, 중국, 일본 등 홉스봄이 말한 역사 국가 4개국 중 3개국은 다수의 정치적·문화적 속성을 공유하는 반면 각국은 다른 민족과의 관계나 근대성과 관련하여 각각 뚜렷하게 상이한 상황에 놓여 있었다.

역사적 고려: 트라우마와 담론

이 시기 한국에서 실제로 민족담론을 불러일으킨 역사적 접촉은 무엇이었나? 무엇이 기념비적 움직임을 이끌었나? 사실, 나는 민족담론의 출현을 이끈 주요 요인으로 전쟁을 선택했다. 그렇지만 모든 전쟁이 민족담론을 유발하지는 않는다. 이어지는 장에서 이러한 문제를 더 자세히 다루겠지만, 일단 여기서 몇 가지를 언급하고자 한다. 첫 번째는 전쟁으로 인한 심각한 트라우마의 깊이와 날카로움이다. 임진전쟁 동안 엄청난 대참사와 예상치 못한 일본의 침략으로 조선인은 극심한 충격을 받고 공포를 겪었다. 이것은 부분적으로 조선과 일본 사이의 외교적 관계의 특성에 그리고 일부는 세계 질서에 대한 조선의 관념에 기인했다. 두 나라의 지리적 근접성을 고려할 때, 한국과 일본은 놀랍게도 완전하진 않지만 전체적으로 부정적인 만남이 없는 관계를 유지했다. 전쟁으로 발전하지 않은 두 번의 적대적 충돌이 7세기와 13세기에 한 번씩 있었다.[16] 이들 충돌은 한국의 역사적 기억에 강한 인상을 남기지 않았다. 전쟁 이전에는 사용하지 않던 '악마 같은 일본'이라는 수사는 임진전쟁 이후 한국인이 일본에 대해 떠올린 이미지였다. 사실, 한국은 북방을 더 경계하긴 하지만 일본 역시 안보에서 경계 대상이었다. 왜구들 사이에서 발생한 사회적 갈등으로 분열된 시기에, 쇼군과 분권화한 정치체의 봉건영주들이 중국과 한국의 남부 해안지역과 대규모 교역사절을 약탈하는 일본 해적을 한국에 보냈다. 이때 '일본'은 골칫거리이자 헷갈리는 지역이 되었다. 조선은 1443년 쓰시마번의 봉건영주인 소우宗씨와 계해약조癸亥約條를 맺고, 이들을 조선의 중재자로 삼아 일본 조정에 해적을 조선에서 멀리 추방할 것을 요청하였다.

한국은 문관 중심의 사회질서를 구축하여 선점했고, 스스로를 '중국적 세계질서' 안에 위치시킴으로써 안정을 꾀하였다.[17] 1592년 조선 왕조 건국 이후 3세기에 들어선 조선은 중앙집권화한 나라로서 두 세기가 넘는 안정을 누렸다. 조선은 명과 조공 관계를 맺으며 성공적인 외교관계를 구축하여 북방 경계지역과 관련한 많은 안보문제를 해결했다. 지속적인 평화와 안정으로 조선의 양반은 스스로를 소중화小中華로 인식했는데,[18] 이 용어는 진정한 중화中華인 중국에 대한 모방과 경쟁 심리를 담았다. 16세기 조선인의 지리·문화적 상상에 일본인은 거의 등장하지 않았다. 그래서 1591년 히데요시가 함께 중국에 맞서달라고 요청하고 만약 협력하지 않는다면 조선을 침략하겠다는 위협을 조선 조정에 보냈을 때,[19] 조선 조

정은 이러한 요청과 위협을 이해하지 못하면서 분노했고, 한편 오해했다.[20]

1592년 5월, 일본 군대는 실제로 한국에 당도했고, 부산과 동래의 거주자에 대한 수만은 아니지만 수천에 이르는 학살로 자신들의 도착을 알렸다. 이 거대한 살육을 보고 일본중심주의 학자 요시쿠노는 1937년 일본의 한국 식민지배 기간에 쓴 글에서 임진전쟁을 "세계에서 봐왔던 전쟁 중 가장 잔인하고 부당한 전쟁의 하나였다"라고 평가한 바 있다.[21] 고도의 훈련을 받고 무장한 일본 병사 15만 8,700명이 조선 관군의 저항을 거의 받지 않은 채 파죽지세로 북으로 전진하였다. 이들은 마을을 약탈하고, 도시에서 전리품을 노획했으며 사람들을 납치하거나 살해했다. 조선 백성은 살면서 한 번도 상상하지 못한 광범위한 성질의 학살을 당하면서, 처음에 가졌던 순진한 불신은 그들 삶의 존재와 방식이 매우 위태로우며 그들 자신의 목숨, 가족, 재산, 문화와 고향을 지키는 유일한 길은 침략자에 대항하여 스스로 싸우고 방어하는 길밖에 없다는 자각으로 서서히 이어졌다. 의병운동이 터져 나오고, 전국적으로 빠르게 확대되었다. 연이어 한 의병대장은 다른 양반들에게 격정적인 격문을 보냈다. 그 내용은 그들 모두 따로 떼어낼 수 없는 단결된 공동체로 조선의 이상을 만들어내고, 죽음의 위험을 감수하고 싸워야 한다는 것이었다. 그 운동은 조선에 대한 상상의 공동체 수사와 분리될 수 없고, 의병을 모집하는 애국적 의무였다. 수사와 운동은 상호작용을 만들어내고 정의되었다. 이 민족담론의 요소는 거의 동시에 다른 이들을 가담시키고, 멸종에 대한 두려움 아래 그들의 민족적이고 문화적인 정체성에 대한 우려가 또한 각각 다른 개인과 집단에 동기를 부여하며 시작되었다.

만주족의 침략이 한국인에게 가져다준 트라우마는 조금 달랐다. 이는 오랑캐에게 항복한, 그러므로 '야만'에 더럽혀졌다는 심오하고 격렬한 모욕감이었다. 1637년 2월 인조仁祖(재위 1623~1649)가 홍타이지 앞에 무릎을 꿇고 행한 항복 의례는 역사를 기록한 이래로 한국의 왕이 외국 지배자에게 행한 유일한 항복 의례로 한국 정치 체제 전체에 엄청난 수치심을 각인시켰다. 1644년 만주족의 중원 정복은 중국이 상실한 문명을 조선인이 조선 안에서 보존할 길을 찾아야 한다는 믿음으로 이끌었다. 이것은 그들에게 문화적 감각과 심지어 문화적 정체성을 회복하고, 스스로를 조선 중화의 위치에 올리는 사명감을 부여했다. 그럼에도 악몽과 같은 항복의식의 환영이 지속적으로 조선 지식인 전체의 면면에 출몰하는 것처럼 보였다. 청에 의례적으로는 물론 외교적으로 종속된 채 수치와 무력한 분노 속에 살던 조선의 재야 지식인은 임진전쟁을 실수와 비극의 전쟁에서 승리와 단결의 전쟁으로 바꾸었다. 호란의 수치스러운 패배라는 결과와 달리 임진전쟁은 일본의 조건 없는 철수로 종결되었다. 히데요시가 아시아의 제국이라는 웅대한 비전을 추구하면서 전쟁에 착수했지만 그가 공언했던 목표 중 무엇도 달성하지 못한 채 끝났기에 일본조차 이 전쟁을 용두사미龍頭蛇尾라 칭했다.[22] 임진전쟁은 조선이 자신의 수치를 땅에 묻고 자신이 타협하지 않는 영웅적 자질과 애국심을 제시할 수 있는 지점을 제공했다. 민족담론은 만주족이 한국인의 문화적 정체성을 평가절하한 이후 더욱

피할 수 없고 긴급한 것으로 제시되었으며, 이러한 민족담론은 계층화된 민족적·문화적 요소들의 복합체이자 숨겨진 것과 드러난 것, 치욕과 자부심, 그리고 회한과 투지로 성장했다.

두 번째 요소는 200년간 조선의 유교적 향촌 규약이 성장시킨 재지사족在地士族의 존재였다. 일반적으로 학자들은 비효율적인 운영과 재앙으로 결론 난 두 번의 전쟁을 조선이 군사적 역량을 소모하면서까지 과도하게 집중한 숭문崇文문화 탓으로 돌렸다. 이것은 부인할 수 없다. 조선은 국가적 안보정책에서 꼭 필요할 경우에만 보완적으로 군사적 해결을 사용하고, 그 외엔 기본적으로 외교적 협상이라는 수단을 추구하였다. 그렇지만 나는 이러한 숭문문화가 한편으로 자신을 조선과 조선문화의 수호자로 여기며 언제 누가 조선을 공격해오면 조선과 조선의 문화를 위해 목숨을 걸고 싸우는 재지사족을 생산해냈다는 점을 주장하고자 한다. 그들이 이 구조에서 기득권을 가진 조선 사회의 특권적 산물임은 놀랍지 않다. 주목할 만한 것은 정부가 조선의 방어자로서 역할을 하지 못할 때 그들이 나선 것이다. 재지사족은 국방의 의무가 없는 사적 개인이었다. 그들은 전쟁 경험도 없고 훈련을 받은 적도 없지만 잘 무장한 일본군을 상대로 자발적으로 봉기했다. 그들은 자신을 의병義兵이라 지칭했다. 정의로운 토벌군에 대한 압축적 의미를 지닌 독립체라는 걸 제외하면 그들은 역사적 선례가 없었다. 이 의용군은 팔도 전역에서 신속하게 봉기했다.

가장 시급한 질문은 무엇이 재지사족을 이 예상치 못한 기이한 애국적 운동으로 이끌었는가 하는 것이다. 재지사족의 어떤 정체성이 그들을 이러한 국가적 도전으로 이끌었는가? 조선 정치문화의 관점에서 그들의 동기는 '충'의 실천으로 정의할 수 있다. 그것은 충의 개념을 행동으로 변환시킨 것이다. 누군가는 그들이 유교적 통념의 도덕적 자율성에서 영감을 얻었다고 말할 수 있다. 그러나 운동은 조선인으로서 특별한 지역적 정서에 기반했다. 나라의 절반 가까이에 해당하는 엄청난 숫자의 민간인이 자발적으로 참여한 행동이라는 점에서 이것은 조선의 정치문화를 변화시킨 인민주권에 대한 주장과 유사하다. 또한 이 움직임은 조선의 정치적 문화를 변화시키며, 이 경험을 따라 재지사족도 바뀌었다. 임진전쟁 동안 명성을 얻은 재지사족은 조선에 참여할 의지를 지속적으로 드러냈다. 격변하는 호란 이후와 전후 전사자에 대한 여러 세기에 걸친 기념사업에도 그들은 조선이라는 나라와 문화를 형상화하고 정의할 것을 요구하는 세력으로 남았다. 어떤 사람은 이를 나라의 지치지 않는 기념사업의 참여가 승리로 끝나길 바라는 열망 덕으로 해석할 수도 있지만, 한편에서는 이들이 궁극적 수호자이자 전쟁 기억의 관리인 역할을 수행할 필요를 느낀 것이라 볼 수 있다.

세 번째 요소는 전통적인 한자와 일상어인 한글을 사용하는 이중 언어의 공간이었다. 혹은 더 적절하게 말하면 두 경전 도구 안에서 평행하는 언어적 공간이다. 민족담론은 두 가지 언어 공간에서 지속적으로 구두 서사와 상호작용하면서 다른 많은 갈래와 장르에서 그 모습을 키웠다. 때로는 상호 이어지고 뒤섞이고, 때로는 분리되면서 확산하였다. 이 두 가지 언어적 공간은 더 많은 이들이 참여할 수 있도록 운동을 개방하고 더 멀리 도달할 수 있게 하였다. 두 가지 언어를 사용하는 공간에서 시작한 민족 담론은 전후 담론이 지속되는 긴 세월 이중 언어의 형태로 남았다. 이 현 상은 한자와 한글이 언어와 활동으로 양분되어 있을 것이라는 일반적 시 각, 가령 한자는 종교적이고 지역적이며 전근대적인 반면 한글은 세속적 이고 민족적이며 근대적일 것이라는 관점과는 구분된다. 앤더슨Benedict Anderson은 고전 언어의 신성함을 말하고 한자를 그 안에 포함시켰다.[23] 하지만 이 이분법은 한자에서 다르게 작용하였다. 가장 대표적 텍스트인 유교 경전은 종교가 아닌 정치적·도덕적 언어로 구성되기 때문이다. 더 욱이 조선에서 한자와 한글 사이에는 상이한 이분법이 존재하였다. 한자 는 중앙의 것이고 공공적이며 남성적인 반면 한글은 지방적이고 사적이 며 여성적이라는 이분법이다. 그렇지만 민족담론은 두 언어적 공간 사이 의 구분을 허물고 경계를 넘어서며 접근성을 제공하고 다양성을 확보하 였다. 여기서 다시 민족담론과 이중 언어 공간은 서로를 강화시키며 만들 어졌다.

네 번째 요소는 전후 조선에서 기념사업의 경로에 대한 준비 상태와 이 러한 활동에 대한 폭넓은 행위자의 참여 열망이었다. 조선은 인생에서 가 장 중요한 것으로 추모를 꼽는 유교 사회이기에 매일의 삶에서 추도 의 례가 기본 구조로 내재했다. 코너튼Paul Connerton은 몸소 실천하는 의식 이 문서로 전달하는 것보다 더 쉽게 사회적 기억을 구성한다고 주장하였 다.[24] 전사자에 대한 기념 의례에서 조선은 문서적으로, 의식적으로 또는 이 두 가지를 조합하는 등 다양한 형식을 포괄하였다. 이는 각기 다른 조직과 지역색 속에서 가족 내부의 의례부터 지역 단체에 의한 준공공적 의례, 국가에 의한 공식적 의례로 거행되었다. 이들 조직은 모든 형식의 기념사업을 위한 기회를 이용하여 의미 있고 유용하게 여겨지는 전쟁의 기억을 구축·전파·전달하는 일에 열성적으로 참여하였다.

전후 기억은 그들을 구축하고 영속시키는 방법에 따라 크게 두 집단으로 나눌 수 있다. 하나는 각양각색의 지역풍토 속에서 개인과 집단이 각기 생산하고 유통한 이질적인 모습이다. 이 집단의 기억은 전근대적이며 초기 산업화 단계의 소통 기술로 다층적이고 단편적으로 기록되었다. 다른 하나는 국가가 통합하고 조직화한 것이다. 조선 조정은 정당성의 정치를 위한 상징적 가치를 통렬히 인식하면서 기획자이자 관리자 역할을 자청했다. 또한 전쟁 기억의 국유화 작업에 착수하였다. 그들은 모든 범주의 기억을 수집했다. 그들은 무명전사를 포함하여 전쟁 중 사망한 자에게 기념 의례를 거행하고, 영웅을 사당에 모셔 불멸화하였다. 또한 나라에 의미 있는 봉사를 제공하였다고 여긴 이들에게 사후 영예를 수여하고 그 후손에게 보상하였다. 기억의 국유화 과정은 상호적이며 다방면에서 이루어지고 다층적이었다. 이질적이고 개인적인 기억을 선택하여 집단적이고 공공적인 기억으로 변환하면서 나라에서는 멀거나 가까운 지방의 권위자와 개인에게 의견을 구하며 제안을 듣고자 하였다. 기억의 정치에서 가장 중요한 주제는 애국심이었다. 애국심은 표준적 혜택을 측정하고 보상을 요청하며 수여했다. 명백한 결정권자는 나라였다. 분명한 것은 조선 조정이 민족적 기억에 대해 스스로를 이론의 여지없는 관리자로 자리

매김시킨 것이다.

이것은 모든 개인과 지역의 기억을 나라의 창고로 옮겼다거나 모든 서훈 요청을 받아들였다고 말하는 것이 아니다. 국가에서 갖고 있는 기억의 관점이나 모범적 봉사의 시각이 멀리 떨어진 지역에서 벌어진 것과 반드시 일치할 것이란 의미 또한 아니다. 다른 기관들은 계속하여 전쟁 기억에 대한 소유나 전용을 위해 경쟁했다. 가장 중요한 것은 국가가 기념사업에 대중이 참여할 수 있도록 경로를 열어놓고 공공 기념을 위해 사람과 행동을 장려하자, 백성이 개인적 기억을 공공의 기념사업으로 바꾸면서 기억의 정치학 속 참여와 행위 주체성을 느꼈다는 것이다.

접근과 구성

나는 이 책을 두 개의 시간적 관점으로 구성하였다. 하나는 전쟁 중, 전쟁 직후에 출현한 담론이며, 다른 하나는 전후 기념담론이다. 역사는 본질적으로 회고적이지만 나는 전쟁을 겪은 자와 함께 움직여서 미래를 응시하는 시도를 할 것이다. 그런 후 기념 문학과 활동에 내재하는 전후 이슈를 생각하는 사람(이 서사의 일부를 나중에 편집하더라도)을 뒤돌아볼 것이다.

나는 전쟁 중 혹은 전쟁 직후 쓰인 서사로 만들어진 강요된 이미지에서부터 논의를 시작할 것이다. 이 이미지는 구축되고 구성된 전후 기억 위에서 감정적 핵심으로 남았다. 더욱이 임진전쟁에서 만들어진 이미지뿐만 아니라 호란에서 만들어진 것도 있다. 일부는 새로운 것이었고, 일부는 오래된 소통의 경로와 공간을 되살린 것이었다. 그러나 이들은 이질적이지만 거의 동시에 나타나 조선이라는 상상의 공동체에서 펼쳐지는 대부분의 주제 위에서 상호 연결되었다.

1 의병과 민족담론

임진전쟁은 수많은 인원이 직접 참여한 미증유의 사건이다. 전쟁 중 재상, 관료, 참모의 지원을 받으며 세 나라는 서로 맞붙어 싸웠다. 삼국은 보병과 해병을 배치했으며, 불멸의 명성을 얻기도 한 장군과 제독이 그들을 지휘했다. 전장이던 조선에서는 수십만 명이 죽거나 포로로 잡힌 것은 말할 것도 없고, 수백만 명이 전쟁의 참화로 고통받는 가운데 의병운동이 전국에서 일어났다. 이에 임진전쟁은 본래 영웅과 희생자 이야기로 쓰여야 했다. 전쟁으로 얽힌 삼국은 각자 영웅과 희생자에 대한 별도의 전설과 이에 상응하는 찬양과 전기를 자신만의 고유한 관점으로 보유했다. 그들이 정의한 상상 속에서 중심을 차지한 것에 걸맞게 조선인은 전쟁의 여파 속에서 엄청난 수의 영웅을 성인으로 추대했다. 그중에서 가장 큰 영예를 누린 사람은 아마도 이순신李舜臣(1545~1598) 장군과 의병장일 것이다.

왜장을 껴안고 강에 몸을 던진 기생 논개 역시 전설적인 위치를 얻었다.[1] 나는 한국의 역사 담론에서 임진전쟁이 '조선'을 상상의 공동체로 정의하거나 재정의한 것과 마찬가지로 이 영웅을 한국의 애국적 얼굴로 만들었다고 주장할 것이다.

이순신은 관군의 장수였다. 해군장수로서 그의 자질은 널리 알려져 있다. 대표적으로 거북선이라 알려진 유명한 전함의 발명가라는 점, 한 번도 패한 적이 없는 최고 전략가라는 점, 마지막 전투이자 일본이 한국에서 퇴각하던 전투에서 전사한 두려움 없는 군인이라는 점, 그리고 그의 죽음을 전투가 끝날 때까지 비밀로 하라고 명한 점을 예로 들 수 있다. 이러한 자질로 이순신은 신화적 위치를 얻었으며, 한국 역사에서 가장 인기 있는 영웅이자 현대 한국 초등학교 교과서에서 애국심의 화신이 되었다. 그렇지만 한국 역사에서 이순신의 위치가 특별한 것은 뛰어난 해군장군이라는 존재감 때문만은 아니다. 영웅주의와 성웅 聖雄(2004~2005년에 그와 관련하여 〈불멸의 이순신〉[2]이라는 텔레비전 드라마가 있었다)이라는 그의 지위보다 더 중요한 것은 그에게 치욕을 안긴 왕에 대한 변함없는 충성이었다. 사실 조선 조정이 언제나 그에게 감사하거나 그의 가치를 인정해준 것은 아니다. 전쟁 초반 이순신은 조선에 승리를 안겼음에도 전쟁 중 소환되고 삭탈관직당하여 백의종군 白衣從軍했다. 바로 그의 후임이자 처참한 패배로 오명을 남긴 원균 元均(1540~1597)이 전 함대를 전몰시키고 사망하고서야 이순신이 해군사령관으로 재임명된다. 불명예와 몰락이 이 완벽해 보이는 사람에게 인간성을 불어넣지만 이순신 이야기는 결국 군인 이야기이다.

그렇다면 자원병은 어떠한가? 의병으로 알려진 그들은 자원병으로, 상륙과 함께 조선을 휩쓴 왜군 15만 8,000명에 대항하여 게릴라 전투를 벌인 향촌의 사족으로 구성되었다.[3] 앤더슨은 "궁극적인 희생 개념은 오직 죽음을 통한 순수한 생각에서 나온다"라고 주장했다. 그는 "보통은 아무도 선택하지 않는, 조국을 위한 죽음은 도덕적 위엄을 띤다"며 '순수함과 사심이 없는 기운' 때문이라고 자세히 설명했다.[4] 이런 맥락에서 의병장[5]은 비록 사회적 지위도, 전투에 참여할 의무도 없지만 나라를 위해 봉기할 수밖에 없음을 느꼈다. 이 군대 구성원 중 누구도 대중매체에서 이순신 장군에게 부여한 것과 같은 즉각적 명성을 얻지 못했다. 그렇지만 거의 틀림없이 그들은 엄밀하게 '순수함과 사심 없는 분위기' 덕분에 더 큰 도덕적 위엄을 얻었다. 결론적으로 그들은 한국의 역사적 상상 속에서 위대한 해군 영웅에 비해 부족하지 않은 영광스러운 자리를 차지한다.

놀랄 것도 없이 의병운동은 현대 한국의 역사가에게 엄청난 관심을 받았다. 이 군대의 각기 다른 측면을 살펴본 연구는 수없이 많다. 몇몇을 예로 들면, 일부 연구에서는 지역적 규모로 혹은 전국적 규모로 이 운동을 고찰하고, 군대로서의 효용성을 평가한다. 의병 조직에서 사회적·정치적 제약에 초점을 맞추며 국가와 관계를 논한 연구도 있다. 또한 의병운동이 전쟁 전후 재지사족在地士族의 사회·경제적 위치에 미친 영향을 설명한 연구도 있다. 그렇지만 지금까지 가장 많이 고찰된 것은 개별 지도자의 업적을 자세히 기술한 연구이다. 대부분 불가능한 역경에 직면하여 나라에 헌신한 이기심 없고 용기 있는 행동을 강조하거나 민족 영웅들의 전기에 잘 어울리는, 시대를 초월한 영웅의 모습이다.[6]

의병 연구에 엄청난 관심이 쏠렸지만 나는 여전히 의병의 의미를 정치적으로, 역사적으로 정확하고 적절하게 규명하지 못했다고 믿는다. 이 운동을 출현시키고 변화시킨 정치문화의 결 같은 이슈는 적절히 다뤄지지 않았다. 예를 들어 의병장이 보낸 격문을 2차 사료로 인용할 뿐, 의병운동의 필수 요소로 적절히 평가하지 않았다. 나는 이 서간들이 민족담론 출현에서 기본 문서라고 믿는다. 여전히 규명되지 않은 것은 전후 조선에서 의병장이 애국의 상징으로 불멸화하는 과정과 이들의 정치적 의미이다.

따라서 근대 학계에서 놓친 것은 의병의 예외적 본성에 대한 적절한 인식이다. 외적의 침략에 맞선 애국적 봉기가 자연스러워 보이는 것은 민족주의가 영원할 것이라는 고유·전통주의자들의 실수에 기인한다. 이런 관점에서 의병 봉기는 끝없이 찬양할 가치가 있는 훌륭한 모험적 시도이다. 하지만 그 기원, 영향, 의미를 공부할 가치가 있을 정도로 획기적인 역사적 현상은 아니다. 또 수세기에 걸친 찬사가 이러한 인물에 대해 동시대와 전후 조선 사회가 목격한 경이로운 분위기를 앗아갔기 때문에 익숙한 인물이 되어버렸을 수도 있다.

그렇지만 고유·전통주의자의 관점은 역사의 개념에 정면으로 도전한다. 일본의 침략을 예상치 못했던 것처럼 의병도 상상할 수 없었다. 조선은 나라에서 합법적 무력을 독점했기 때문에 베버Max Weber가 정의한 국가에 부합하는 나라였다. 사병私兵과 무기를 소지하는 것은 1400년부터 불법이었다. 의병장의 다수를 차지한 재지사족은 학자이지 전사가 아니었다. 그러므로 의병이 처음 출현했을 때 그들은 혼란과 두려움에 직면했다. 의병을 조직하고, 무기를 휴대하고, 어떤 면에서 관군의 일부가 되려고 허가를 받아야 했다. 비록 조정의 격려가 먼저인지 의병의 출현이 먼저인지는 논란이 되었지만, 그리고 조정과 의병 사이의 관계는 종종 복잡하고 심지어 긴장이 있었지만, 조정은 이 운동을 장려하고 지지했다. 의병 출현에 대한 경외와 놀라움은 몇 세기 동안 계속되었고, 윌리엄스Raymond Williams의 문구에서 빌려온 '정서의 구조structures of feeling'는 민족적 영웅이 되어가는 그들의 심장을 덮쳤다.[7] 이것은 전쟁 중에 진실이었고, 이후 수세기를 지나며 다양한 기관이 적절하게 영예로운 의병과 의병장을 위해 경쟁하는 것으로 남았다. 결국 대부분 가문에서 경쟁적으로 그들의 조상이 의병이었음을 주장하는 것을 과장이라고 말하기 어렵다. 사후의 영예가 그들에게 쏟아졌고 그들 이름으로 사당을 짓고 그들의 저항 활동을 조사하고 밝히고 서술했으며 출판하기도 했다. 한국에서는 지금도 이 산업을 계속한다.

　의병은 규정하기 힘들다. 한편으로는 지역을 기반으로 했고, 한편으로는 전국적 무장으로 이어진 국가적 움직임이었다. 이는 또한 군사적 움직임이면서도 그 성장은 조선인을 서로 연결해주며 상상의 공동체에 대한 조선이라는 담론을 교환한 의사소통의 장이 출현하고 확장된 것과 불가분하게 얽혀 있었다. 조선공동체가 돌이킬 수 없게 찢긴 듯 보인 위기의 순간에 조선인은 민족을 탄생시킨 대안적 의사소통의 장을 만들어냈다. 이 장과 다음 장에서 나는 제일 먼저 군대의 지역적·전국적 요소, 그들의 활동이 전국적 움직임으로 포괄될 수 있었던 방식에 관심을 가질 것이다. 민족적인 공동체의 비전은 행위의 공간과 소통의 공간 사이에서 출현했다고 주장할 것이다. 또 의병장들이 창출한 수평적 소통의 공간과 조선공동체에 대한 담론이 사회적 지위와 지역의 제한을 벗어나 조선의 모든 거주지로 확장되는 과정에 집중할 것이다.

서곡

나는 임진전쟁 직전, 한국과 일본의 정체성과 열망이 거의 반대였음을 이미 언급했다. 조선은 거의 200여 년간 방해받지 않는 평화를 즐기면서 사대부 사회가 되기를 희망했다. 반면 오랜 기간 사회적 갈등이 있은 뒤 히데요시가 막 통일한 일본은 침략을 통해 거대한 아시아 제국을 건설하려고 했으며 한국을 첫 번째 희생양으로 삼았다. 전쟁이 일어나기 전 몇십 년간 조선과 일본은 부정기적이고 불충분한 소통 상태를 지속했고, 이는 서로에 대한 몰이해로 이어졌다. 1590년 조선이 일본에 파견한 통신사가 이 문제를 충분히 보여줬다. 조선 조정은 진정으로 히데요시가 국서에서 위협한 것처럼 조선을 침략할 의도가 있는지 조사할 통신사를 파견했다. 1443년 첫 번째 통신사를 파견한 이래 이때 통신사는 통신정사通信正使 황윤길黃允吉(1536~?)과 부사副使 김성일金誠一(1538~1593)이 1590년 4월에 떠나 이듬해 돌아왔다. 이 불행한 임무는 한국의 역사 서술에서 악명을 떨쳤다. 두 사람이 귀환하자 왕과 그들의 청자는 히데요시의 침략 계획에 대해 질문했다. 황윤길은 그럴 것 같다고 답했으나 김성일은 부정적이었다. 나중에 역사가들은 종종 그들의 엇갈리는 견해는 그들의 서로 다른 당파에서 기인했으며, 이 사건은 조선 관료주의의 유감스러운 당파성

과 관련이 있다고 지적했다.[8]

통신사의 더 큰 불행은 히데요시에게 부주의하게 메시지를 전달한 것이다. 조선 조사단이 도착했을 때 두 나라 사이의 공식적 중재자인 쓰시마의 소우宗氏 번주는 조선 사신이 조공단으로 왔으며, 조선이 중국 침략에 협력하라는 히데요시의 요구를 받아들인 것으로 믿도록 유도했다.[9] 그러므로 그는 자신의 사신 게이테쓰 겐소景轍玄蘇와 소우 요시토시宗義智를 조선 통신사의 서울 귀환 길에 동행케 하여 조선 왕에게 자신의 서신을 보냈다. 이 서신은 그가 계획한 중국 정벌에 조선을 초대한다는 내용이다. 그는 화평과 일본 통일을 설명한 후 위대한 아시아 제국 건설이라는 꿈을 알렸다.

사람의 한평생이 백 년을 넘지 못하는데 어찌 답답하게 여기에만 오래도록 있을 수 있겠습니까. 국가가 멀고 산하가 막혀 있음도 관계없이 한번 뛰어서 곧바로 대명국大明國에 들어가 우리나라의 풍속을 400여 주에 바꾸어놓고 제도帝都의 정화政化를 억만년토록 시행하고자 하는 것이 내 마음입니다.

그는 최후통첩을 보냈다.

귀국이 선구先驅가 되어 입조入朝한다면 원려遠慮가 있음으로 해서 근우近憂가 없게 되는 것이 아니겠습니까. 먼 지방 작은 섬도 늦게 입조하는 무리는 허용하지 않을 것입니다. 내가 대명에 들어가는 날 사졸을 거느리고 군영

軍營에 임한다면 더욱 이웃으로서의 맹약盟約을 굳게 할 것입니다. 나의 소원은 삼국三國에 아름다운 명성을 떨치고자 하는 것일 뿐입니다.[10]

이 서신은 침략에 대한 히데요시의 의도에 의심할 여지를 남기지 않았다.[11] 이에 조선 조정은 군사요충지의 책임자에 재능 있는 자를 선별하여 임명하고, 읍성의 요새와 유선형의 무기를 보강하는 등 방어 계획을 수립하는 시도를 했다.[12] 이러한 방법은 성의가 없었고 지역 거주민의 반발과 분노를 샀다.[13] 중국학자 리광타오李光濤는 조선이 일본에 접근한 이런 혼란스러운 태도를 두고 "조선은 잠을 자고 위협을 무시하면 그들이 일어날 때쯤 일본이 물러날 것처럼, 그들의 실수를 숨기려 노력하는 정책을 채택했다"며 이를 적절히 설명했다.[14] 아무도 임박한 침략 가능성을 믿거나 믿지 않으려 하는 것 같았다. 이 일은 아마 상상력과 기질 모두를 매우 크게 발휘할 필요가 있었을 것이다.

전쟁에 대한 불신과 무방비를 감안해도 조선은 특히 전쟁 초기에 처절한 대가를 치렀다. 수군이 여전히 기능했음에도 조선 관군은 침략자를 저지할 수 없었다. 이어지는 서사는 사병이든 관병이든 이 기간에 완전히 파멸할 운명으로 묘사했다. 일본군 선봉은 1592년 5월 23일 부산에 상륙했고, 부산과 동래에서 벌어진 첫 전투는 다가올 전쟁의 본격적 시작을 알렸다. 5월 24일 소우 요시토시와 고니시 유키나가가 이끄는 일본군 1만 8,700명은 부산 수군의 첨사僉使 정발鄭撥(1553~1592)이 이끄는 조선군의 저항에도 불구하고 부산성을 포위하고 시내로 진군했다.[15] 5월 25일 일본군은 동래를 습격했고, 동래부사 송상현宋象賢(1551~1592)의 맹렬한 저항을 하루 만에 물리쳤다. 이 전투에서 정발과 송상현 모두 죽었는데, 송상현은 죽음과 마주했을 때의 의연함으로 전쟁 영웅 중 한 사람이 되었다. 경상우감사 김수金睟(1547~1615)를 포함하여 책임 있는 다른 정부 관료들은 도망가거나 전투지에 올 의지가 없었다. 전장에서 죽거나 일본 점령이 시작된 후 죽은 사람의 수는 꽤 많은 것으로 보인다.[16] 실제는 이보다 다분히 적을 것 같지만 어떤 일본 측 자료에는 부산에서 3만을 죽였다고 기록했다.[17] 다른 일본 문서는 동래의 학살을 "우리는 약 3,000명의 목을 베고, 500여 명을 전쟁포로로 데려왔다"고 서술했다.[18]

조선 땅에서 엄청나게 많은 일본인을 본 것은 조선인에게 대단한 충격과 공포였음에 틀림없다. 그들 중 대부분은 외국군은 말할 것도 없고 외국인을 본 적도 없었다. 검과 장총의 일종인 화승총을 들고 공격하는 외국 군대에 대한 경험은 결코 없었다. 일본군의 무력과 잔인함에 대한 소식이 퍼지면서 아주 소수의 고장만이 형식적으로라도 저항을 시작했고, 거주자들은 산이나 다른 피란처로 도망갔다.[19] 일본군은 계획한 모든 병력이 조선에 상륙하자 매우 짧은 시간 안에 세 그룹으로 나뉘어 각기 다른 경로로 북으로 진격하며 마을을 불태우고[20] 주민을 살해했다. 조선 관군은 침략자에 대항하기 위해 다양한 시도를 했으나 전투는 항상 비참하게 끝났다. 한 예로, 일본은 6월 4일 상주와 6월 6일 충주 전투에서 대량살상을 자행했다.[21] 조선 조정은 충주에서 침략자를 저지하고 수도를 방어하는 데 모든 희망을 걸고 이 전투에 남아 있는 자원을 모두 쏟아 부었다. 그렇기에 순변사巡邊使 신립申砬에게 오명을 안긴 그 끔찍한 패배는 조선의 최종 방어선이 붕괴됨을 의미했다.[22] 화급하게 회의가 열렸고 공포에 질린 선조는 서울을 떠나 북으로 가겠다고 주장했다. 관료 다수가 강하게 반대하는 목소리를 냈지만 수도를 잠시 평양으로 옮길 것[播遷]을 결정했다.

군주권이 '초자연적 질서의 축소판'과 '정치 질서의 물질적 내재화'처럼 '조정과 수도'의 상징에 귀속된다는 것은 거의 언급할 필요가 없다.[23] 그러므로 수도에서 왕실을 없애고 조정을 분리하는 것은 국가권력의 기반을 흔들었고, 따라서 앞날에 대한 두려움에 휩싸였다. 이에 조선은 명에 원군을 요청하는 사신을 파견하고, 광해군光海君을 세자로 세우고, 임해군臨海君과 순화군順和君을 함경도와 강원도에 파견하여 각각 추가적인 군사를 모집토록 하는 등 여러 가지 극단적 조치를 취했다.[24]

선조가 북으로 몽진을 떠난다는 소문은 애처롭기도 하고 위험하기도 했다.[25] 더 나쁜 것은 파천이 상징하는 정부의 무능력과 무책임이 몇 번이고 반복적인 피란으로 퍼져나간 점이다. 사실 왕실 측근들이 일본군이 상륙했다는 소식과 함께 수도를 떠나는 패턴이 드러났다. 이런 상황에서 왕은 6월 7일 공포에 질린 백성에게 교지를 내려 안정과 보호를 보증했지만[26] 고작 이틀 뒤 위험에 처한 힘없는 주민을 뒤로한 채 몰래 떠나면서 배신했다. 조정은 김명원金命元(1534~1602)을 조선군 도원수로 임명하고, 경기 지방에 남은 병사를 한강을 따라 배치하여 도성을 수비케 하였다.[27] 하지만 순식간에 군사가 도망가면서 군대는 무너졌다. 성난 군중은 궁궐을 공격했고 건물 여러 채에 불을 질렀다.[28] 『난중잡록亂中雜錄』은 일본군이 점령하기 직전의 서울을 "성안의 귀천남녀 할 것 없이 다 달아났다. 불한당들이 무리를 지어 미색이 뛰어난 여인을 보거나 값나가는 물건이 있으면 강탈하며 폭력을 휘두르는데 신분을 따지지 않았다. 이 무질서 속에서 아버지와 아들, 남편과 아내가 서로 흩어져 도망갔다"라고 묘사했다.[29]

각기 다른 경로를 취한 일본군이 6월 11일 서울에 모여 아무런 저항 없이 모두 떠난 수도에 입성했다. 개성과 평양에서도 동일한 상황이 반복되었다. 왕은 주민에게 방어와 안전을 약속했지만 은밀히 왕실을 이끌고 떠나면서 주민의 분노가 터져 나왔다. 도시가 일본군이 도착하기도 전에 무질서에 빠져버렸다는 묘사는 많다.[30]

관군이 어느 정도 공격에 대해 전세를 회복하고 힘을 모을 수 있을 거라는 일말의 희망은 경기도 용인 전투의 참패로 산산이 부서졌다. 7월 14일 삼남지방 순찰사를 겸직한 하삼도 지방 관찰사들은 새로 징집한 병사 6,000명을 이끌고 잘못된 조언과 한심한 전략으로 전투하다가 참혹하게 패배했다. 다수의 용맹한 영혼이 전사한 데 반해 세 관찰사는 모두 도주했다. 조선군이 제 기능을 하지 못한 배경에 대해 약간 설명이 필요하다. 조선군의 구조에 대한 상세한 논의는 이 연구의 범위 밖이지만 간단히 기본적인 요소를 설명할 것이다. 관군은 왕과 왕실 구성원을 지키는 금군禁軍과 일반 군대로 구성되었다. 일반 군대는 오위五衛로 구성되었고, 각각 수도와 각 도道에 해당하는 특정지역 방어에 대한 책임이 있었다. 다시 말해 조선 군대는 각 도에 오위 중 한 개 위가 배정된 중앙집권형으로 조직되었고, 그들의 수장은 중앙에 머물렀다.

응집력이 있어 보이지만, 이는 시간이 지나며 진화한 것이며, 각 부분은 서로 연결이 느슨한 구조였다. 여기에는 몇 가지 요소가 작용한 것으로 보인다. 각각의 위衛는 서로 다른 시점에 특정한 목적을 갖고 구성되고, 별도의 운영과 조직을 가졌다. 조선은 16세부터 60세 사이의 남성이 보편적으로 군에 복무하는 원칙을 세웠지만 실제로는 신분, 거주지, 의향에 따라 매우 유동적인 합의를 허용했다. 더욱이 수도와 지방의 군대 운영에는 엄청난 차이가 있었다. 수도의 오위는 적든 많든 지속적으로 고정적인 숫자를 유지했지만, 지방은 지도부 소속 병력을 특정할 수는 있지만 오직 위기가 발생했을 때에만 군사를 징집하여 채웠다. 그런 점에서 조선은 군을 고정되고 독립적인 관료체계로 운영한 것은 아닌 듯하다. 이러한 경우 문관이 군사령관으로서 추가 책임을 수행했다. 물론 수군에 특정한 지휘관을 지명하고, 때로는 위험이 상존하는 북방 경계지역에 지휘관이 상주하는 예외도 있었다.[31]

평화가 지속되면서 지방에는 아주 소수의 현역병만 있었다. 16세에서 60세 사이의 남성은 농한기에 군사훈련을 받아야 한다고 명시한 규정이 실행에 옮겨졌다는 증거가 거의 없다. 군무軍務가 태만한 것에 대해 일부는 불안해했다. 가장 유명한 사건으로, 저명한 학자관료인 이이李珥(1536~1584)는 1582년 한층 더 강하고 더욱 체계적인 배치를 촉구했다.[32] 군대 개혁, 특히 군대를 증원하는 것과 관련한 군대 개혁은 재정상 협의가 필요하다는 점에서 농업경제에서 상상을 초월하는 어려운 제안이었다. 이에 조선의 지식인은 이러한 개혁의 필요를 드러내지 않았다.

임진전쟁이 발발하자 각 도의 관찰사는 자신의 지위에 따라 관할지에서 군사령관으로서 역할을 수행했다. 전쟁 중 조선 영토가 일본군에게 점령당했을 때도, 조선의 관료체제는 사라지지 않은 채 수면 밑으로 가라앉았다. 전장에서 관군을 통솔하더라도 이들은 문관이었고 전쟁 기술을 배우지 못했다. 그들은 용맹함으로 이름을 얻지 못했으며, 실제로 많은 이들이 상황이 나쁠 때 혹은 그전에 전장에서 도주한 것으로 알려졌다. 용인의 패배는 이러한 견해의 충분한 증거였다.

임진강 방어선이 무너진 후 일본군의 진격을 막을 어떤 계획도 더는 없었다. 일본군은 장애 없이 왕실을 추격했다. 결국 7월 말 선조의 조정은 국경 지방인 의주에 숨었다. 상황을 악화시킨 것은 10월 초 임해군과 순화군이 가장 잔인하기로 악명 높은 일본 장군 가토 기요마사加藤淸正의 포로가 된 일이었다.[33] 엎친 데 덮친 격으로 두 왕자와 호종인을 잡아 일본에 넘긴 국경인鞠景仁(?~1592)은 조선 사람이었다.[34] 이 사건은 왕실에 극심한 모멸감을 안긴 것으로 보이며, 또한 백성의 환멸을 결정적으로 표현한 것이었다.[35] 거의 전 국토가 약탈해오는 일본군에 넘어갔고, 조정에 대한 백성의 신뢰는 더 떨어질 데가 없었다. 이런 상황을 두고 오희문吳希文(1539~1613)은 『쇄미록瑣尾錄』에 정부를 풍자하는, 널리 불린 가사를 기록했다. "우리가 도시 외곽에 높은 담을 쌓을지라도 누가 우리를 적에게 맞서 지켜주나. 저 담은 담이 아니고 백성이 담이네."[36]

의병 봉기

의병의 출현에는 혼란, 공포 그리고 정부에 대한 신뢰 상실이라는 배경이 있었다. 그 발단부터 지역적이면서 거국적이었다. 모든 의병 조직은 지역을 기반으로 했고 상당히 거대한 규모로 지속되었다. 재지사족은 가정과 가족 그리고 지역성을 지키는 즉각적 목표를 갖고 주민을 조직하여 그 일을 시작했다. 하지만 군대는 지역적 관심이 국가적 운명과 결부되는 전국적 열망과 비전을 제시했다. 의병이 완전히 별개의 지역적 활동으로 남을 수도 있었으나 전국적 운동으로 바뀐 것은 의병장의 수평적인 의사소통 공간을 창출했기 때문이다. 지역 유지들은 의병을 모으기 위해 연속해서 격서와 통문을 더 광범위한 백성 집단에게 보내 사회적 신분과 지역을 초월하여 모든 조선인을 포괄하는 조선의 상상의 공동체를 만들어냈다. 이런 군사적 활동과 민족담론은 서로 손을 맞잡고 앞으로 나아갔다.

애증과 긴장 그리고 변하기 쉬운 의병과 국가의 관계는 의병운동 과정에 영향을 미친 또 다른 요소이다. 위에서 말한 것처럼 조선은 성리학적 사회 질서로 중앙집권화한 나라여서 개인이 사적으로 무장하거나 군대를 조직하는 것을 엄격히 제한했다.[37] 이러한 금지를 어기는 것은 치안을 방해하는 일로 보통 처벌을 받았다. 그러므로 의병은 거대하고 급박한 위기 속에서 일어났지만 한편으로는 유례없는 이 곤경에 대한 국가의 반응을 이끌어낸 것처럼 보이는 점에서 모순이었다. 북으로 피란을 가던 중 중앙조정은 벌써 무장한 민간인에게 의지하여 군대 독점을 포기하는 절망적 조치를 취했다. 6월 중순 국왕은 나라를 참담한 상황에 빠뜨린 자신을 자책하는 교서를 발표했으며, 백성에게 무기를 들고 침략자에 맞서 나라를 지키라고 호소했다.[38]

백성이 국가의 통제 없이 무장하도록 재촉하는 일은 유례가 없었고, 조선 왕조가 유지되는 동안 반복되어서는 안 되는 급진적 움직임이었다. 의병은 나라에 대한 충성을 맹세하며 봉기했고, 국가는 지지와 보상을 약속하며 응답했다. 정부는 일본군 사살에 대한 구체적 보상을 천명했다. 정탁鄭琢(1526~1605)의『용사일기龍蛇日記』에는 세자를 호종한 그가 선조에게 일본군의 수급을 가져온 이들에게 보상하는 체계적인 방법을 제안하고 보고했다는 기록이 있다. 이러한 보상에는 군사적 성취에 대한 증거를 제시할 수 있는 이들에게 사회적 신분 상승과 상당한 추가 특권을 인정하는 약속이 포함되었다.[39] 이는 많은 조선인이 신분을 상승시킬 방법을 찾았다는 암묵적 추정을 반영한다.[40] 많은 의병이 나라를 자신의 존재 이유로 간주한 반면 나라는 1592년 말, 명군이 도착할 때까지 최소한 의병을 생존 수단으로 보았다. 의병은 불안감을 없애주었지만, 존재 자체가 국가의 실패와 무능을 상징했다. 더욱이 군대를 넘어선 권위에 대한 의문이 문제로 떠올랐다. 의병에게 전적인 자율권을 부여해야 하는가, 아닌가? 어떻게, 어느 정도 국가의 주권에 귀속시켜야 할까? 통일된 정책이 있어야 할까? 경우에 따라 대응해야 할까?

이 요소들, 즉 지역 대 나라 전체, 의병 대 국가는 다양한 지역에서 다소 다르게 작용했다. 가장 활발한 활동을 보여준 경상도와 전라도 의병은 그들의 출현, 구조, 비전과 국가와의 관계에서 양극단의 모습을 보여줬다. 자신을 '의병'이라 선언한 첫 번째 부대는 일본군이 상륙하여 빠르게 점령한 경상도의 의병이었다. 의병 출현을 둘러싼 혼란과 절망을 서술한 서사는 풍부하다. 책임자였던 조선 관료들은 경상우감사였던 김수부터 그 밑의 도성 책임자까지 모두 도주하여 해당 지역을 완전한 무질서 속에 남겨두었다.[41] 이러한 혼란의 와중에 곽재우郭再祐(1552~1617)가 등장했다. 그는 첫 의병장으로 여겨지는 사람이다. 곽재우 이야기는 교훈적이다. 그는 관직도 없고, 관계官界와 관련도 없는 사림士林이었지만 민간인을 모집해 의병을 조직했다. 그는 그것을 '의병義兵'이라 명명했다. 곽재우는 궁술에 능숙한 용감한 사람들을 모았으며, 6월 1일 혹은 3일 또는 일본군이 부산에 상륙한 시기에서 8일이나 10일 후 고향 의령에서 50명을 한 부대로 구성하여 기습작전을 시작했다.[42] 그는 군자금을 자기 재산으로 충당했지만 여전히 도움이 필요하여 국가의 곡물창고에서 군량 원조를 전용했다.[43] 조선에서 오랫동안 사병 조직을 금지했던 만큼 곽재우의 행동은 불신과 의심을 불러왔다. 『쇄미록』은 당시 초기 반응을 두고 "사람들의 말이 자자하여 어떤 사람은 그가 발광한다고 생각하고, 어떤 사람은 그가 도적질을 한다고 생각했다. 합천군수 전현룡田見龍(1542~?)도 그를 토적土賊이라고 순찰사에게 보고하여 군졸들이 다 흩어져 버렸었는데"라고 묘사했다.[44] 곽재우의 의병봉기는 나라에 대항한 반역행위로 이해될 수 있었다. 더욱이 그가 나중에 경상우감사 김수와 갈등을 일으켰을 때, 김수는 이를 들어 그와 맞섰다.

불법성 문제는 위에서 언급한 선조의 교서로 나라에서 사병 금지를 해제한 후 해결되었다. 또한 조정은 현장에 있는 관리들에게 의병 조직을 격려하도록 했다. 점령된 지역에서 초유사招論使 같은 새로운 직책이 실질적 권위를 창출하고 인정받았다. 일본에 대한 부정확한 보고로 서울로 돌아가다가 추궁받았던 김성일은 혐의를 벗고 경상도에서 초유사로 지명되었다.[45] 김성일은 의병을 법적으로 승인하기 위해 빠르게 움직였다. 『쇄미록』은 김성일이 곽재우를 만나 더 많은 군사를 모집하라고 격려한 후 병사들이 돌아왔다고 기록했다. 때때로 6월 중순 김성일은 경상도 주민들에게 의병 봉기와 의병에 참여하라는 초유문을 보냈다.[46] 이 공식적 승인과 함께 곽재우 군대는 성장했고, 그들의 기습작전은 좀더 효과를 발휘했다.[47]

이제 누군가 의병을 인지하는 방식에서 나타난 신속하고 심오한 변화를 지적한다. 사적 기록과 공식적 역사 모두에서 증가하는 곽재우에 대한 분량이 이 변화를 보여준다. 『선조실록』에서 그가 처음 등장한 2개월 동안의 기록에는 "군사들의 신뢰를 얻고 많은 의병이 그를 따라 전투에 참여하게 한" 곽재우의 충성심, 진실성 그리고 용맹에 찬사를 보냈다.[48] 그가 수십 명으로 시작했지만 그를 따르는 무리가 수천 명을 넘어섰다고 자세히 설명했다. 『선조실록』은 또한 '그가 맨손으로, 그의 의로운 정신에 감화된 병사들과 함께 의병을 일으킨 지조 있는 선비'였다고 설명했다.[49) 다른 기록에는 곽재우의 두려움 없는 모습, 경외를 불러일으키는 창의적 전술(천강홍의장군天降紅衣將軍이란 이름이 붙은 그의 복장을 포함하여), 적의 총알을 피할 수 있는 비범한 속도, 갑작스럽고 예측할 수 없는 전술, 그리고 지역 주민의 생계까지 고려하는 배려를 언급했다.[50) 이러한 찬사 속에서 곽재우는 용기와 원칙에 더해 타협하지 않는 헌신을 형상화한 상징적 존재로 변했다. 이야기 속에서 그는 초인적 능력마저 부여받았다. 곽재우 이야기는 의병에 대한, 거의 신화에 가까운 띄우기의 초기 단계를 생생하게 묘사한다.

곽재우는 빠르게 명성과 신뢰를 얻었지만, 그의 기습작전의 범위는 자기 지역과 심지어 자기 고을 주변으로 한정되었다. 조정이 수도를 버리고 몽진을 떠나고 일본군이 서울을 점령했다는 소식은 향촌의 사족을 충격에 빠뜨렸다. 무엇보다도 그것은 나라가 처한 끔찍한 혼란과 위험을 상징했다. 법적 장애가 해소되고 위기감에 사로잡히면서 의병은 지방에서 탄력을 받았다. 또 주민의 지지가 급증하는 듯 보였다. 이들 중 다수는 침략자가 가한 잔학한 행위를 목격했다. 한 증언에 따르면 산과 계곡에 숨어 있던 주민이 수적으로 우세한 일본군을 공격하고 죽이는 무리를 형성하기 시작했다.[51)

6월과 7월에는 다른 많은 의병대장이 다양한 규모의 부대를 새롭게 모집하여 나타났다. 예를 들면 합천의 전 장령 정인홍鄭仁弘(1535~1623)은 그의 제자를 중심으로 부대를 조직했고, 또 다른 전직 관료인 고령의 김면金

沔(1541~1593)은 작은 부대를 이끄는 걸출한 사령관으로 의병장이 되었다. 정인홍과 김면은 무력을 효과적으로 배치하여 싸웠다.[52] 어느 전투를 치른 후 선조에게서 하유下諭하는 글을 받았다. "어찌하여 관군은 항상 쉽게 패하고 어찌하여 의병은 예외 없이 승리하느냐? 이것은 전자는 처벌에 얽매여 법이 유지되지 않는 반면 후자는 그들이 물러섬을 고민하는 것을 용납할 수 없는 원리원칙에만 자극받았기 때문이다."[53]

전라도 의병은 다른 길을 따랐다. 1592년 북으로 진격하던 일본군은 서쪽 지방을 지나지 않았고, 반 년 이상 전라도는 일본군에 점령당하지 않은 유일한 지방이었다. 그래서 조정은 자원이 풍족하고 비옥한 전라도를 복구의 희망으로 여겼다. 따라서 이 지역에서의 의병 봉기는 다른 지역과는 사뭇 다른 특별한 의미가 있었다. 그렇지만 전라도 관료체제는 온전히 남아 있었으므로 의병의 필요성에 의문이 있었다. 물론 의병 조직에 대한 새로운 국가적 정책의 관점에서 왕과 조정이 관찰사(혹은 감사)에게 내린 과도한 공문이 의병 봉기를 장려했다.[54] 그렇지만 대단한 명성을 즐기지 않더라도 전라감사 이광李洸(1541~1607)은 새로운 관군을 끊임없이 적극적으로 모집했다.[55] 훨씬 더 중요한 질문은 그 목적이 무엇이냐였다. 다른 지방과 달리 전라도는 파괴되지도 않고, 즉시 위협받을 염려도 없었다. 그렇다면 전라도 의병이 달성해야 할 임무는 무엇인가?

김천일金千鎰(1537~1593)과 고경명高敬命(1533~1592)은 전라도 지방의 첫 의병장들이다. 그들은 군사적 목표를 설정하고 통합된 조선공동체 개념을 명확히 하여 군대의 목적을 새롭게 만들었다. 고령의 학자인 김천일과 고경명은 감사와 경쟁하는 데 주저했으나 그가 회피하며 군사작전을 비효율적으로 이끌자 환멸을 느꼈다. 김천일에게 결정적 순간은 북으로 향하던 사령관 이광 휘하의 6만 병사가 조정이 서울을 떠났다는 소식을 듣고 공주에서 전주로 되돌아온 것을 알았을 때였다.[56] 김천일은 급히 그의 고장 나주의 주민을 소환하여 모임을 열고 '삶과 죽음을 초월한 행동의 결정'을 하기 위한 열렬한 호소로 주민 3,000명과 말을 보장하고 쓸 수 있도록 했다. 그는 6월 25일 군대 조직을 선언하고 7월 11일 수도를 향해 진군하기 시작했다.[57]

고경명은 좀더 큰 비전을 품은 듯 보였다. 그는 7월 8일 담양에서 군대 조직을 선언했으며, 이를 확장하기 위해 즉시 전라도 주민뿐만 아니라 제주도와 같이 멀리 떨어진 다른 지방까지 무장을 권하고 무기와 군량 공급에 도움을 호소하는 격문을 보냈다.[58] 고경명 역시 관군의 무능함에 영향을 받았다. 7월 14일 용인에서 벌어진 관군의 재앙과 같은 패배는 적에게 공개적으로 도전하는 단계를 밟는 것 이외에 다른 선택이 없다는 확신을 그에게 준 것처럼 보였다. 7월 19일 그는 화려한 깃발을 달아 인상적인 형세를 한 군대를 이끌고 수도를 향해 북으로 진군했다. 이 의병들은 더 이상 지역을 방어하는 지방의 게릴라 군사력이 아니라 수도를 탈환하고 조정을 복귀시켜 조선의 질서를 새로 세우는 일을 추구하는 군사력이었다.

백성들에게 탄원하다: 격문과 민족담론의 출현

앞에서 의병의 확장을 담론의 소통 공간 출현과 동시에 진행된 것으로, 그리고 이 공간의 본질을 격문과 통문이 크게 형성한 것을 언급했다.[59] 이 시기의 격문은 구체적으로 의병을 조직하고 의병을 위한 군자금을 모금하기 위해 특별히 쓰인 것이었다. 작성자는 효과적인 언어의 힘과 감정 호소의 중요성을 자각했다.[60] 누군가를 지키기 위해 자기 목숨을 희생하도록 청자에게 요청하는 공동체의 전망을 형성하는 데 그들은 조선의 지형과 공동의 조상 그리고 공유한 역사에서의 은유와 이미지를 활용했다. 이러한 은유들은 스미스가 종족ethnie에서 민족nation으로 전환하는 징후로 서술했던 담론의 요소들과 닮았다.[61] 그러나 이 시기의 목표와 조선인의 민족적 이미지의 내용은 즉각적이고 긴급했으며, 그들이 제시한 전망에는 위험과 불안, 그리고 결의가 스며들어 있었다.[62] 작자들은 신성불가침의 조선 영토와 문화—짓밟힌 땅, 그 위의 사람들은 살해당하고 모욕을 당했으며, 그들의 문화는 곧 야만스러운 일본인에게 완전히 멸종당할—라는 조선의 비전을 구축했다. 의병義兵이란 이름의 선택에서 드러나듯이 그들은 조선을 보호하고 방어하고 복구하는 것이 모든 조선인의 도덕적 의무라고 주장했다. 이러한 요소들은 레토릭과 긴밀히 엮였지만 격서에 담긴 표현은 읽는 이들의 행동을 촉구하는, 활용할 수 있는 모든 설득을 하는 방식으로 이루어졌다. 결국 이는 도덕적 인간 존재로서 삶과 죽음의 의미와 조선인으로 남는 것의 의미 그리고 '금수 같은' 다른 존재로 바뀌지 않는 것의 의미라고 할 수 있는 개인적·집단적 정체성을 숙고한 것이었다. 조선인에게 가해진 잔악함에 대항한 방어로 구축한 레토릭은 혹독하고 선동적이었다. 담론적인 공간은 상호 침투적이었으며 동적이었다. 작성자들은 글을 쓰면서 시기적 상황, 사건 그리고 대상자에 따라 레토릭을 다듬으며 다른 작성자와 상호작용하고 반응에 영향을 받았다. 이 공간은 편지 수백 통이 다른 방향에서 오고가며 끊임없이 재구성되었기 때문에 담론적 공간의 진화 과정과 그 내용을 완전히 재구성하는 일은 불가능하다. 여기서는 이 과정에 시동을 건 김성일과 고경명의 초유문과 격문을 분석할 것이다. 다른 격문들은 나중에 검토하겠다.

김성일과 고경명의 서간은 경상도와 전라도의 의병을 확연히 구별할 수 있는 특성을 나란히 보여준다. 김성일의 초유문은 외곽지역 지방관과 장수, 관리의 아이들, 부유층, 병사와 주민을 대상으로 했으며 6월 중순 발송되었다.[63] 조선은 베버가 말했듯, 주민에게 무기를 들라고 권유하는 서간을 합법적으로 보낼 수 있는 유일한 조직으로, 정당한 폭력의 독점을 유지하는 나라였기 때문에 첫 격문을 보낸 사람이 국왕이 보낸 초유사라는 점은 놀랍지 않다.

초유문은 명문名文으로 작성되었고, 그 형식은 다른 사람들을 위한 전형적 예시를 취한 듯 보였다.[64] 은유, 형상화, 설득의 논리는 많은 격서에서 빈번히 반복되었다. 그럼에도 김성일은 관료로서 정부를 방어해야 했기에 어조가 설득적이기보다는 명령하는 듯하다는 점에서 그가 쓴 격문은 재야의 선비가 작성한 서간과는 다른 분위기였다. 그는 나라가 처한 처참한 상황과 경상도의 관료와 장수들이 취한 끔찍하고 무책임한 행동을 통탄한 후 아래쪽으로 시선을 옮긴다. "영남 한 도를 왜적의 굴혈窟穴로 만들었고, 흙더미가 무너지고 기왓장이 부서지듯 하여 조석朝夕 동안도 지켜내지 못할 지경에 이르렀으니 이것이 대체 무슨 변고인가. 그러나 이것이 어찌 한갓 변장과 수령의 허물뿐이겠는가. 군사와 백성도 그 책임을 회피할 수 없는 것이다." 서간은 명분의 타당성을 강조하며 잔인한 침략자에 대항하는 응징을 외쳤다. "이 이[齒]를 검게 칠한 무리는 우리 땅에 들어오자 곧 차지하자는 생각으로 부녀자들을 사로잡아 처첩으로 삼고 장정들을 하나도 남김없이 도륙했으며, 마을을 습격하여 깡그리 불태웠고 공사公私의 소장품所藏品을 다 그자들의 소유로 하여, 그 해독이 사방에 두루 했고 피가 천리에 흘렀으니[65] 백성들의 화禍는 차마 말할 수도 없다."

김성일의 초유문은 또한 지방과 국가를 동일시하는 모습을 보였다. 초유문에서는 인간으로서, 그리고 조선인으로서 남아야 하는 윤리를 말했다. "의관을 차리고 예악을 숭상하던 몸을 욕되게 할 수 있겠으며, 머리를 깎고 몸에 무늬 놓는 습속을 따를 수 있겠는가. 200년 동안 지켜온 종묘사직을 차마 왜적의 손에 넘겨줄 수 있겠으며, 수천 리의 산천을 차마 왜적의 굴혈로 둘 수 있겠는가?" 그런 뒤 조선 민족의 상징을 상기시켜 통합된 민족적 비전을 구축했다. "아! 군신 간의 대의大義는 하늘의 법도요 땅의 도리이니, 이른바 백성의 떳떳한 양성良性인 것이다. 무릇 이 땅에서 혈기가 있고 곡식을 먹는 우리로서, 임금이 몽진蒙塵하고 종묘사직이 전복되려 하며 만백성이 어육으로 문드러지듯 하는 것을 우두커니 보기만 하고 조금도 근심하는 마음을 일으키지 않는다면 하늘의 법도와 땅의 도리는 어찌되겠는가!" 후에 민족적 비전은 지역성에 들어간다. 이 경우 경상 지역의 특수한 자질로 충을 포함했다. 초유문은 조선의 빛나는 긴 역사에서 그 고장의 중요한 역할을 지적했다. "영남은 본래부터 인재가 많은 고장으로 1,000년의 신라, 500년의 고려, 그리고 우리 조정의 200년 동안 충신과 효자의 뛰어난 명성과 의열義烈이 청사靑史에 빛나고 절조와 의리의 아름다운 습속이 동방에서 첫째가는 것은 사람들이 다 함께 알고 있는 바이다." 그다음에 초유문의 시점은 현재로 옮겨간다.

근자의 일을 가지고 말한다 해도 퇴계退溪(이황李滉, 1501~1570), 남명南溟(조식曹植, 1501~1572)[66] 두 선생이 한 시대에 같이 나서서 도학道學을 제창하여 사람의 마음을 맑히고 사람의 기강紀綱을 바로잡는 일을 자기 책임으로 하자 선비들도 그 감화에 점점 물들어 사숙私淑하는 자들이 많아졌다. 또 평소엔 허다한 성현의 책들을 읽어 그 얼마나 자신만만한 사람들이었더냐.

마침내 민족적 분노를 일으키기 위해 한 방을 날린다. "풀로 엮은 옷을 입고 꿈틀거리는 섬 오랑캐가 얼마나 추잡한 종자인데, 그자들이 우리 땅을 훔쳐 차지하고 우리 백성을 죽이고 욕보이는 대로 내버려만 두고, 그자들을 몰아내고 목 베어 죽일 방법을 생각하지 않겠는가. 사람들이 말하기를, '저자들은 용맹스러운데 우리는 겁이 많고, 저자들은 예리한데 우리는 둔하니 비록 군사를 일으켜도 성사할 수 없다'"라고 권위적인 관료의 목소리로 말함으로써 김성일은 지역적 특색을 강조하고 민족적 비전을 담는 것을 중시하면서 초유문을 마무리 짓는다.

고경명의 통문은 내용뿐만 아니라 그들이 구축한 소통의 공간 때문에 완전히 새롭다. 고경명은 뛰어난 문장으로 유명했으며,[67] 좋은 문장가에게 기대하는 바와 같이 다양한 집단에 보낼 통문을 여러 번 작성했다. 그 격문들은 의병의 명분에 대한 확실한 선언으로 여겨진다. 그들 중 하나는 모든 조선인에게, 또 다른 하나는 네 지방의 주민에게 보냈다. 모든 조선인에게 보낸 것은 특별히 주목할 만하다. 사실 그것은 민간인(관료가 아닌)이 합법적으로 모든 조선인과 조선 인구의 절반이 되는 사람들에게 발송한 첫 사례로, 그것 각각이 전국적이고 수평적인 새로운 소통 공간을 만들어냈다. 이전에는 오직 왕만이 지배자로서 피지배자에게 교서를 내리는 방식으로 모든 조선인에게 연설할 특권이 있었다. 이는 수직적 소통이라고 볼 수 있다.

고경명이 모든 조선인에게 보낸 격문은 그 감정적 힘에 칭송받는다. 이 서간은 말을 탄 상태로 쓴 것으로 알려져 '마상격문馬上檄文'이라고 한다.[68] 이는 가능한 한 많은 사람에게 보내는 서신이지만, 자기고백적 방식으로 쓰였다. 고경명은 김성일이 그랬듯이 동일한 은유와 형상화 그리고 논리를 사용하지만, 민간인 처지에서 이를 지었다. 고경명은 무장하는 애국적 의무를 받아들이기로 한 결정을 운명적 본능으로 한껏 자각하면서 그렇게 해야 하는 이유를 제시했다. 진실로 그 통문은 이 길을 선택할 수밖에 없음을 자각하는 짧은 정신적 자서전과 닮았다. "나 고경명은 단심과 만년의 절개를 가지고 머리가 희어지도록 썩은 선비[腐儒]로 살아왔으나, 밤중의 닭소리를 듣고는 국가의 다난함을 견디지 못하여 중류中流에 뜬 배의 노를 치면서 스스로 외로운 충성을 허락했노라. (…) 이는 오직 신하로서 충의에 찬 마음이 다 함께 지극한 본성에서 우러난 것이니, 존망의 위기에 임하여 감히 미미한 몸을 아끼겠는가!" 이 격문은 하버마스Jürgen Habermas의 소통적 합리성과 비슷하게 구성되었다.

무릇 혈기를 가지고 생명을 지닌 자라면 그 누가 분개하고 죽으려 들지 않겠는가. (…) 곰을 치고 표범을 끌어대는 군사들이 우레같이 세차고 바람같이 날며, 수레를 뛰어넘고 관문을 건너뛰는 무리가 구름같이 합치고 비같이 모였으니, 이는 대개 핍박한 후에 응하여 억지로 나가게 한 것이 아니고 오직 신하로서 충의에 찬 마음이 다 함께 지극한 본성에서 우러난 것이니, 존망의 위기에 임하여 감히 미미한 몸을 아끼겠는가. (…) 군사는 의로써 이름 지었으니 본래 벼슬[職守]에 달려 있는 것이 아니고, 군대는 곧은 것으로 말미암아 씩씩해지는 것이지 취약한가 견고한가를 따지는 것은 아니어서, 대소의 군대들이 모의하지 않고도 뜻을 같이했고, 원근의 장정들이 소식을 듣고서 다 함께 분발했다.[69]

시련의 시기에 개인적 도덕이 애국적 행동으로 필수불가결하게 변화하는 것에 대해, 고경명은 자신의 개인적 비전을 모든 청자에게 확장했다. "크든 작든 다를 것이 없다. 우리는 하나의 목표 아래 뭉쳤다. 멀건 가깝건 이 소식을 듣고 모두 봉기한다." 그는 모든 조선인이 도덕적이라 주장했다. 모두가 그의 정의감을 공유할 것이며 엄청난 위험에도 불구하고 모두 충성을 택할 것이라고 주장하기도 했다.

아아! 우리 여러 군[列郡]의 수재守宰들과 여러 길[諸路]의 사민士民들의 충성이 어찌 임금을 잊었겠는가. 의리상 마땅히 나라를 위해 죽어야 할 것이다. 혹은 병기兵器와 의장儀仗으로 도와주고 혹은 양식으로 구제해주며, 혹은 말을 달려 군사의 행렬 앞을 가고 혹은 쟁기를 놓고 밭에서 분기하여 힘이 미칠 만한 것을 헤아려 오직 의로운 데로 돌아가 임금을 고난으로부터 막아낼 수 있다면, 나는 그대들과 함께 일어나기를 원하는 것이다. ─고경명, 『정기록』

격문은 의병에게 군량 공급을 도울 수 있는 중부의 두 지방인 충청과 경기 그리고 북쪽의 두 지방인 황해와 평안 네 개 도로 발송되었고, 고경명은 모든 지방의 상호 연결과 협력의 중요성을 강조했다. 그는 조선의 심장이 삼남 지방이지만 충청과 경상이 침략자에게 점령되었기에 호남(전라) 지방에서 모든 부담을 져야 한다고 주장했다. "중외中外에서 믿는 것이 오직 호남밖에 없는 것을 안다. 이렇게 하여 만 번 죽기를 각오하고 우리는 사람들에게 호소했고, 수많은 사람이 나라에 대한 헌신으로 가득 찬 가슴을 안고 구름처럼 몰려들었다." 그는 도덕심에 호소하며 도움을 구했다. "우리는 악귀를 퇴치하러 북으로 갈 것이다. 그렇지만 그리 먼 길에 군량을 나르는 것은 너무 어렵다. 당신은 의를 위해 헌신한다. 우리는 당신이 힘을 모아 우리를 도와주길 바란다. 어찌 홀로 위대한 일을 이룰 수 있겠는가?" 그는 그런 후에 모든 지역의 상호의존에 초점을 맞추었다. "우리의 국경 안에 조선 땅이 아닌 곳이 없다. 만약 우리가 충청과 전라의 의병을 돕는다면 우리는 우리의 강토를 복구할 수 있다고 느낀다. 우리는 나라를 위해 죽기를 간절히 원하고, 당신은 군대를 위해 곡식을 내어 우리를 도울 것이다."[70]

고경명의 모군募軍 격문 중에서 가장 강력하고 오래 이어진 수사는 지원자들이 자신의 운명에 순응하면서도, 자신의 자유 의지에 따라 명분의 정당성을 위해 싸우기를 택하는 낭만적인 비전과 나라를 위해 죽는 동일하게 낭만적인 비전이었다.

여기서 우리는 앞서 앤더슨이 말한 비전과 마주한다. "궁극적 희생의 개념은 오직 죽음을 통한 순수한 사상과 함께한다." 격문 중에서 널리 알려진 "아무도 강요하지 않고, 아무도 주저하지 않았다"는 문구처럼, 죽음의 길을 선택하는 지원자들은 오직 그리고 완전히 도덕적 필요에 근거한 것이다. 격문에서, 그들은 '도덕적 위엄'과 '순수한 기운'을 띤다.[71] 고경명은 나라를 위해 죽는 선택을 도덕적으로는 자율이지만 한국인이 피할 수 없는 길처럼 제시하면서 인민주권과 유사하게 충의 개념을 행동가의 이상으로 재정의했다. 이 비전은 당시 독자들의 심금을 울렸다.

순국殉國 : 마음속에서 그리고 전장에서

그렇지만 나라를 위해 수많은 의병이 실제로 죽자 모든 백성은 큰 충격을 받았다. 고경명의 인상적인 6,000명의 군사는 부대를 형성한 달에 금산의 전투에서 완전히 패하며 고통받았다. 그 군대는 관군의 한 부대와 함께 금산에 주둔한 일본군을 공격했다. 당시 금산은 8월 3일 일본군 본영이 자리 잡은 전라도의 경계였다. 이틀간의 격렬한 전투 끝에 관군이 먼저, 고경명 부대가 그다음으로 무너졌다. 고경명과 그의 둘째 아들 고인후高因厚(1561~1592) 그리고 그의 많은 동료가 이 전투에서 사망했다.[72] 고경명은 간청했고, 충청 지역의 조헌趙憲(1544~1592)을 비롯하여 다른 의병 조직에게 약속을 받았다. 조헌은 고경명이 사망한 뒤 도착했으며, 승병을 모집한 승려 영규靈圭(?~1592)와 함께 10월 23일 금산에서 또 다른 전투를 벌였다. 조헌과 700명의 군사, 그리고 영규의 승려들이 모두 전사했다.[73]

회의적 반응 때문에 위축되어 간절한 희망으로 지켜본, 대규모 의병부대의 첫 시험이기도 했던 고경명 부대의 패배는 의병운동에 끔찍한 타격을 주었을 것이다. 잠재적으로 부정적인 영향에 대한 경고가 울렸으나 많은 이들이 격문을 써서 보냈다. 이번에는 전과 다른 주제가 등장했다. 그 중 하나는 나라를 위해 죽는 것이 지극히 숭고할뿐더러 이 고귀한 행동이 모두에 대한 도덕적 요구로 확대된 점이었다. 절박함과 애절함의 새로운 경지에 이른 이러한 표현의 대표적 예로 전투 후 현장에 도착한 송제민宋齊民(1549~1602)의 격문을 들 수 있다. 그 편지에서는 확연한 절망감을 감추지 못했다. "확고한 결정을 선포하는 의로운 군대의 모습에서, 인심은 어느 정도 평정을 찾았습니다. 침략자들에 대한 반감이 치솟았습니다. 그러나 의병은 패배로 고통받았습니다. 백성들의 사기는 밑바닥으로 떨어졌습니다." 그 감정에서 핵심은 고경명의 죽음의 고결함에 있었다. "그는 나라를 위해 목숨을 바쳐 임금에게 보답했습니다. 그 아들은 아비를 따라 죽어서 충성과 효도가 아울러 한 집안에서 났으니 죽어도 영화가 남아서 열렬한 빛이 있는지라, 사람마다 한 번 죽음은 있는데 제봉霽峰[74]은 유독 그 도리를 다하고 그 자리를 얻었으니 그를 위해 아버지를 따라 아들도 죽었습니다."[75]

횃불이 전해지길 간절히 바란 송제민은 그물을 넓게 던졌다. 그는 애국적 행동을 제공해야 하는 사람의 범위를 급격히 넓혔다. 그가 무장하길 요청한 사람들은 천성을 유지한 사람뿐만 아니라 천성을 잃은 사람들과 덕을 상실한 사람까지 포함한다. "아! 인의가 마음에 박힌 것은 실로 하늘에서 받은 바라, 다른 사람이나 나나 마찬가지요 진실로 피차 다름이 없지만 물욕에 팔리어 그 본심을 상실한 자가 간혹 있으니 사람의 형상을 무릅쓰고 짐승의 마음을 지닌 자도 역시 있을 것인즉, 충성과 효도를 어찌 사람에게 책할 수 있으랴. 그러나 이 왜적을 토벌하는 일은 역시 불충하고 불효하는 자들도 함께 원하는 바라." 분명하게 누구도 배제할 여력이 없다고 느낀 송제민은 인간 본성에 대해 사람은 날 때부터 원래 선하다는 맹자의 이론을 자기주장에 활용했다. 이 논리에 따르면 구제할 수 없는 사람은 아무도 없다. 맹자의 성선설性善說이 성리학적 세계관의 기반이라는 점에서, 송제민의 논리는 익숙했을 것이다. 흥미로운 점은 그가 이 익숙한 수사를 도치시킨 것이다. 그는 사람이 선함을 타고났기 때문에 가족과 나라를 위해 싸울 것이라고 추론하지 않았다. 오히려 그는 이상적인 사람이라면 자신과 가족, 그리고 자기 지역 사람들의 생존을 위해 싸워야 한다고 느낄 수밖에 없을 것이며 그 과정에서 자신이 잃었을지도 모르는 진정한 본성이 다시 나타날 것이라고 주장했다. 이런 논리에 따라 그는 조선인으로서 자신의 정체성을 받아들이며 인간성을 회복하게 하는 것이다.

송제민이 인물에게 보이는 덕을 상대화하여 포용성을 확장한 반면 이천李薦(1550~1635)은 특히 사회 계층의 무의미함에 집중했다. 1592년 겨울에 작성한 격문을 보면 이천은 충신과 도덕적 인간 존재로서 모든 조선인은 근본적으로 평등하다고 강조했다. "충과 의에 관한 한 유학자의 후손부터 헛간의 노비까지 다른 점이 없으며 모두 평등하다."[76] 많은 격문에 함축된 평등 개념은 여기서 분명해졌다.

금산 전투 이후 나타난 또 다른 화제는 복수 개념이었다. 이는 조선인은 순교자의 죽음을 헛되이 할 수 없다는 관점에서 등장했다. 고경명의 첫째 아들 고종후高從厚(1554~1593)는 아버지와 동생 고인후가 죽은 지 5개월 뒤 격문을 썼는데, 거기에서 이 주제를 찾을 수 있다. 아버지가 죽은 뒤 그는 의병을 모집하고 복수의병의 수장이 되었다. '전라도 지역 모든 고을에 보내는 복수의 맹세'라는 제목의 통문에서 고종후는 사랑하는 사람들의 죽음에 대해 복수해야 한다는 익숙한 수사와 함께 가족을 나라에 연결하는 모습을 보였다. "나는 왜적과 싸우는 것을 물리칠 수 없었기 때문에 예상치 못하게 대장의 중책을 맡게 되었다. 그렇지만 용감한 자가 모이지 않는다면 내가 누구와 함께 우리 가족과 나라의 원수들에게 복수할 수 있겠는가?" 그는 지역 사람들 간의 끊을 수 없는 유대를 상기시켰다. 그리고 개인적 복수를 국가적 과업으로 전환하면서 지역사회의 영역을 확장했다. "고을들은 그 경계를 넘어야 하고, 도道들은 도계를 넘어봐야 합니다. 이 문제를 타인의 일들로 보지 마시오. 사해 안의 우리는 모두 형제요, 한 줌의 낱알이라 할 것이오. 지옥의 마지막 공간에서라도 우리는 충과 신의를 찾을 것이오. 우리가 지금과 같이 급박한 현재를 무시할 수 있을까요?"[77]

종족과 민족담론에 대한 수사들

상상의 조선공동체에 대한 담론은 빠르게 전국으로 퍼져나갔다. 여기서는 의병장들의 격문으로 만들어진 수평적 소통의 공간에 집중하지만, 이 공간은 수직적 공간과도 밀접하게 연결된, 상호적으로 스며든 다면적이고 다층적인 공간의 일부였다. 우리는 이미 많은 격문에서 일관된 주제를 확인했다. 1592년 가을까지 확실히 짧은 시간 안에 상상의 공동체에 대한 수사와 이미지는 각기 다른 공간을 넘어 서로 다른 집단을 묶는 공통적인 소통으로 통용되었다. 전달자로서 이러한 소통 방식은 16세기 조선인이 자신과 자신의 나라에 대해 상상한 방식을 그릴 수 있게 해준다. 그 주제에 대한 다양한 변용이 존재할지라도 그들은 여러 개의 더 큰 범주로 묶일 수 있다. 침략자에 대항하여 출현한 민족담론에 걸맞게, 가장 공통적인 주제는 침략자가 가한 잔학한 행동이었다. "부모가 모두 죽고, 처자가 포로로 잡혀가고 온 집이 불에 타버려서 대대로 내려오던 생업生業이 한꺼번에 없어졌으니"[78] 혹은 "검은 이빨을 한 무리", "큰 멧돼지처럼 함부로 덤벼서", "검은 벌처럼", "사녀들을 겁탈하고 재물을 약탈하여"와 같은 문구들이 넘쳐났다.[79]

두 번째 중심 이미지는 조선의 국토에 대한 것이었다. 조선 영토의 신성화, 조선 영토를 적이 침략한 것에 대한 통탄, 조선 영토 속 조선인의 뿌리, 종족과의 불가분, 그리고 조선 영토의 상호연결성이 그것이다. 이 땅은 '우리의 것'으로 신성했다. "조상 때부터 이 땅에서 태어나고 이 땅에서 살았으니 선인들의 혼백이 깃들어 있는 곳이요, 부모처자가 편안히 살던 곳이요, 형제 자손들이 생식生息하는 곳이요, 이웃 친구들과 교유하던 곳이다. 그런데 하루아침에 변을 만나 오랑캐 놈들의 신첩臣妾과 노복奴僕이 된다면 이 이상의 욕됨이 있겠는가."[80] 그래서 조선 영토가 적에게 더럽혀지는 것은 더욱 참을 수 없었다. "호서의 초목은 절반이 개와 양의 비린 냄새에 물들었고, 영남의 산하는 모두 표범과 범의 굴혈窟穴에 들어갔다."[81] "산하山河에는 수치만 안겨 있으니, 무릇 혈기를 가진 자라면 누군들 통분히 여기지 않겠습니까?"[82] 결국 조선인의 정체성을 국토와 분리할 수 없었다. "이 땅에서 나는 것을 먹고살았으면 모두 신하이지 어찌 많은 녹을 먹은 자만이 죽어야 하겠는가?"[83] "아! 무릇 이 바다에 둘러싸인 땅 안의 백성이면 누구인들 이씨李氏의 적자赤子가 아니겠습니까?"[84] "이 나라의 전 국토는 동포들이 물려받았다."[85] "이 땅의 어디도 우리 왕조에 속하지 않은 곳이 없다. 양호[86]에서 온 군사들은 이 나라를 부흥시키기 충분하다."[87] "탐라(제주)는 진실로 이 땅의 일부이다."[88]

수사의 세 번째 분류는 조선 문화의 영광스러운 역사와 교화가 이뤄진 관습들, 지역 역사에 대한 자부심과 다양한 지역의 문화 그리고 그것들이 훼손당하는 것에 대한 원통함 등 '조선 문화'를 환기한 것이었다. 격문은 "충의忠義", "어질고 성스러운 열두 임금이 깊이 만백성에게 덕을 쌓아 문명화한 소중화小中華는[89] 하루아침에 오랑캐가 되지 않음을 이에 알겠습니다."[90] "우리 국가가 아름다운 덕을 전해온 것은"[91] 그리고 "오랜 태평성대로 사람들이 성총聖寵과 덕치德治에 익숙해졌습니다"[92]와 같은 사상을 주장했다.

지역의 역사와 문화에 대한 자부심도 분명했다. "호남은 예의의 고장으로 불린다. 재능 있는 사람들이 모여 있고, 강하고 빠른 바람에 저항하는 부동초 같은 사람들이 있는 지역이다. 모두 끔찍한 나라의 위기에서 충신이 될 것이다."[93] "우리 주州의 지형은 사실 우리나라의 하늘이 내려준 부고府庫입니다. 예의禮義가 행해지고 민간의 습속이 돈독하고 후한 것은 신라 1,000년의 여풍이 있음이요."[94] "우리 삼한三韓의 사서인士庶人들은 성조聖朝의 정치로 교화 속에서 산 자이어서."[95]

일부 격문은 조선 문화의 심한 파괴를 한탄했다. "적변이 있은 지 전후가 겨우 3개월이 지났는데 영남 한 도 및 호서·경기가 모조리 적의 보금자리가 되어 200년 내려온 의관문물衣冠文物의 고장이 하루아침에 비린내 나는 도륙의 참혹함에 모두 더럽혀져, 마치 풀처럼 깎이고 새나 원숭이처럼 되었는데도."[96]

네 번째 수사는 개인적인 도덕적 의무와 헌신, 그리고 유교적 세계관으로 정의된 도덕적 존재였다. 교화된 존재로서 조선이 이적이 될 가능성을 기꺼워할 수 없었다. "나라를 배반하고 원수를 섬기면 편안할 수 있겠으며, 까까머리 되고 이[齒]에 물들이는 것을 견딜 수 있겠는가."[97] "수치를 아는 것은 200년간 우리 문명에 깊이 각인돼 있으므로 우리는 결코 왜적과 함께 살 수 없음을 맹서한다."[98] "종사宗社의 신민이 오랑캐가 될 수 없고, 조종祖宗의 의관을 좌임左衽으로 만들 수 없는 일이니."[99] 이 불가능은 조선인의 타고난 인성 때문이었다. "공公들은 다 임금의 고굉股肱이 될 좋은 자질을 가진 몸으로 모두 번진藩鎭에 처하고 있고, 함께 문화를 숭상하는 시대에 나서 어찌 나랏일에 이바지하는 정성을 떨치지 않으리오."[100] "조금이라도 사람의 마음이 있으면 잠자고 먹는 것이 스스로 편안할 수 있겠는가? 통곡하고 통곡할 일이다."[101]

다섯 번째 수사는 누가 나라에 목숨을 바치기 위해 일어날 것인가에 대한 질문과 함께 나타났다. 논의된 이슈는 누가 왕조에 대한 충성심으로 기꺼이 자신을 희생할 것인가 하는 것이었다. 일부 유학자들은 더 많은 특혜와 특권을 받은 집단임을 지적했다. "여러 고을의 수재守宰들은 다 나라의 은혜를 받는데 어찌 차마 근왕군의 곤란[秦痛]을 좌시하겠습니까."[102] "200년 동안 휴양休養해서 이루어진 한 사람의 선비가 어찌 강개하여 나라를 위해서 죽는 자가 없겠습니까?[103] 좀더 흔한 수사는 모든 조선인에게 호소하는 것이었다. "귀천을 따질 것 없이 담력이 있고 활을 쏠 줄 아는 재주와 용맹이 있는 자가 온다면 천만다행일 것이다."[104] "격문이 도착하는 날로 각기 무기를 가지고 산문을 나와 원근이 일제히 분발해서 함께 큰 공을 세우기 바란다."[105] "일월이 거듭 빛나기는 서민의 힘에 달렸구나."[106] "모두 임금에게 충성하고 나라를 사랑하는 마음이 있는 자는 문文과 무武의 먼저 가졌던 직함이나 높고 낮은 신분, 늙고 젊은 차이, 노예, 구류九流, 잡류雜流를 불구하고 이달 27일에 참례역전參禮驛前으로 모이도록 하라."[107]

여섯 번째 수사는 패배를 용납할 수 없는 문명의 손실과 동일시하는 것이었다. 이 논리에는 순국殉國의 요구가 내재되었다. 계속 드러나는 주장은 이적에게 항복하는 것은 문명과 인간성의 근본적인 상실과 같다는 것이다. "우리가 짐승이 된다면 모르거니와 진실로 우리 군부를 생각하여 원수와는 한 하늘을 같이 이고 살 수 없는 것을 안다면 어찌 한번 죽음을 결단하고 일어나지 않겠는가."[108] "흉한 참변이 계속되어 골육과 친척이 함께 적의 손에 도륙됨에랴. 기왕 죽을 바에야 오히려 적과 싸워서 죽는 것이 낫지 않은가. 이제 만약 한번 싸움을 피하고 반드시 살길을 찾고자 할진대 그 살길을 마침내 얻지 못한다면 오늘날 같은 참화가 있을 뿐이요, 그렇지 않고 한번 싸움을 결심하여 죽음을 두려워하지 않으면 꼭 죽을 이치도 없는 것이며 결국 참혹한 화를 면하고 길이 무궁한 복을 받을 것이니, 이는 모두 절박하여 결코 그만둘 수 없는 거사이다."[109] "죽는 것이 비록 싫지만 천지에 그물이 쳐 있으니 도망갈 길 없고, 살길을 설사 구차하게 얻고 싶어도 개·돼지 틈에서야 차마 살 수 있겠는가. 죽는 것이 같을 바엔 차라리 의에 죽을 것이다. 감히 살기를 바라는가."[110]

마지막 수사는 중흥과 평화의 꿈이었다. "만약 의병의 근왕勤王으로 말미암아 하늘 길이 다시 맑아짐을 볼 수 있게 된다면, 의병으로 나섰다고 해서 반드시 다 죽는 것도 아닌데다가, 장차 함께 중흥中興의 즐거움을 누리게 되는 것이니, 어찌 아름답지 않겠는가."[111]

이 수사들은 종족적인 민족주의를 반복하는 표현이었다. 모두 합쳐 생각했을 때, 공동체 구성원으로서 모든 조선인이 조선을 지킬 책임을 공유하는 비전을 만들었으며, 모든 지방은 모두가 지켜야 하는 하나의 조선에 통합되었다. 사족은 더 이상 안보를 위해 나라에 기대던 수동적인 존재가 아니었다. 그들은 침략자를 몰아내고, 나라를 지키며, 자신의 삶을 되돌릴 책임이 있는 능동적인 주체가 되었다. 어찌되었든 그들의 공동체는 특별한 도덕적·문화적 삶의 방식을 보존하기 위해 이적의 지배로부터 지켜져야 했다.[112]

2 의병과 상상의 공동체 출현

계속해서 의병 문제를 탐구하면서, 이 장에서는 통문이나 격문이 그들이 의도한 청중에게 어떻게, 또 어느 정도 도달했는지, 그리고 비유와 이미지가 좀더 넓은 범위의 대중에게 의미 있는 상징이 되었는지를 다룬다.[1] 의병운동은 조선의 상상의 공동체에 대한 이미지를 영향력 있게 만드는 데 성공함으로써 국가적 움직임의 일부가 되었다. 통문 작성자들은 그들의 메시지가 자신이 예상한 청중에게 전해졌는지, 또 영향을 미쳤는지 알아보기 위해 많은 노력을 한 증거가 있다. 이때 그들은 편지를 받지 않은 사람들을 포함하여 이를 살폈다.[2] 만약 개념상 청중과 실제 청중 사이에 상관관계가 최소한이라도 있다면, 이러한 상관관계를 이룰 수 있던 메커니즘은 무엇이었을까? 서신들은 그 당시 가능했던 소통의 공적·사적 기술 그리고 문자와 구전의 조합으로 전파되었다. 격문이 완성되면, 그것을 수십 부 혹은 수백 부로 복사했으며, 이를 전달하여 모인 사람들에게 큰 소리로 읽어주었다. 그 과정을 반복하기 위해 책임 있는 사람에게 격문을 보내고, 그 사람이 가르치도록 했다.[3] 사료를 보면 사본은 목판으로 인쇄하거나 손으로 베낀 것이었다. 이때는 인쇄 시설을 갖춘 향교에서 주로 복사한 것으로 보인다.[4] 이러한 시도에서 주목할 점은 공동체 협동의 산물이라는 것이다. 이는 향교 담당자와 협력, 손으로 베낄 경우에는 식자識者층의 도움이 필요했다. 사료는 많은 사람이 도움을 제공했다는 것을 보여준다.

평화의 시기에 나라는 역참으로 연결되었다. 역참은 조정 공식 문서의 순환을 담당했으며, 그것들 중 제일 중요한 것은 '조보朝報'라 불리는 관보의 일종이었다. 또한 이동 중인 관료에게 숙소와 말 같은 교통편을 제공했다. 이러한 역참이 전쟁 중에는 점령된 지역에서 제대로 기능하지 않았음에도 일부 경로는 의병장과 의병의 격서뿐만 아니라 공식 문서를 퍼뜨리는 데 이용되었다. 재지사족은 자신의 노비나 일꾼을 믿고 서신을 전하게 하는 사적인 서신 교환 방식을 오랫동안 발달시켰다. 임진전쟁 중 더욱 정교한 사설 우편 체계가 구축된 것으로 보인다. 공공기관의 설비 일부와 중앙조정과 도·군·현 관아 사이의 의사소통 경로를 활용하고, 또 어떤 경우에는 개인적으로 점유하거나 개인적인 배달자를 이용하여 의사소통의 장을 유지하고 확장할 수 있는 정보를 전파할 수 있었다.

전파 방식과 격문의 수신

임진전쟁 중에 있었던 이런 소통 방식의 속도와 효율성을 알아내기는 어렵다. 우리는 서신 발송 날짜와 수신 날짜에 대한 기록만 몇 개 갖고 있다. 점령지에서의 소통은 특히 전쟁 초기에는 상당히 느렸던 것으로 보인다. 조정趙靖(1555~1636)은 『임진일기壬辰日記』에서 경상도 초유사 김성일이 1592년 6월 14일에 보낸 초유문이 같은 도 안의 상주에 8월 13일 도착했다고 기록했다. 그는 이틀 후인 8월 15일 정인홍, 김면 그리고 다른 이들이 병사를 모집하고 있으며, 그들이 6,000명 이상 모았다고 기록한다.[5] 정인홍은 7월 5일 그의 부대와 함께 모습을 드러냈고, 이 소식은 시간이 흐른 만큼 속도를 요구한 것처럼 보였다. 전쟁 초기에는 경로를 고안하는 데 시간이 걸렸으나 일단 구조가 자리 잡으면 네트워크가 더 잘 기능했다고 볼 수도 있다. 전라도는 점령되지 않았기에 문서가 더 잘 전달되었다. 전라북도 장천에 머물고 있던 오희문의 『쇄미록』에는 8월 3일 권율 權慄(1537~1599)이 보낸 격문이 전라남도 행정의 중심인 광주에 3일 후인 8월 6일에 도착했으며,[6] 전라도 북서쪽이자 경상도·충청도와 경계에 있는 영동에서 온 6월 22일자 통문 역시 3일 후인 6월 25일 도착했다고 서술한다.[7] 경상도 안음의 의병장이 7월 26일 보낸 통문은 도의 경계를 가로질러 다음 날 장천에 도달했다.[8]

교지는 적에게 탈취당하지 않도록 더욱 조심스럽게 전달되었다. 『쇄미록』은 6월 4일 교지를 지니고 있던 심대 沈岱(1546~1592)가 6월 20일 전라 감영 소재지인 전주에 도착했으며, 그가 지니고 온 교지 사본은 여러 지역으로 보내졌다고 기록했다. 이때 사본 중 하나가 진안을 거쳐 전라도 북부 장천에 도착했다.[9] 일단 전주에 도착하면 사본이 여러 부 만들어지고, 적어도 점령되지 않은 전라도에서는 일반적인 소통 경로를 거쳐 전파되었다. 또 『난중잡록』에 따르면 부사를 통해 발송된, 질이 낮은 종이에 쓰인 교지 사본이 6월 23일 남원에 도착했다.[10] 이것이 『쇄미록』에서[11] 언급한 것과 동일한 교지인지는 명확하지 않지만 교지 사본들이 전라도의 먼 곳까지 전달되었음을 보여준다.

이러한 서술은 또한 이 서신들이 그들의 청자에게 도달했다는 수행적인 장면[12]을 말해준다. 집회가 열리는 지정된 장소에서 서신은 의례적으로 인근에서 영향력이 있는 사람에게 건네졌다. 정중하게 서신을 건네받은 그는 청중을 향해 큰 소리로 엄숙하게 읽었다. 그 장면은 심금을 울린 것으로 묘사된다. 구전에 의존하는 이 전파 방식은 필연적으로 낮은 문해율로 인해 확장성을 키우기 위해 꼭 필요했다. 전근대 조선의 문해율을 아직 판단할 수는 없지만, 격문에 쓰인 한자의 문해율은 한글에 비해 더 낮았다. 격문과 통문은 거의 한자로 쓰였기 때문에, 집회에서 서신을 읽는 사람이 즉석에서 한글로 번역하여 일반 백성이 이해할 수 있는 언어로 전달해야 한다는 것을 의미했다. 몇몇 서신에는 문맹자들에게 연설하고 영향을 주는 일의 중요성에 대한 작성자의 명확한 지침이 담겼다. "우리는 또한 문자를 모르는 사람들이 이 소식을 접할 수 있게 해야 한다."[13] 이런 전달 방식은 한자 사용을 주장하는 무리와 대부분 조선인 사이의 소통 방식이었다. 함께 읽기를 하는 중요한 이유는 효과를 극대화하기 위한 행위로 보인다. 유럽의 종교집회에서는 감정적인 효과를 위해 모임에서 큰 소리로 내용을 읽는 전략을 채택한 것이 주목받았고, 이는 사람들이 동일한 텍스트를 소리 없이 개인적으로 읽는지와는 상관없으며, 그것을 듣고 감동받은 사람이 그 자리에 없는 사람에게 메시지를 전달하는 것과도 관련이 없다.[14] 격문의 생산과 전파는 정치적으로 격론을 부르는 것이기에,

이 과정에 참여한 사람들은 가장 '사회적으로 기반을 둔'[15] 집회를 찾아야만 했으며 공동으로 읽는 것에 끌렸다. 그 누구는 점령지에서조차 감시가 산발적이어서 은밀하게 함께 격문을 읽었다는 인상을 받는다. 이는 함께 읽기 외에 다른 방법이 없었다고 말하는 것이 아니며, 개인이 만든 사본을 조용히 읽거나 이를 공식문서로 기록하기 위해 만들어지기도 했다. 그렇지만 함께 읽기가 서사에서 가장 자주 언급되는 전파 방식이다.

환경과 구전은 중요했지만 이러한 읽기에서 핵심은 서신이었다. 의병의 자발적인 특성을 고려할 때, 저자들은 그들의 언어가 독자 혹은 청자가 자신에게 가장 중요한 생명과 재산을 내놓을 수 있을 정도로 강력해야 한다는 것을 절실히 인식했다. 그들은 말이 단순한 미사여구가 아닌 열정과 진심으로 쓰였을 때만 독자와 청자가 같은 감정을 보일 수 있다는 것을 믿는 문학적 문화에서 활동했다.[16] 그렇기에 청중에게 연설할 서신을 수정할 때, 그들은 감정의 순수함이 조직 결합을 이끈다는 확신을 가지고 임했다.[17] 서신에 대한 평가가 독자들에게 미치는 영향에 거의 전적으로 초점이 맞춰져 있다는 것도 흥미롭다. 고경명과 그 동료들이 쓴 격문 모음집 서문에는 모든 지방의 사람들에게 보낸 고경명의 유명한 서간을 두고 "몹시 열정적이고 진심을 담았기 때문에 누구든지 그것을 읽으면 머리칼이 쭈뼛 서고, 눈물이 뺨을 타고 흐르게 된다"고 칭송했다.[18] 찬양일색인 고경명 연보에는 그의 저명한 격문이 도달한 곳이 어디든지 간에 "산이나 계곡 가장 깊은 곳에 숨어 있던 피란민들이 그것을 읽고 베끼기를 경쟁했으며 심지어 어떤 사람들은 눈물을 흘리기까지 했다"[19]라고 기록한다.

　서신이 전달되고 매우 진실한 형식으로 만들어질 수 있다는 사실이 광범위한 읽기를 가능하게 했으며, 그것들은 아주 먼 거리로, 그리고 상당히 다양한 청자에게 전파되었다. 최근 인쇄 문화에 대한 학식學識이 증가하면서 우리는 출판물의 문화적 영향력을 깨달았다. 서장에서 언급했듯이, 조선의 도서와 인쇄 문화에는 다양한 재료로 된 인쇄들, 즉 가동활자, 목판화, 수기 원고 등이 있으며 인쇄물이 동시에 유포되었다는 점이 흥미롭다. 최근 중국의 도서문화에 대한 연구에 따르면, 상업적 출판의 번성으로 16세기에 인쇄가 가장 지배적인 형식이 되지만, 그것이 필사본을 대체하거나 없애지는 못했으며, 필사본은 계속하여 인쇄 방식에 영향을 미쳤다.[20] 서양보다 상당히 이른 시점에 활판 인쇄술을 발명한 일은 한국의 자랑이자 기쁨이다. 그렇지만 금속활자 인쇄술은 대체로 정부의 독점 아래 남았다.[21] 더욱이 한국은 중국보다 상업적 시장이 더 작았지만 목판 인쇄술과 필사본 활용이 널리 퍼졌으며, 오랫동안 지속되었다.[22] 상업적 인쇄는 19세기까지 일상이 되지 못했다.[23] 임진전쟁 중 목판 인쇄본과 필사본은 상대적인 속도로 복제·전달·이동할 수 있었다. 서신들은 종종 그것이 전파되어야 할 방식과 대상을 지시했다.[24] 서신 작성자들이 그들 지역의 모든 거주자 혹은 조선의 백성에게 편지를 보낼 때, 사람들이 그 편지를 읽거나 들을 것이라고 상상한 것이 명확하며, 이것은 꽤 많은 경우에 해당한 것으로 보인다. 서신이 포괄적으로 보내진 사실뿐 아니라, 개인이 이 편지들을 통해 개념상으로 수평적인 전국적 소통 공간을 만들어낸 점이 새롭게 여겨진다. 또 수평적이거나 수직적인 소통을 할 수 있는 국가적 공간을 개인들이 사용할 수 있도록 개방한 점이 새롭다. 이전에는 특정 관부官府의 담당자가 그의 관할 아래 사람들과 소통할 수 있었고 사적 개인은 가족, 친지, 친구 그리고 직업상 동료를 포함하는 자신만의 네트워크가 있었다. 사적 개인은 지역의 경계를 넘는 먼 지역은 말할 것도 없이 같은 행정구역 내의 거주자들과도 소통하는 경우가 매우 드물었다. 소통 채널이 열려야만 하는 긴급하고 불리한 상황에도 불구하고 혹은 그러한 상황 때문에 좀더 넓고 포괄적인 소통 공간이 구축되고 유지되었다. 이 실질적인 전국적 소통 공간의 출현은 개념상의 민족공동체 출현과 평행선을 이룬다.

의병들의 군사적 활약

군사 활동이 증가한 의병들은 민족담론 영역의 확장과 나란히 성장했다. 금산 전투의 고경명과 조헌, 그밖의 의병장과 의병의 죽음은 의병운동을 좌절시키기보다 참여를 진작했다. 1592년 8월쯤, 각기 다른 지역에서 다양한 규모의 새로운 의병 조직이 거의 매일 격문을 통해 그들의 편성을 알렸다. 늦여름에는 여러 의병 조직이 없는 도道가 거의 없는 듯 보였다.[25] 『난중잡록』 11월 관련 기사에서는 전라도에 큰 의병 조직이 28개 있으며, 전국 팔도에 유사한 수가 있고, 수없이 많은 소규모 군사 조직이 있었다고 전한다.[26] 그들은 규모, 모양, 구성이 매우 다양했으며 시간이 흐르며 변모했다. 아마 가장 잘 알려진 조직은 승병으로 구성된 군대였을 것이다.[27] 예를 들어 평안도의 유명한 휴정休靜(1520~1604)대사는 그와 마찬가지로 유명한 제자 유정惟政(1544~1610)과 함께 승병 수천 명을 조직했다.[28] 창녕의 성천희成天禧(1553~?)가 이끈 군대처럼 가족과 가노, 노비들로 구성되어 열 명에서 열두 명 정도로 이루어진 조직부터 6,000~7,000명을 지휘한 고경명 군대와 같은 거대한 규모까지 있었다.[29]

특히 전쟁 첫해에 의병은 희망으로 가득했다. 때로는 그것이 무적인 것처럼 알려졌고, 이런 시각은 조정도 공유했다.[30] 사실, 조선으로서는 명군이 도착할 때까지 의병이 육지에서 유일한 병력이었다. 군사적 공적에 따른 의병의 기량에 대한 관점은 어떠했나? 한국에는 이 주제에 대한 연구물이 상당히 많다. 여기서는 의병의 군사력에 대한 포괄적 그림이나 그것을 주제로 한 연구의 논의를 보여줄 수는 없을 것이다. 그렇지만 전후 조선에서 가장 잘 알려진 기념비적 수사는 의병이 개인적 그리고 집단적으로 커다란 역경에 맞서 전장에서 지칠 줄 모르는 충성심을 보여줬다는 것이다. 이런 이유로 의병의 군사적 활약을 평가해볼 것이다.

의병에 대한 엄청난 수의 연구에도 불구하고 의병이나 관군의 정확한 수가 얼마였는지는 어떠한 합의도 내리지 못한 것으로 보인다. 규모는 분명히 변했다. 1593년 2월 2일, 조선 정부가 명에 제출한 군사력에 대한 보고에는 관군과 의병을 합친 수를 17만 2,400명이라고 했다. 수치의 정확성은 의문을 불러일으키지만 보고서 작성 방법으로 인해 관군에서 의병을 뽑아내기는 어렵다.[31] 최영희는 이 숫자를 과장이라 생각하지만 두 군대 사이의 비율이 4 대 1 정도일 거라고 주장했다.[32] 이에 따르면 의병은 4만 3,000명 정도이다. 이 보고서가 시사하는 바는 국가가 의병을 관군과 나란히 합법적 군사력의 요소로 간주했으며, 그것이 전력의 상당 부분을 차지했다는 점이다. 의병과 관군의 관계는 복잡하고 유동적이었다. 초유사가 양민을 모병한 부대부터[33] 의병으로 직접 관군에 합류하는 집단[34] 그리고 다수 관군이 의병 부대에 가담하는 방식까지 매우 다양한 형식에 걸쳐 있었다.[35] 하지만 대부분 연구에서는 의병과 관군의 경계가 모호해지고 겹쳤음에도 그 구분이 사라지지 않았다고 주장한다. 그들은 사족 지도자, 구성원의 자발성, 운영에서 상대적인 자율성 그리고 사적 재원을 의병의 특징이라고 지적했다.[36]

조선의 관군이 전쟁 초기 일본군과 경쟁할 수 없던 주된 이유는 화기가 침략자에게 주는 커다란 이점 때문이라고 널리 알려졌다. 그렇다면 의병은 어떻게 싸웠으며 어떤 무기를 구할 수 있었는가? 우리는 꽤 자주 사족 출신 의병의 군비가 얼마나 열악했는지 읽는다.[37] 군사 역사가의 최근 연구에서는 다른 관점을 제시한다. 스와프Kenneth Swope는 일본군이 사용한 조총은 어떤 경우에만 효과적이었을 뿐 대포류가 거의 총기만큼이나 중요했으며 이런 관점에서 조선의 활과 화살은 강하고 빠르고 유연하고 광범위하여 매우 효율적이었다고 주장했다.[38] 일반적으로 의병이 사용한 무기에 대한 서사가 많지 않음에도 곽재우가 의병을 모집한 시점부터 우리는 궁수弓手에 대해 듣는다. 의병 모집 통문 중 하나는 의병 자격으로

"(신분이) 높건 낮건, 용감한 마음을 지닌 자 그리고 활과 화살을 다룰 줄 아는 자"라고 서술했다.[39] 제2차 진주성 전투에 대한 묘사는 활과 화살 그리고 장창이 조선군의 주된 무기였음을 분명히 한다.[40] 활쏘기 풍습과 활과 화살의 생산은 조선에서 흔한 일이었고,[41] 이것이 의병이 의지한 주요 무기였을 가능성이 높다.

이러한 전술로 의병은 게릴라전에서 꽤 성공적이었다.[42] 경상도 지역에서 게릴라전은 눈에 띄는 성과를 이뤄냈다. 8월 정인홍은 병사 2,800명과 함께 안언을 수복했다.[43] 곽재우는 게릴라 전술로 유명했고, 그의 부대는 경상도 동쪽의 정암진, 현풍, 창녕, 영산 같은 고장을 수호하는 데 성공했다.[44] 이는 의병이 지속적으로 경상도 서쪽 고장을 회복하기 위해 공격하는 것을 가능하게 만들었다. 경상도 서쪽의 상주와 개령의 회복은 경상도의 정인홍·김면의 노력, 그리고 전라도의 임계영任啓英(1528~1597)과 최경회崔慶會(1532~1593)가 이끄는 의병의 지원으로 이루어졌으며, 이는 1592년 11월 중순에 시작하여 넉 달이 넘은 1593년 3월에 마침내 성공했다.[45] 이 공격이 한창이던 2월, 조정에서 경상도에 주둔하던 임계영과 최경회 군대에게 명군과 함께 도성 공격을 계획하는 연합군에 합세하기 위해 북진하라고 명했을 때, 경상도와 전라도 사족들은 명령에 불복하며 왕에게 상소를 올렸다. 상소에는 경상도 일곱 고을의 안전이 전라도 의병에게 온전히 달려 있다고 쓰여 있었다. 실제로 전라도 의병이 그 지역에서 철수할 가능성이 있다는 사실은 일부 주민이 지역을 떠날 정도로 공포를 불러일으켰으며 좀더 심한 혼란을 초래했다. 조정은 명령을 철회했다.[46] 전라도 의병이 이웃 고장의 마을을 지키는 데 두드러진 역할을 수행한 것은 잘 알려진 상식이었다. 더욱이 지역을 수호함으로써 경상, 전라 그리고 충청 사이의 통로를 조선인이 사용할 수 있도록 해주었다. 또 해전에서 이순신 장군이 승리하면서 침략자의 보급로가 끊겼다. 이것은 일본군을 와해시킨 주요 요소로 여겨진다.[47]

하지만 의병 조직이 커지면서 엇갈린 결과가 나타났다. 우선 대부대는 종종 다른 지역에서 온 부대와 연합하여 구성되거나 관군의 일부로 묶였다. 관군과 의병 연합부대가 함께 싸운 전투 중 가장 잘 알려진 격전은 1, 2차 진주성 전투였다. 진주는 전략적으로 경상도 서쪽지역을 보존하기 위한 중요한 지역이자 남해안의 수군 보급로 그리고 적으로부터 전라도를 지키는 요충지로 여겨졌다. 그래서 공격자와 방어자 모두 이 도시를 점령하기 위해 엄청난 공을 들였다. 약 3만 명에 달하는 다수의 일본 부대가 1592년 11월 9일 진주성을 포위했다. 조선군은 성안의 병마절도사 김시민金時敏(1554~1592)이 이끄는 3,800명, 최경회가 지휘하는 2,000명 그리고 곽재우와 정인홍, 그 외의 의병장이 각각 보낸 수백 개 부대로 구성되었다. 일부는 전투가 시작되기 전 성 밖의 전략적으로 선택된 장소에 주둔했고, 신열信悅의 승병 부대와 같은 일부는 전투 중 도착했다. 11월 10일부터 13일까지 3일간 지속된 전투에 대한 묘사는 다채롭다. 일본군은 주로 조총에 의존한 반면 조선군이 사용한 무기는 대포, 활과 화살, 노인과 아이들이 던진 불타는 돌, 여인들이 쏟아 부은 끓는 물 등에 이르렀다. 모든 역경에도 전투는 조선군의 승리로 끝났다. 주된 공은 김시민에게 돌아갔다. 그는 아랫사람을 솔선과 관심으로 이끄는 완벽한 유교적 지도자로 묘사되었다. 그는 부하들과 음식을 나누고, 총알이 날아올 때조차 동요하지 않은 것으로 알려졌으며, "온 나라가 함몰되고 남은 데가 적어서 다만 이 한 성이 나라의 명맥에 관계되는데 지금 또 불리하다면 우리나라는 그만이다. 하물며 한번 패하면 성중에 있는 천백의 인명이 모두 칼끝의 원귀가 될 것이니, 아! 너희 장사將士들은 힘을 다하여 용감하게 싸워서 죽을 각오를 해야 살아날 수 있다는 것을 명심하라"고 간곡히 부탁했다. 병사들은 응답했고 용감히 싸웠다고 한다.[48]

　1593년 7월 18부터 27일까지 벌인 제2차 진주성 전투는 한층 더 격렬하고 비극적이었다. 진주성 공격 명령은 히데요시가 다시 내렸으며, 그는 앞선 패배를 분하게 여긴 것으로 알려졌다.[49] 이 일은 왜군이 평양과 서울에서 퇴각한 후 일어났으며, 왜군의 전력은 막강했다. 고니시 유키나가와 가토 기요마사를 포함하여 선봉장들이 이끄는 9만 3,000명 모두가 진주성에 집결했다. 그들과 맞서기에 처절한 악조건에 놓였음을 깨달은 의병장들은 머리를 맞대었으나, 싸움의 지혜에 대해 의견을 달리했다. 가령 곽재우는 자살행위가 될 테니 피해야 한다고 주장했다. 김천일은 진주성을 포기하는 것은 양심에 어긋나는 일이라고 역설했다.[50] 조선군의 정확한 규모는 명확하지 않지만 8,000~15,000명 사이로 추정된다.[51] 거의 열흘 간 지속된 격렬한 저항에도 불구하고, 일본은 성벽으로 둘러싸인 도시를 점령했다. 고정후, 최경회, 김천일 등을 포함하여 많은 장수가 죽었다. 히데요시의 명령에 따라 일본군은 성안에서 발견한 주민 6만 명을 모두 학살했다.[52] 이 전투는 기생 논개라는 여성 영웅을 배출했는데 논개는 일본 장군을 유혹하여 그의 허리를 끌어안고 그와 함께 남강에 스스로 뛰어든 것으로 알려졌다.[53] 전투가 비극적 패배인 반면 학계에서는 일본군 역시 이 전투에서 가공할 만한 손실로 고통을 받아 전라도로 진격하지 못했으며, 이 지방이 일본군 점령에서 벗어나 보존되는 데 기여했다고 믿는다.[54] 이 전투는 조선인의 집단적 기억 속에 지워지지 않게 각인되어 진주는 임진전쟁 전사자를 위한 기념 활동의 주요 장소가 되었다.[55]

인민주권과 재지사족

사회운동으로서 의병의 비범함은 그들이 출현한 이후 매우 일찍 인지되고, 그 이후 줄곧 과도한 관심을 받았다. 하지만 의병의 군사적 효용성은 엇갈린 평가를 받았다. 가장 주의를 끈 것과 한결같이 평가받는 점은 민중의 의지를 구체화하고 동기를 부여하는 상징적 역할, 즉 백성의 마음이라고 할 수 있었다. 이야기가 거듭되면서, 심지어 공식적인 역사서술에서도 이를 강조한다. 예를 들면, 『선조실록』 1592년 12월 19일 기사에는 사간원에서 왕에게 올린 상소를 인용한다. "변란이 생긴 이후로 인심이 흩어졌는데 의사義士들이 한번 창의倡義하자 군민軍民이 향응하여 국가가 오늘날까지 있게 되었으니 이는 모두 의병들의 힘이었습니다."[56] 앞서 『선조수정실록』 1592년 7월 9일 기사는 더 직접적으로 표현한다. "(의병장들이) 크게 성취하지는 못했으나 인심을 얻었으므로 국가의 명맥이 그들 덕분에 유지되었다."[57]

이러한 서술은 두 가지 다른 방식으로 의병을 표현한다. 하나는 침략 자에게 저항하는 민중의 의지에 대한 은유이며, 다른 하나는 의병의 개입 으로 재구축한, 민심을 잃은 국가에 대한 환유이다. 조선은 천명天命이라 고 하는 유교적 개념에 그 정당성을 두며, 이는 일종의 인민주권인 민심 을 얻음으로써 이론적으로 확인된다. 따라서 조선 정치 이데올로기의 관 점에서 민심을 얻고 잃는 것은 바로 그 정권의 정통성과 관련이 있었다. 우리는 나라에서 민심을 잃은 후 의병이 이를 다시 얻었다는 개념을 어떻 게 해석할 수 있는가? 그렇지만 의병이나 의병장 중 누구도 현 왕조를 대 체하거나 이에 도전하려는 모습이 보이지 않는다. 물론 조정은 이 가능성 에 대해 일종의 불안을 보였으며, 전쟁은 진실로 하나의 위기였다. 그렇 지만 백성의 분노는 조선 왕조의 정통성을 의심한 것이라기보다 조정에 대한 실망을 표현한 것이었다. 공식적인 역사서술이 반복적으로 확인한 것처럼 의병은 나라의 입장에서 민심을 고양하고 지키는 역할을 안정적 으로 수행했다. 어떻게 이런 일이 일어났을까? 의병장들은 재지사족이었 고, 그들은 2세기에 걸친 조선의 평화 시기를 산 유교적 사족문화의 중심 축이었다. 그들은 전쟁의 위기상황에서 자신의 정체성을 어떻게 바꿀 수 있었을까? 무슨 이데올로기 도구가 그것을 가능하게 했으며, 그들은 어 떻게 전시 행동주의적 이상으로써 애국심을 모을 수 있었을까?

나는 그들이 인민주권의 재개념화로 민심을 돌릴 수 있었으며, 인민주권은 백성을 조선의 인민이라는 역할로 재정의하고, 다시 지위를 부여했기 때문에 가능했다고 주장한다. 계속 진행하기 전에 내가 '인민주권'이라는 용어를 사용하는 방식을 정리하는 것이 적절할 것이다. 나의 용례는 조선의 정치적 전통과 연관된 것으로 서구적 맥락에서 사용하는 방식과는 다르다. 인민주권은 근대 서구 정치사상의 핵심 아이디어 중 하나이자 정치적 개념으로, 그것을 해석하고 구현하고 활용한 방식을 논한 방대한 문헌이 존재한다. 두 전통 사이의 구조적인 비교 시도조차 무모할 것이다. 구체적인 내용을 다루지 않더라도 우리는 서구와 유교적 맥락 사이에서 용례의 뚜렷한 차이점을 광범위하게 관찰할 수 있다. 기본적인 수준에서 서구의 인민주권은 공화주의와 민주주의 정치체제와 관련한 계몽주의적 이상이었다.[58] 유교정치사상에서 인민주권은 천명이라는 관념에 따른 왕조의 정통성과 연결된 고대의 정치적 이데올로기였다. 집권층이 천명을 얻거나 상실하는 것은 민심을 얻느냐, 잃느냐에 달렸다.[59] 이러한 사상은 대부분 은유로 받아들여지고, 집권층은 사후의 효과적인 정당성을 위해 이를 이용하였다. 그것은 민심을 정치체제로 전환하는 것과는 관련이 없었다. 또 다른 근본적 차이점은 루소 Jean Jacques Rousseau의 인민주권이 인간 사회가 고립적이고 자유로우며, 비정치적인 존재에서 정치체와 함께하는 존재로 이행함을 정당화한 반면, 정치체와 함께 시작한 유교적 상상에서 인민주권은 권력의 조건과 변화를 설명한 개념이었다.

인민주권은 조선의 수사적이며 개념적인 구성의 핵심적 비유였다. 유교적 이상 국가를 모델로 건국한 조선 왕조는 천명을 받은 것에 정통성을 두었다. 1392년 건국자는 즉위교서를 통해 이러한 유교적 개념의 인민주권을 명확히 환기하였다. "'백성의 마음이 이와 같으니 하늘의 뜻도 알 수 있습니다. 여러 사람의 요청도 거절할 수가 없으며, 하늘의 뜻도 거스를 수가 없습니다' 하면서, 이를 고집하기를 더욱 굳게 하므로 나는 여러 사람의 심정에 굽혀 따라 마지못하여 왕위에 오르고, 나라 이름은 그전대로 고려高麗라 하고, 의장儀章과 법제法制는 한결같이 고려의 고사故事에 의거하게 한다. 이에 건국建國의 초기를 당하여 마땅히 관대한 은혜를 베풀어야 될 것이니, 모든 백성에게 편리한 사건을 조목별로 후면後面에 열거列擧한다."[60] 이후 2세기 동안 조선의 정치문화가 점차 성리학을 따르면서 인민주권에 대한 레토릭은 군주와 관료가 서로 권력과 권위를 위해 경쟁하는 장이 되었다. 관료는 의견을 개진하는 방법으로 인민주권을 상실할 수도 있다고 지적하는 반면 왕은 관료의 간쟁에 맞서 자신이 인민주권을 보유하고 있음을 과시했다. 그렇지만 임진전쟁 이전의 조선에서 인민주권 개념은 통치주체로서 국가가 백성의 복지와 영토의 안보를 유지하는 데 독점적 책임을 진다는 이해를 바탕으로 사용되었다. 선정善政의 시각에서 백성은 보호받아야 할 수동적 존재로 묘사되었다. 임진전쟁이 발발하자 이 공식은 변했다. 개인이 병사를 모집하는 것을 허용하고, 그로써 군대에 대한 국가의 독점권을 포기한 것은 광범위한 인민주권으로 발전하는 첫걸음이었다.[61] 인민주권 개념을 근본적으로 바꾸고 조선 사회 구조에서 다양한 구성원의 역할을 재배치한 것은 바로 재지사족이었다.

그들은 나라와 백성 사이의 관계를 항상 상호적인 것으로 생각했다. 왕(그리고 그의 조정)은 어진 정치를 펴는 반면 백성은 왕에게 충성을 바쳤다. 의병장들은 격문에서 호혜를 넘어서 상호 의존을 강조했다. 그들의 격서에서 볼 수 있듯이, 그들은 평화로웠던 200여 년간 조정이 백성을 먹이고 키웠다고 반복적으로 지적했다. 왕이 몽진을 떠나고, 나라가 위험에 직면한 이 위기의 시점에서, 그들이 왕을 보위하고 나라를 다시 세울 차례였다. 그들이 단지 왕에 속할 뿐 아니라 왕도 그들에게 속했다. 왕에게 속했던 충성을 나라를 위해 목숨을 버릴 의지를 담은 희생하는 행동으로 전환할 필요가 있었다. 백성에게서 나라로 흘러갈 책임을 재조정함으로써 그들은 나라의 실패 문제를 무의미하게 만들고, 조국을 지키기 위해 싸우도록 백성의 정신을 고양했다. 재지사족을 신뢰할 수 있고 고무하도록 만든 것은 그들이 이 움직임의 선두에서 나라를 위해 무기를 들고 죽음을 감수했기 때문이다.

이 지방 사족은 누구이며 그들의 정체성 속 무슨 감각이 그와 같이 행동하도록 만들었나? 의병장은 배경이 다양하고 연령과 경험, 중앙조정과 관계와 관련해서 매우 다양한 분포를 보였다. 최근 수도 혹은 여타 지역에서 현재 거주지로 이주해온 사람과 오래전부터 한 지역에서 살던 이들이 있었다. 전에 관직에 있었던 사람도 있었고, 한평생 학자로 살아온 사람도 있었다. 그들은 귀족적인 양반 계층, 향촌에서 지배적 위치에 있는, 근본적인 정체성을 구성하는 특정한 공통 속성을 집단적으로 공유하기는 했다. 양반은 원래 관료계층이었으나 특정 가문이 이를 주장하고 또 조정의 허락을 구할 필요 없이 후손에게 물려줄 수 있는 세습 특권이었다. [62] 그렇지만 이 세습 특권은 문화적 자본의 지속적인 유지와 갱신에 의존하며, 유교적 삶의 방식을 고수하는 것으로 얻었다. 그동안 유교적 생활 태도의 요소가 진화해온 방식은 성리학자와 사림 그리고 그들이 보유한 에토스의 영향이 확대되는 것을 보여준다. 조선에서 각각 주리론主理論[63]과 주기론主氣論[64]의 종장인 퇴계 이황과 이이와 같이 우뚝 솟은 인물들은 유학적 정교함으로 새로운 경지에 도달했을 뿐만 아니라 서원의 전국적 확산을 이끌었다. 사학私學은 지역마다 설립되었고, 서로 다른 지역에 위치한 교육기관은 수도의 교육기관과 경쟁하고 또 이를 보완했다. [65] 수도에서 향촌으로 지식인 계층이 계속 이동했다. 이러한 움직임과 변화는 수도와 향촌 양쪽 집권층과 서원 사이의 복잡한 관계망 구축을 이끌었다.

16세기에 이르면 유교적 생활을 구성하는 필수적 요소가 균질해졌다. 유교적 의례의 준수와 유교적 경전의 습득과 같은 표준적 특징에 더하여, 향촌민에게 도덕적 교화를 제공하는 것이 중요한 요소로 부각되었다. 사족은 유식자有識者의 범주를 넘어 향촌민에게도 유학을 전파하는 데 큰 관심을 보였다. 대도심지 밖의 학자들은 지역민을 '교화'하는 행동주의적 역할을 꽤 진지하게 받아들인 것으로 여겨진다. 이황과 이이 같은 학자들이 선봉에 서서 지역사회를 선정하여 각 지역 특색에 적합한 방식으로 조정하고 현지화하는 운동이 조선 전역으로 확산된 듯하다. [66]

이 향촌사회의 유교화 작업은 두 가지 영향을 미쳤다. 하나는 재지사족의 특권을 강화하고 굳혔다는 것이다. 중앙정부 역시 조선 사회의 유교화라는 장기적인 프로그램의 중재자이자 실행자로서 그들의 역할에 가치를 부여했다. 동시에 교화 작업은 향촌민의 변화 가능성과 도덕적 설득 가능성을 지지했는데 이는 맹자의 성선설에 기반을 두었다. 인간의 일반적 속성에 대한 이러한 역점은 도덕적 자질과 가치에 근거하여 개인을 평가하는 대안적 구조를 강조했다. 사회를 조직하는 뚜렷한 두 가지 구조의 공존은 새로운 것이 아니었다. 대부분의 사회처럼 조선은 세습 계층 구조와 평가의 대안적 구조 사이에 긴장을 보여줬다. 성리학의 강세는 이러한 두 시스템 사이의 갈등을 줄이거나 더 나은 해결책을 제시하지 못했지만 두 평가 시스템 간의 융합을 가속화했다.[67] 즉, 사회적 지위를 덕의 상징으로 형상화하였다. 엘리트층에게 더 많은 덕성을 보이도록 기대했다. 인仁과 의義 같은 개인의 도덕적 자질은 더 두드러지게 나타났다. 향촌에서 유교적 사회를 진작하는 모범으로 재지사족에게 기대한 도덕적 지도력과 유교적 가르침에 대한 활발한 진전은 이러한 융합과 연관이 깊었다. 유교적 비전은 사족에게 문명과 민족이라는 두 가지 중심축을 따라 정체성을 구축하도록 강요했다. 유교적 정체성은 모든 유학자가 유교의 우위 그리고 문명과 인간성을 유지하는 도구로 유교적 생활을 받아들인다는 점에서 문명화였다. 그렇지만 유학자는 지배 엘리트의 일원으로서 그들의 정체성을 '국가적으로' 정의했다. 그들은 자신을 나라와 공존하는 존재로 보았으며 도덕적 지도력을 제공함으로써 그것을 유지하기 위해 헌신했다. 충성이라는 개념에 대한 이해에서, 국가에 대한 그들의 의무는 유교의 중요한 덕목 중 하나로 여겨졌기 때문이다. 유학자가 그들의 정체성을 정의하는 두 가지 방식을 서로 연결하거나 상호 보강하는 것으로 생각하지는 않지만 그들이 개인적이고 집단적인 의식과 상호작용하고 표현하는 방식은 시간, 장소, 개인의 관점에 따라 크게 달라졌다. 이는 충의 개념을 해석하는 방식에서도 마찬가지이며, 왕에 대한 변함없는 충성에서 나라에 대한 애국심까지, 혹은 평가할 수 있는 원칙적인 도덕적 의무까지 그 범위를 말할 수 있다. 그들은 평화 시에는 개인의 덕성 함양을 강조하는 성리학적 에토스에 부합하며, 충을 원칙적으로 개인적인 도덕적 의무로 간주했다. 예를 들어, 많은 학자는 왕이 강하게 그들의 출사를 요구할 때조차 그들 바람에 따라 출사 여부를 결정하는 것을 특권이라고 당연시했다. 그들은 자신들의 중요한 의무를 도덕적 함양을 추구하고 자신들이 사는 사회의 도덕적 비전이 시행되도록 돕는 것이라고 보았다.

전쟁이 일어났을 때 이 모든 것은 바뀌어야 했고, 그들은 새로운 도덕적 의무를 만들어야 했다. 그들이 경험하지도 기대하지도 못한 조선을 위해 무기를 들고 이것을 다른 이들에게 똑같이 하라고 요구하도록 결정할 때 그들은 개인적인 도덕적 선택의 기반을 조선공동체 전체 구성원이 집합적으로 공유하는 행동주의적·도덕적 의무로 전환해야만 했다. 그들은 개인적 상황에 직면하면서 도덕적인 민족적 이상을 구축하고 명료화했다.[68] 나는 재지사족이 인민주권에 대한 자신의 해석에 따라 도덕적인 것을 민족적인 것과 연결하라고 강요받았다고 믿는다. 즉, 아무도 나라의 기능을 행하지 않을 때 이를 수행하는 것이 자기 책임이라는 생각으로 도덕적인 것과 민족적인 것을 억지로 연결했다고 믿는다. 지금 집권층이 무능하고 나라를 지킬 수 없으니 저항군을 조직할 방법이 남아 있는 하나의 집단으로서 임시로 공백 상태에 개입하여 행동하는 것이 그들의 책임이었다. '도덕성'과 '교화'가 유교적 관점으로 여겨지는 한, 문명적인 개념은 정치에 도움을 주는 상황에 있었다. 마찬가지로 도덕적·민족적 개념은 개인의 도덕적 의무를 민족적 공동체의 방향으로 나아가게 하면서 생겨났다. 유교문명의 일원으로서 그리고 민족공동체의 구성원으로서 책임이 공존한다고 여겨졌던 반면, 이 경우 전자가 후자와 직접적으로 연결되어 조선 유학자의 의무는 조선을 구하는 것이 된 것이다. 이는 왜적에 대한 저항과 축출 그리고 전쟁 이전 상태의 나라로 복구시킴으로써 성취되는 것이었다. 마찬가지로, 이중적 의미를 담고 있는 문화적 도구와 이미지는 주로 국가를 위해 사용했다. 유교 경전의 언어이자 동시에 동아시아에서 지식인의 공용어이며, 각 정부의 언어인 한자를 정치체를 결집하는 데 활용했다. 국가를 위해 죽는 이미지를 찌를 듯 높이 드러내는 데 이보다 더한 것이 없었다. 나라를 위해 죽는 것[殉國]이 조선인에게 가능한 선택이라기보다는 높은 이상이었던 200여 년간의 평화에도 불구하고 원칙에 대한 봉사로 자기 몸을 헌신하는 궁극적 행동은 즉각 수용되었다. 16세기 후반 조선인이 끌어낼 수 있는 역사적 사례는 많았다. 더욱이 후손을 위해 이름을 얻는 것이 무엇보다 가치 있었던 유교 시스템의 맥락에서, 나라를 위한 죽음은 그 목표를 성취하고 모든 후손에게 기억될 위치를 확보할 기회를 제공했다. 그 레토릭은 빠르게 이 점을 알아챘다. 조선을 위한 순국은 숭고한 퇴장으로 삶을 영광스럽게 마무리하고 기록함으로써 불멸하도록 이끌었다.

도덕적 의무를 수행하는 방식이 바뀌는 동안, 개인이 선택을 하거나 다른 사람에게 옳은 선택을 하도록 설득하는 문화적 논리는 유지되었다. 그 논리는 그 사람의 신체가 주체적인 일련의 결정을 내리면서 자신의 삶을 써내려가는 텍스트가 되는 것이다. 따라서 격문의 필자들은 침략자에 맞서 자유라는 이상과 개인적 선택으로 봉기하자는 주장을 전제로 삼았다. 그들은 또한 개인이 결정에 이르렀다면 각기 다른 이유와 동기로 그렇게 했다는 것을 인정했다. 고경명이 쓴 유명한 격문은 자원자들이 의병에 합류하는 것을 묘사했다. "누구도 강요받지 않았고 누구도 망설이지 않았다."[69] 이는 자동적으로 강요된 선택을 상상하게 한다. 다른 극단에서 개인적 도덕성은 무관하다. 강요된 것은 공유된 목표이다. "그렇지만 침략자를 몰살하는 것은 충신 혹은 의로운 학자의 바람일 뿐만 아니라 불충한 신하나 불효한 사람 역시 바라는 바이다." 이 논리 속에서 도덕적─민족적은 민족적─도덕적으로 반전되었다. 이유나 동기와 관계없이 자기 나라를 수호할 책임을 받아들임으로써 완전한 조선인이 되고, 따라서 도덕적 존재가 되었다고 상정된다. 도덕적─민족적 공동체에 대한 헌신의 경우와 마찬가지로, 이러한 자각은 그 목적이 집단적임에도 개인적인 것으로 여겨졌다.

의병은 민족적인 수평적 공간을 창출함으로써 성공적인 민족운동이 되었으며, 그 조직자는 자유로운 개인으로서 모든 조선인에게 참여할 기회를 제공했다. 백성의 무장은 백성의 '민족화'를 기반으로 진행되어야 했다.[70] 우리는 의병이 엘리트 사이에서 시작되었지만 곧 비지식인 계층으로 확산되는 것을 보았다. 지역과 신분의 차별이 사라진 것은 아니지만 침략자와 싸우는 과제보다 덜 중요한 것으로 생각했다. 그러므로 조선 민족의 구성원으로 알려진 모든 조선인은 그들의 목숨과 독특하게 '문명화'한 사람의 방식을 지키기 위해 무기를 들라고 요청받았다. 만약 그들이 죽는다면 영웅으로 죽을 수 있으며 그들 이름은 영원히 역사에 기억될 것이었다. 다양한 비지식인 인구를 구성하는, 일반적으로 언급하는 것처럼 백성[民]은 인민주권이 재구성된 방식에서 중요했다. 그들은 모두 나라의 혜택을 입는 객체에서 나라의 생존을 위해 싸우고 기여하는 주체로 변신했다.

그들의 차이에도 불구하고 모든 조선인은 옳은 결정을 내릴 수 있는 개인으로 여겨졌다. 양반의 나라에 대한 특별한 부채가 강조되는 반면 수사적으로 양반이 아닌 자에 비해 도덕적 선택에서 더 배타적이거나 타고난 것이 더 대단한 성향을 지녔다는 의미가 아니었다. 우리는 이런 생각을 명쾌하게 부인하는 한 서간을 보았다. "충과 의의 경우 학자의 후손부터 관리인의 노예에 이르기까지 다를 것이 없었다. 모두 똑같이 갖추었다." 이런 의미에서 임진전쟁 동안 시작된 민족담론은 그린펠드Liah Greenfeld가 모든 민족주의의 기반으로 묘사한 것을 상기시킨다. "그러므로 '백성'의 모든 구성원은 우수하고 엘리트적인 자질에 대한 부분들을 해석하고, 그 결과 계층화한 민족 집단은 본질적으로 동종이며, 지위와 계층은 피상적으로 인식된다."[71]

여파

　1592년 말, 이여송李如松(1549~1598)이 이끄는 4만 명군이 조선을 돕기 위해 도착한 후 의병은 군사력으로서 대부분의 중요성을 상실했다. 조선에 살아남은 유일한 육군으로 전쟁 동안 주로 게릴라 전략에 의존했던 1592년과 달리, 1593년부터는 주요 전투에서 조선과 명군이 연합하여 싸웠고, 의병은 보조 혹은 지원 부대로 기능했다.[72] 1594년 4월까지 모든 의병 부대는 카리스마 넘치는 전라도 출신의 사령관 김덕령金德齡(1567~1596) 휘하에 있었는데 그들은 그의 지휘권 상실을 받아들이려고 하지 않았다.[73] 1596년 조정에서는 김덕령을 역적으로 체포했고, 사형을 선고했다. 기소 내용은 공식적 사서에서 빠르게 인정할 정도로 분명히 거짓이었고,[74] 그는 보답받지 못한 충에 대한 부당한 순교자로 바뀌었다.[75] 의병운동은 서서히 사라졌다. 1597년 정유재란 동안 운동은 재개되었지만 조선과 명 연합군은 전투력에서 일본군에 맞설 만했기에 의병의 역할은 눈에 덜 띄었다. 그렇지만 행동하는 충의 화신으로서 그 상징은 계속되었다. 의병이 봉기한 1592년에는 재지사족이 조직하고 지원한 의병이 역사적으로도, 개념적으로도 새로웠다. 임진의병은 조선 후기 백성에게 전례를 세웠고, 나라가 위기에 직면했을 때 두 차례 같은 이름과 레토릭 아래

동일한 운동이 시도되었다. 1627년 정묘호란, 1636~1637년 병자호란 동안 그리고 1905년 조선이 일본의 보호국이 되었을 때.

의병의 유산은 조선의 정치문화에 가장 강한 영향을 미쳤다. 전후 조선은 인물, 장소 그리고 전투와 같은 모든 것을 임진전쟁과 연결하고, 민족담론을 영속·확장하는 성지로 전환했다. 의병, 특히 몇몇 의병장은 '죽음을 통한 순수함'의 상징으로 기념문화의 중심을 차지했다. 그렇지만 전사한 선비 전사戰士를 애국영웅의 전당에 추가하는 것으로 끝나지 않았다. 비관인非官人인 재지사족과 일반 백성이 참여하는 역할은 정치 활동에 부응해야만 했다. 인민주권의 행동주의적 개념은 전쟁으로 피폐해진 나라를 재건하기 위해 다시 만들어야 했다. 나라 역시 모든 구성 집단이 이루어낸 중요한 기여를 받아들이며 전후 재건을 진행해야 한다는 것을 인지했고, 그들의 사회적·정치적 역할을 바꾸기 위해 그들과 협상했다. 이러한 발전의 가장 뚜렷한 예시는 모든 구성원이 전후 조선의 기념문화를 구축했다는 것이다. 이런 방식으로 각 집단은 조선의 상상의 공동체 담론을 변화시키는 데 경쟁하고 참여했다.

3 언어 전쟁 :

일본군 점령기 한문의 위상 변화

우리는 앞 장에서 임진전쟁이 무기를 사용한 군사적 전쟁이었을 뿐만 아니라 (그에 비견될 정도로) 의사소통을 위한 다양한 도구를 이용한 전쟁이 기도 했음을 살펴보았다. 조선 정부가 소통 전략을 수립할 때는 두 가지 중요한 목적이 있었는데, 오직 조선인에게만 의사를 전달하고 외세에게 는 그 의미가 전달되지 않도록 소통 전략을 수정하는 것이 특별히 중요한 일이었다. 또한 그것은 언어 전달 매체 차원에서 호소력이 가장 높은 수 사로 광범위한 청중에게 의사를 전달할 수 있는 것이어야 했다.

이러한 상황에서 조선 정부는 획기적인 언어정책을 실시했다. 한글 문 서를 조선인만의 의사소통 수단으로 활용한 것이다. 국가의 공식문서에 서 한자만 배타적으로 사용하던 기존의 관행과 달리, 한글로 쓴 왕실 문 서를 모든 조선인을 대상으로 발송하고, 사람들이 많이 모이거나 지나다 니는 장소에 게시했다. 한글로 작성한 문서는 일본인에게 포로가 된 조선 인에게도 전달되었다.[1] 또한 조선 정부는 몇몇 보고를 한글로 받았는데, 이는 적에 대항하기 위한 첩보 수단으로 한글 문서를 활용한 것이다. 이 처럼 공식문서에서 한글을 사용한 언어정책은 조선 정부의 치밀한 계획 아래 이루어진 것은 아니었다. 오히려 왕실은 전쟁이 계속되는 극한의 상 황에서, 전쟁으로 뿔뿔이 흩어지면서 심각한 위협에 처했다. 정부에 대한 적의가 극에 달한 백성에게 왕실에 대한 신뢰를 회복시키기 위한 절박한 수단으로 이러한 언어정책을 채택했다. 이런 정책을 지속적으로 유지한 것은 아니었고 그때그때 필요에 따라 실시했다. 하지만 어찌되었든 모국어에 대한 '민족적' 공간이 나타났는데, 이에 대해서는 이 장과 다음 장에서 살펴보겠다.

모국어에 대한 민족적 공간의 창출은 지리·문화·정치적 독립체로서 조선을 새롭게 정의하는 획기적 수단이다. 이러한 과정은 부분적으로는 전쟁 기간에 한문의 위상과 용도가 변화한 것에서 비롯되었다. 전쟁 이전까지 한문은 (중화 질서로 대변되는) 세계적인 보편문화와 그곳에 참여하는 정치체를 연결하는 언어적 매개체로 이 지역의 가치와 세계관을 공유했다. 명 질서 아래에서 동아시아 국가들의 공식문서는 대부분 한문으로 쓰였지만 이들 국가 간의, 특히 조선과 중국 간의 직접적인 소통은 외교 문서건 엘리트 간의 서신 교환이건 미리 정해진 절차대로 진행했다. 국가들 간의 외교적 의례[2]나 (중국과 한국이 그 대다수를 차지하는) 지식인 사이의 서신 교환[3]이 있을 때도 한문을 사용했다. 사실 일본은 권력을 지닌 무사가 특히 한문에 능하지 않다는 점에서 이러한 모델과는 거리가 있지만, 외교 서신을 비롯한 많은 공식문서는 승려가 한문으로 작성했다.

전쟁 기간에 세계적인 보편문화는 서로 반목하는 정치체들을 재구성했다. 한반도에 동맹 또는 적국으로 모인 한자를 쓰는 세 나라(조선, 명, 일본)는 한문을 군사전략의 일환으로 활용했다. 민족주의의 등장에서 언어의 기능을 주목하면서, 앤더슨에 따르면 한문을 라틴어 및 코란에 사용된

아랍어와 마찬가지로 신성한 언어로 범주화하며 "진리 언어[眞文]로서 이들은 민족주의에는 다소 낯선 충동으로 물들어 있"어서 좀더 거대한 초국가적 공동체를 상상할 수 있게 한다.[4] 동아시아에서 한문은 유교 규범을 비롯한 다른 종교의 경전[5]들을 통해 하나의 신성한 언어로 기능했다. 하지만 유교 경전에서 그리는 미래상은 질서 정연한 국가였고, 한문은 무엇보다도 세속 국가의 정치에 쓰이는 언어였다. 한문은 또 정치 이데올로기와 애국심을 비롯해 이데올로기가 결부된 모든 분야의 언어이기도 했다. 우리는 이미 이전 장에서 한문이 조선에서 '애국적 표현'의 매체로 기능했음을 살펴보았다.

전쟁이 일어나자 어지러울 정도로 다양한 종류의 한문으로 쓰인 방문 榜文이 전쟁에 참여한 여러 민족 집단 안팎의 동맹국과 적국을 가로지르며 쏟아지기 시삭했다. 민족적 구분에 따른 의사소통 공간의 경계가 사라지자, 한문으로 된 조선 내부의 의사소통 공간은 다른 이에게 쉽게 노출되었다. 조선 정부는 일본과 중국 당국이 한문으로 된 공고문이나 방문으로 조선인의 소통망에 직접 침입하는 것을 경계했다. 일본은 조선인에게 위협과 위로의 이중 전략으로 접근했다. 일본군은 조선인을 학살하고 마을을 약탈하는 한편, 도망친 조선인이 생업에 복귀하면 안전을 보장해준다며 주민을 회유하는 방문을 게시했다. 중국의 경우, 황제에서부터 아래로는 군사軍師나 장군에 이르기까지 전쟁에 돌입하기 전부터 한문으로 조선인에게 자신의 메시지를 쏟아 부었다. 이처럼 한문은 조선인의 관심과 지지를 얻고, 때로는 그들을 달래기 위해 세 나라가 경쟁적으로 사용하는 수단이 되었다.

일단 조선 정부는 한글로 작성한 교서를 보내면서 동맹국뿐만 아니라 적도 공유하는 한문으로 된 초국가적 언어 공간과는 별개의 언어 공간을 창출하고자 했다. 동시에 이 언어 공간은 모든 조선인에게 열려야 했다. 교서는 통치자가 자신의 특별한 지위를 이용하여 모든 조선인을 수직적 의사소통선상에서 다룰 수 있게 하고 통치자 자신과 그 신하만이 독점적으로 이용할 수 있는 수단이기도 했다. 심지어 의병 조직의 사족 지도자나 병사가 조금 더 수평적 성격을 지닌 전국적 담론 공간을 창출해낸 이후에도 왕은 여전히 교지를 통해 백성을 안심시키는 특권적 지위를 누릴 수 있었다. 나라에 적군과 외국 동맹군이 몰려올 때, 국왕은 국부國父라는 자신만이 사용할 수 있는 정서적 수사로 추방당해야 할 침입자에게 둘러싸인 조선인에게 한국 민족공동체의 비전을 상기시킬 수 있었다. 전쟁 기간 내려진 선조의 한글 교서는 새롭게 생겨난 수평적 민족담론의 공간에 침투하여 다른 민족적 담론들과 경쟁하는 한편 조선에서의 민족담론을 서로 강화했다. 이러한 의미에서, 한글로 쓰인 교서는 전국적 차원에서 이루어진 새로운 민족-언어학적 담론 공간을 구축하려는 움직임에 대한 최후의 장벽을 허물어버렸다. 폴록Sheldon Pollock은 문서가 "특정한 사회-문자적sociotextual 공동체들을 호명하거나 때때로 창조해내기도 한다"[6]고 주장했다. 나는 조선 정부가 활용한 한글 교서가 '그들'에 대한 대응으로 '우리'라는 공동체를 창출하고, 한국의 민족-언어 공동체 사이를 공유하며, 그들 모두를 포괄한다는 점에서 '민족적'이라고 생각한다.

한글로 된 민족적 소통 공간의 도래는 조선 내부의 글쓰기 공간은 물론 한글과 한문 사이의 성격과 지위를 재구성하는 데도 중요한 전환점이 되었다. 15세기 중반 '한글' 문자의 발명은 모두가 쉽게 사용할 수 있는 새로운 개념의 글쓰기로 모두의 일상생활에서 이용이 가능한 데 바탕을 둔 것이며, 글쓰기 문화에서 한글의 배포는 압도적인 한문 언어공간의 헤게모니 아래에 자국어가 성장할 수 있는 공간을 제공했다. 결과적으로 한글을 한국인 자신의 언어로 여기기보다는 전통적 (한문) 글쓰기의 비공식적 대안으로 생각했으며, 2등 언어로서 성격을 부여했다. 이는 곧 한글이 지역적인 데 반해 한문은 보편적(혹은 초국가적)인 것을 의미한다. 또한 한글이 일시적인 데 비해 한문은 영속적인 것을 의미하며, 한글이 여성의 언어인데 비해 한문은 남성의 언어임을 의미한다. 한글은 공적인 것에 반하는 사적인 언어이며, 공개적인 것에 반하는 비밀스러운 언어였다. 하지만 전쟁을 거치며 이러한 '비밀스럽고' '지역적인' 언어 한글은 '우리의' 그리고 '민족적인' 것을 의미하는 언어로 변화했다.[7]

일본의 혼란한 공간 침투

임진전쟁 중 일본군과 조선인의 만남이 동아시아 역사에서 강렬한 충돌 중 하나였다고 말하는 것은 지나친 과장이 아니다. 이는 오늘날의 세계관과 완전히 다른, 나와 남에 대한 서로 다른 개념이 존재한 16세기라는 시대적 맥락에서 일어난 일이었다. 우선 전쟁에 연루된 양측 대부분이 대규모 '외국인'과 마주친 것이 처음이었다. 물론 침략자인 일본군 지휘부는 몇몇 서양인을 만나본 적이 있었을 것이다. 일본군 지휘부의 고니시 유키나가와 구로다 나가마사黑田長政는 가톨릭 신자였으며, 스페인 예수회 선교사 세스페데스Gregorio de Cespedes는 유키나가의 종군신부로 1593년과 1597년 두 차례에 걸쳐 조선을 방문하고 조선에서 얼마간 시간을 보냄으로써 한국사에 기록된 최초의 서양인 방문자가 되었다.[8] 그렇지만 병사들은 말할 것도 없거니와, 일본군 지휘부의 그 누구도 그들이 부산에 도착하기 전까지는 외국 땅을 밟아본 적이 없었다. 이들은 바다를 건널 때 무슨 생각을 했을까?

전쟁 당시 일본이 한국을 조만간 전쟁을 치를 나라로 여긴 것 외에 한국을 '외국'으로 인식하는 것에 대해 깊이 고민한 흔적은 보이지 않는다. 자기 자신을 '정복자'로 여긴 히데요시도 그가 정복지와 '외국'을 구분하려고 했는지조차 알 수 없다. 메이슨 본Virginia Mason Vaughan은 14세기 몽골의 정복자 티무르(1336~1405)의 이야기를 다룬 말로Christopher Marlowe의 비극 『탬벌레인 대왕Tamburlaine the Great』을 분석하면서 "정복 욕구는 단순한 교류의 개념을 뛰어넘어 정복한 영토나 그곳 사람들이 원래 정체성을 잃고 그 대신 정복자의 거울상으로 변해가는, 전혀 다른 차원의 '변모'를 암시한다"는 사실을 발견했다. 그는 또한 "탬벌레인의 판도는 차이를 가리지 않는다. 그가 정복해온 영역 안에서 그는 (피정복민에 대해) 별다른 구별을 두지 않았다. 그 대신 그는 모든 것이 그의 통치 아래에서 균등해

질 수 있도록 이들을 두드려서 하나로 만들었다"[9]라고도 했다. 소설 속 탬벌레인과 동일한 시기에, 히데요시 역시 정복자로 활동하면서도 조선이나 다른 아시아 국가의 특수성을 알아채려는 어떠한 시도도 보여주지 않았다. 히데요시에게 조선은 그저 '일본'의 이미지 안에서 균질화한, 광대한 아시아 대제국을 건설하기 위한 첫걸음에 지나지 않았다. 실제로 히데요시는 선조에게 보낸 국서에서 "한 번 뛰어서 곧바로 대명국大明國에 들어가 우리나라(=일본)의 풍속으로 (중국의) 400여 주를 바꾸어놓고 제도帝都의 정화政化를 억만년토록 시행하고자 하는 것이 나의 마음입니다"[10]라고 말했다.

이러한 차이에 대한 무관심은 자신과는 문화가 다른 이들을 상대하거나, 그들의 '차이'를 발견했을 때 오는 충격을 다루는 데서 발생하는 실질적 문제를 해결하지 못한다. 이러한 사실은 전쟁 초입부터 매우 분명하게 드러났다. 앞서 언급했듯이 일본군은 그들이 처음 상륙한 부산에서부터 주민 학살을 자행하며 침략을 시작했다. 일반적으로 이러한 학살의 경우 어떤 대화도 이루어지지 않으리라고 생각하기 쉽지만, 침략자와 주민은 자신들 사이에서 언어 격차를 발견했다. 이런 사실은 전쟁이 끝난 지 24년이 지난 후 쓰인 일본군 인사 요시노 진고에자몬吉野甚五左衛門의 회고록에 나타난 대량학살에 대한 다음과 같은 묘사로 생생하게 고국에도 전해졌다.[11]

"우리는 5월 23일 이른 아침에 상륙했고, 즉시 부산의 한 요새를 공격했다.

그들은 벽으로 둘러싸인 마을 안에서 우리를 기다리고 있었다. (우리의) 절반 크기 정도 되는 활에서 쏟아진 화살들이 우리 위로 비처럼 내렸다. 이에 아랑곳하지 않고 우리 부대는 대량의 조총을 발사하며 응전했다. 그 소리는 하늘과 땅을 뒤흔들었는데, (…) 방패를 두르고 성안을 바라보니 모두가 쓰러져 있었고, 아무도 고개를 들지 않았다. 우리는 세 심尋(약 5.4m) 정도의 돌로 된 성벽을 올라 모두 진격했다.[12] (…) 적들은 숨을 곳을 찾아 도망쳤다. 그들은 집 사이나 탁자 아래에 숨었는데, 숨을 곳을 찾지 못한 이들은 도망치기 위해 동문東門으로 달아났다. (사로잡힌 조선인들은) 모두 두 손을 모아 무릎을 꿇고, 우리가 전혀 들어본 적 없는 단어들을 내뱉었는데, 이해할 수 없는 그 소리는 '마노, 마노!'와 같이 들렸으며 마치 우리에게 자비를 구걸하는 것처럼 들렸다. 하지만 우리 군은 이를 무시했고, 그들을 베고 죽을 때까지 짓밟았다. 이러한 행위는 전쟁의 신에게 (이들을) 바치려는 생각에서 이루어졌다. 희생자는 남녀를 가리지 않았고, 심지어 개나 고양이도 모두 조각조각 잘렸다. 전체적으로 3만 명쯤 되는 사람들이 살해되었다."[13]

이 장면을 회상해낼 때 서술자 목소리가 전투 참여자에서 회고록 집필자로 전환된다는 점은 주목할 만하다. 회고록 대부분에서 요시노는 부산에 상륙한 일본군의 일원으로서 사건을 서술한다. 그는 일본군을 언급할 때면 '우리 군みかた, 御方'이라는 용어를, 조선인을 언급할 때는 '적てき, 敵'이라는 단어를 사용했다. 하지만 그는 조선인이 일본군을 피해 숨고, 일본인이 전혀 들어본 적은 없지만 마치 목숨을 구걸하는 듯한 소리를 내는

그 장면에서 아주 잠시 자기 자신을 그 장면을 보고 다른 이들의 소리를 듣는 개인으로 변화시킨다. 그러한 개인적 관점은 일본군을 '우리 군'이라고 언급하는 부분에서 다시금 집필자 시점으로 돌아온다. 하지만 이러한 서술에는 '우리 군'이 목숨을 구걸하는 것같이 보이는 조선인의 행위를 무시하고, '저들'을 죽을 때까지 짓밟으며 사람과 동물까지도 학살한 광경을 목격한 개인적 목소리를 내재했다. 이 자료는 침략자 관점에서 다른 침략자를 관찰한 충격을 극적으로 묘사한 복잡다기한 기록으로, 그 충격을 당시에는 억제했다가 후대에 기억하고 서술했을 것이다.

서울로 진군

일본군이 내륙으로 진출했지만, 그들의 위협 전술이나 타자에 대한 무관심이 바뀔 조짐은 없었다. 일본군은 수도로 진군하기 위해 세 가지 서로 다른 경로를 취했다. 고니시 유키나가와 소우 요시토시가 이끈 제1진은 한반도의 가운데 경로를 따라 5월 26일에는 양산, 28일에는 밀양, 30일에는 대구, 6월 1일에는 인동, 3일에는 상주, 5일에는 문경, 6일에는 충주를 지나 12일 서울에 도착했다. 가토 기요마사가 이끈 제2진은 동쪽 경로를 취해 동래에서 시작하여 6월 12일 서울에 도착하기 전 경주와 영천, 충주, 죽산, 용인을 점령했다. 구로다 나가마사가 이끄는 제3진은 김해에서 시작하여 창원과 성주, 금산, 죽산을 취하고 6월 12일 서울에 도착했다.[14] 세 그룹은 마을을 불태우고 약탈한 흔적을 남기면서 북진했다.[15] 하지만 이들의 목적은 단순히 조선을 약탈하고 떠나는 것이 아니라, 조선을 정복하고 조선인에게서 세금을 징수하는 것이기 때문에, 조선인을 위협하는 것만으로는 충분하지 않았다. 겁에 질린 조선인은 자신의 집을 떠나 산이나 들로 피란했다. 일본인은 조선인을 설득하여 이들이 집으로 돌아오게 할 방법을 찾아야 했는데, 그 결과 그들이 조선인과 의사소통하는 데 문제가 있음을 깨달았다. 하지만 히데요시는 현장에 있지 않았다. 당초 계획과 달리, 그는 조선에서 벌어진 작전에 직접 참여하지 않았다.[16] 그 대신에 일본군이 조선 내륙으로 진군해감에 따라 명령을 야전 장수들에게 전달했다. 히데요시의 부재 속에서 야전 장수들은 즉석에서 대책을 마련해야 했다.

가장 먼저 활용했으며 전쟁 동안 꾸준히 사용한 방식은 조선인에게 한문으로 방문을 보내는 것이었다. 일본군의 각 부대에는 전황을 기록하고 요청에 따라 한문 문서를 작성할 수 있는 불교 승려가 있었다. 일본군은 다양한 곳에 방문을 게시했다. 기록에 따르면 이러한 영令을 내린 첫 번째 사례는 6월 1일 경상도 대구 북부의 작은 도시 인동에 진출한 유키나가와 요시토시 부대였다. 불교 승려이자 기록자인 덴케이天荊[17]가 썼고 요시토시 이름으로 된 포고문을 게재했는데, 그 내용은 다음과 같다. "흩어진 주민들은 즉시 집으로 돌아오라. 남자는 농업과 목축으로 복귀하고, 여자는 양잠으로 복귀하라. 모든 주민은 각자 위치에서 학업과 농업, 공업, 상업에 종사하라. 만약 우리 군의 어떠한 병사라도 생업을 방해하여 주민이

(생업에 종사하라는) 규칙을 어기게 한다면 처벌할 것이다."[18] 『난중잡록』은 이러한 사실을 확인하는 것에 더해, 많은 조선인이 일본군에 항복했으며 식별을 위한 명판을 지급받고, 일본군이 때때로 조선 정부의 곳간에서 취한 곡식을 사람들에게 나누어준 사실을 기록했다.[19]

6월 12일, 서로를 향한 경쟁심과 증오심으로 너무나도 유명한 유키나가와 기요마사의 군대가 몇 시간을 사이에 두고 서울에 도착했다. 그들은 아무런 저항도 없이, 기이하게 조용한 버려진 도시로 진군했다.[20] 수도의 상실이 조선의 지역 엘리트로 하여금 의병 활동에 참여하도록 한 촉매제가 되었던 것과 같이, 서울 점령은 히데요시의 아시아 제국 건설 계획의 실현 여부에 대한 일본인의 평가에 전환점을 마련해주었다.

히데요시의 점령 계획

서울이 함락되었다는 소식을 접하자마자 히데요시는 곧바로 점령 계획에 착수했다. 6월 15일 히데요시는 조선에 있는 그의 장수들에게 9개 항목으로 구성한 책략을 보냈다. 그중 하나는 '히데요시를 위해 서울에 본부를 설치할' 필요가 있다는 것이고, 두 번째 항목은 '도시의 주민은 강제로 도심으로 귀가시키고, 전국에 흩어져 있는 농민은 즉시 그들의 마을로 돌아가며, 금령禁令을 강화할 것'을 요구했다.[21] 6월 18일 히데요시는 25개 항목으로 구성한 각서おぼえがき·覺書를 그의 후계자인 관백關白 히

데요시 히데쓰구豊臣秀次에게 보냈는데, 여기에 동아시아 제국을 건설하기 위한 히데요시의 청사진을 제시했다. 각서는 주로 그가 정복하려는 지리적 거점에 (제국의) 지배기구를 재배치하는 문제를 다루었다. 가령, 일본 천황은 북경으로 옮길 예정이었다.[22]

히데요시는 또 한 번 조선 출정을 연기했다. 그 대신 7월 11일, 히데요시는 다음의 추가적인 지시와 함께 조선 통치자로 이시다 미쓰나리石田三成를 보냈다. 조선 팔도는 히데요시의 직접적 관할권 아래 들어가게 되었으며, 각 도에는 대관だいかん, 代官을 파견했다. 숨어 있는 농민은 농사를 짓고 세금을 내기 위해 고향으로 돌려보내졌다. 히데요시를 위한 거처를 중국으로 가는 길을 따라 마련했다.[23] 히데요시의 지시에 따라 다이묘 8명을 팔도의 대관으로 임명하고, 각 도에서 납부해야 할 세금을 정확히 동전 단위까지 계산했다.[24]

히데요시는 또한 서로 다른 대관에게 세세한 지시를 내렸다. 그중 기요마사에게 보낸 한 명령에는 '서비스 여성'이나 첩 등으로 번역할 수 있는 '쓰카이 메使い女, つかいめ'를 요구하는 특이한 항목이 있었다. 이 지시는 일본 당국이 조선인에게 세금, 다른 농산물과 함께 이 '서비스 여성'을 보내야 한다고 알린 것이었다. 기타지마는 이러한 명령이 일본의 고위 관료와 대관, 지방행정의 책임자 및 기타 책임 있는 장수들에게 섹스를 비롯한 서비스를 제공할 수 있도록 내린 것이라고 설명했다.[25] 제2차 세계대전 당시 위안부에 대한 정치적 논란을 고려할 때 '서비스 여성'에 대한 이러한 언급은 잠재적으로 논란의 여지가 큰 주제이다. 이 문제를 온전히

다루려면, 당대 사료를 면밀히 분석하여 16세기의 맥락에서 점령군의 여성 정복 실태와 그 의미의 맥락을 면밀히 고찰해야 한다. 점령지 여성에 대한 강간은 전시에는 일반적 현상이었다. 주목할 만한 것은 '서비스 여성'에 대한 제도화를 최상위 기구에서 시작한 점이다. 우리는 '서비스 여성'의 규모나 누구를 '서비스 여성'으로 동원했는지, 이러한 풍습이 민간 가정에서 얼마나 일어났는지, 혹은 얼마나 강제적이었는지에 대해서는 알 수 없다.

하지만 많은 조선 여성을 일본 점령자가 '서비스 여성'으로 취급한 증거가 있다. 그뿐 아니라 이 '서비스 여성'이 그들 가정으로 돌아왔을 때, 조선 남성은 환대하지 않았다. 『난중잡록』은 이와 관련된 여성 이야기를 전한다. 의병장 김면은 지례知禮 전투에서 승리한 뒤 적병을 모두 태워 죽였다. 그는 전라도에서 일본군에게 사로잡혀 온 수많은 '아름다운 여성'을 발견했다. 여성들은 목숨을 구걸했지만, 김면은 그들 또한 일본 병사들과 함께 태워 죽였다.[26] 여기에는 우리에게 익숙한 다음과 같은 젠더화한 상징 및 심리가 작용한 것으로 보인다. 더럽혀진 여성은 자기 여자를 지키지 못한, 정복당한 남성의 거세를 상징하며, 남성의 분노는 더럽혀진 여성에게 향했다. 강간으로 태어날 혼혈 자식에 대한 공포도 존재했다. 여성의 순결이 상징하는 것과 그것이 사람들에게 미치는 영향에 대한 문제는 임진전쟁뿐만 아니라 병자호란(1636~1637) 때도 개인은 물론이고 국가적 차원에서도 중요한 문제였다. 이 책에서는 이러한 주제가 민족적이면서도 국가적인 정체성 차원의 문제였다는 점을 언급해두는 정도면 충분할 것이다.

조선의 식민지화

일본군은 조선인을 겨냥하여 조선을 '식민지'로 바꾸고 조선인을 세금을 내는 '객체'로 만들기 위한 체계적인 작업을 실시했다. 이러한 작업의 일환으로 가장 먼저 실시한 것은 조선인에게 그들이 여태까지 살아온 구시대가 지나고 신시대가 도래했으며, 조선인은 이 새로운 시대에 항복하는 것 외에는 선택지가 없음을 깨닫게 하는 일이었다. 일본군은 조선 왕조에 대한 상징적 절멸 작업에 착수했다. 그들은 이씨 왕조 선조先祖의 위패를 모신 종묘宗廟에 불을 질렀다.[27] 비록 선조의 위패는 왕실이 피란지까지 옮겼지만, 종묘의 소실은 이씨 왕가의 군주에 대한 최악의 모욕으로 여겨졌다. 수개월 안에 일본군은 왕실 무덤 두 기, 즉 성종成宗(재위 1469~1494)과 그 비인 정현왕후貞顯王后 무덤 선릉宣陵, 중종中宗(재위 1506~1544)의 무덤 정릉靖陵을 훼손함으로써 말 그대로 죽은 왕의 몸을 더럽혔다. 왕의 시신은 꺼내졌고 무덤은 파헤쳐졌다.[28] 조선인은 이씨 왕조 선조의 사원과 두 왕의 무덤이 파괴되는 것을 조선 군주제의 국체國體를 처참하게 손상하는 일로 간주했고, 이러한 행위는 명백하게 조선인의 침략자에 대한 저항 의지를 강화했다.

일본군은 통치체제에 변화가 있을 것이며, 조선 백성은 일본인이 지배하는 새로운 체제로 들어오라는 메시지를 퍼뜨리는 작전을 개시했다. 방문을 서울과 지방의 공공장소에 게시했다. 덴케이는 『서정일기西征日記』에서 일본군이 수도에 입성한 지 얼마 되지 않아 그들은 사대문에 그들의 도착을 알리고, 주민이 집으로 돌아올 것을 촉구하는 문서를 게시했음을 언급했다.[29] 『난중잡록』은 6월 29일 몇몇 일본군 장수의 이름으로 경기도와 강원도의 마을로 보낸 방문의 내용을 기록했다. "너희의 군주는 달아났고 중국은 일본의 일부가 되었다. 우리는 각 도에 사자[使价]를 보내 조선을 다스릴 것이다. 양반과 농민은 이전 왕조에 그랬던 것처럼 일본의 지배에 복종해야 한다. 그러나 지금 군현郡縣의 관창官倉에 있는 미곡과 옥백玉帛, 사마絲麻 등은 흩어 없애지 말아야 한다. 또 모某 목사[牧主], 모某 현감이며 백성 남녀도 역시 아무데나 가지 말고 사자를 섬기기를 바란다."[30]

기요마사와 나베시마 나오시게鍋島直茂가 동북지역 경계인 함경도에 당도한 직후 기요마사 이름으로 보낸 방문에서는 더욱 거만한 어조가 느껴진다. 종군승 제타쿠釋是琢가 쓴 것으로 여겨지는 이 문서는 다음과 같은 내용들을 포함했다. 우리 주군(=히데요시)의 원정 목적은 조선의 정치적 개혁에 있으며, 조선 국왕은 서울을 버리고 달아났으나 그를 벌주는 것은 우리의 의도가 아니다. 우리는 우리에게 복종하는 이들을 보호할 것을 약속한다. 주민들은 집으로 돌아와 농사에 전념하라. 여덟 명의 일본군 장수를 조선의 팔도로 나누어 다스리도록 임명했으며, 함경도를 다스리는 이는 기요마사이다. 우리 주군의 명령에 따라 기요마사가 이 지역에서 모든 법률과 명령을 관장하니 주민들은 두려워할 것 없다. 주민들은 반드시 마을로 돌아와 농사에 전념하라.[31] 주목할 만한 점은 이들이 일본의 침입을 조선의 정치 개혁에 대한 히데요시의 열망에서 비롯한 것으로 설명하려는 태도이다. 이는 반란의 지도자나 침입자가 주로 사용하는 기존 정권에 대항하는 수사이다. '외부인'인 그들의 존재를 경감시키기 위해, 일본군은 자신들이 법과 질서에 입각한 더 나은 미래를 기획하고 있음을 시사했다.

자신만만해진 기요마사는 자신과 부장 나오시게를 위해 함경도 남부에 분리된 본부를 설치했으며, 도내 각지에 요새를 설치하는 등 함경도 전 지역을 안정시키기 시작했다. 함경도는 조선 정부가 범죄자를 유배 보내는 먼 국경지역이고, 이곳 주민은 중앙정부에 분노와 소외감을 느꼈기에 일본군의 약속에 대한 초기 반응이 전적으로 부정적이지는 않았다. 한 예로 조선의 관리는 일본군의 토지와 농산물 생산성 조사에 협력했다. 그리하여 나오시게는 도합 세금을 24만 4,360석 거두어들였다.[32] 기요마사가 임해군臨海君과 순화군順和君 두 왕자를 사로잡은 것 또한 이 시기 즈음인데, 특히 이들은 조선 정부에 불만을 품은 조선인이 넘겼으므로 기요마사는 큰 상을 내렸다.[33] 이에 크게 고무된 기요마사는 일본군 8,000명과 조선인 3,000명을 이끌고 만주를 급습했다. 만주에서 돌아오는 길에 그는 자신 있게 히데요시에게 편지를 쓰며 그가 자신의 관할구역을 완벽하게 장악했음을 보고했다.[34]

하지만 일본군이 이야기한 더 나은 미래에 대해서는 논란의 여지가 있다. 일본군에 의한 질서가 존재했다면 그것은 폭력과 강압으로 이루어진 것으로 보인다.[35] 타지리 아키타네田尻鑑種의 『고려일기高麗日記』에 따르면, 나오시게는 인질을 취하고 그들을 하나하나 풀어주는 대가로 세금을 조달했다.[36] 『선조실록』에 실린 함경도 관리 이희득李希得(1525~1604)의 보고는 더욱 통렬했다. "대저 이 도道의 적세는 다른 도보다 강합니다. 안변安邊에서 육진六鎭까지 모두 왜장倭將을 배치하고 각기 군사를 300~400명 주둔시켰으며, 또 민간에 사람을 내보내 필요한 물건을 날마다 빼앗아가고 있습니다. 요해처要害處에는 복병을 많이 두어 사람이 통행하지 못하게 하며 살육과 약탈이 끝이 없습니다. 우리 백성은 모두 분발할 것을 생각하면서 애타게 천병天兵이 오기를 기다리고 있습니다."[37] 조선인의 반란에 대한 일본군의 잔인함을 다룬 일본 사료에서도 비슷한 평가를 공유한다. 『조선일기朝鮮日記』에서 일본인 승려 제타쿠는 다음과 같이 말했다. "백성은 처음에는 일본군의 지시를 따랐고, 현물과 세금으로 공물을 바쳤다. 하지만 이후 그들은 다시 본래의 평범한 조선인으로 돌아갔다. 그들은 평소 머물던 집에 머물기를 거부하고 산과 들로 숨었으며, 무기를 들고 활과 화살을 사용했다."[38]

자신들이 예상치 못한 의병 활동이 전국적 차원에서 거세지자 일본군은 선전활동에 박차를 가했다. 방문을 더 넓은 지역에 더 자주 배부했는데, 그 수사에는 설득과 위협의 정도가 모두 거세졌다. 특히 주목할 만한 것은 일본의 지배를 새로운 세계에 대한 원대한 비전에서 비롯한 것으로 묘사한 부분이다. 한 예로 1592년 8월 10일 경상도 비안庇安 주민에게 게시한 방문의 내용은 다음과 같다.

"당도자當途者 일본국 재상이 어명을 받든 것은 세상을 교화하고 백성을 다스리기 위함이다. 군내郡內의 사람이 산중이나 혹은 해외로 피란간 자는 집으로 돌아와 전과 같이 편안히 살라. 일본 사람으로 당인唐人(=조선인)의 처자를 빼앗은 자는 잡아 죽이고 있으니, 농업에 종사하는 자는 부지런히 밭을 갈고 물을 대고 풀을 제거하여 가을 수확을 기다리라. 조선인이 만약 무기를 가지고서 우리 군사의 왕래를 방해한다면 모조리 잡아 죽일 것이다. 만약 도망한 백성이 하소연할 일이 있으면 기록해서 개령開寧 우리 장군의 진으로 아뢰라."[39]

또 다른 사례는 1592년 8월 15일 특별히 전라도 금산의 의병에게 쓴 다음과 같은 내용의 기록이다.

"대일본大日本의 대왕은 정치의 도를 조선에 베풀어 백성을 구휼하려 한다. 무슨 까닭으로 바다와 육지의 길을 막아 도리어 원수를 사는가? 이른바 사마귀가 수레바퀴에 대항하고, 하루살이가 큰 나무를 흔든다는 말이 바로 이것인가. 이로써 깊은 여항閭巷을 찾아 들어가 기병과 보병이 깃발을 드날리고 칼날을 비껴드니, 성문은 소실되고 집집마다 포성이 진동했다. 역당을 모조리 잡아 목을 잘라 죽이려고 했으나 죄과의 많고 적음을 구별하기 어렵고, 또 그 부모처자가 가엾기 때문에 특별히 용서하여 굶주림을 구원해서 생명을 보존하게 했다. 비록 이같이 했으나 싸우려 달려드는 자는 죽일 것이다. 지난번 무관으로 들[野]에 있었던 사람이 전일의 잘못을 뉘우치고 옛집으로 돌아가서 해를 따라 풍속이 변하기를 바란다면 정리하여 편히 살 수 있을 것이다. 일본 황제가 조선 황제와 더불어 반드시 회합을 하게 될 것을 너희는 어찌 알지 못하느냐. 아무쪼록 이 말을 산중의 무관에게 알려 활과 칼을 버리고 와서 항복한다면 무슨 죄를 당하겠느냐. 만약 이 뜻을 위반하는 일이 있으면 거듭 이 땅에 주둔하여 수백 명의 병관兵官을 거느리고 다시 주륙을 가할 것이다."40)

1592년 8월 19일에는 또다시 황해도 화산 주민에게 다음과 같은 자신들의 자비로운 지배에 따른 평화로운 미래를 약속했다.

"일본은 전일의 일본이 아니며 천하가 함께 태평을 누릴 것을 바라고 있다. 요역徭役을 줄여주고 부세를 적게 받을 것이니, 안도하여 예전과 같이 할지어다. 일본 대군이 지나가면 대소인은 모두 환영하여 맞이해줄 것이요, 산중에 들어가 도피하는 자는 참수할 것이다. 스스로 군기軍器를 가지고 와서 모두 관에 바칠 것이며 명령을 어기는 자는 참수할 것이다. 비록 재상宰相 조사朝士로 피란하고 있는 자라도 숨어 있지 말고 와서 (우리를) 만나봐야 한다. 공사노비도 의당 모두 백성이 된다."41)

한 가지 분명한 것은 일본군의 수사가 침략자에서 식민지의 '지배자'로 변했다는 사실이다. 국제적 차원에서 이들의 강조점은 세계를 '문명화'해 평화를 가져다주는 것으로 변했고, 지역적 차원에서는 세금을 줄이고 안전을 보장해주는 것으로 변했다. 하지만 지역민의 공포를 달래기 위한 일본군의 이러한 시도는 조선인이 자신들에게 복종하지 않았을 경우 예외 없이 죽음의 위협으로 이어졌다. 지역민에게 세금을 거둬 병사를 먹이고 중국으로 계속 진군하기 위한 재정을 마련하기를 원하는 정복자의 입장에서, 이들의 수사가 아무리 조선인을 유화적으로 대한다고 해도 서로 적대하는 상황에서 발생하는 관계의 한계를 넘어설 수는 없었다. 이들은 언어 문제를 성공적으로 해결하지도 못했다. 많은 일본군 장수가 언어 장벽에서 발생한 문제를 토로했다. 한 예로 경상도 대관 중 한 명인 모리 테루모토毛利輝元는 일본군이 직면한 최대 문제로 그들이 조선인과 전혀 의사소통이 안 된다는 점을 들었고, 심지어 통역을 둔다 해도 의사소통 문제가 여전히 남는다고 했다.[42] 이러한 상황에서 문자로 의사소통하는 것은 국제 공용어로 최소한 일부 지역민과는 대화할 수 있다는 점에서 조금 나아보였고, 한문으로 쓴 방문을 계속 사용했다.

하지만 일본군이 한자의 사용 그 이상을 시도했을 가능성이 발견된다. 황해도의 의병장 이정암李廷馣(1541~1600)은 그의 『서정일기』에서 자신이 황해도 대관 구로다 나가마사가 보낸, 한자와 이두吏讀를 혼합한 방문을 얻어 본 사실을 언급했다. 이두는 표의문자인 한문을 소리 나는 대로 적어 한국어를 표현하는 글쓰기 방식으로, 조선 관리가 한문을 보완하기 위해 보완적 글쓰기로 사용했다. 이정암은 조선 관청의 관리가 이 방문을 썼을 것으로 추측했다.[43) 하지만 이두는 한문에 능통하지 않은 조선 백성에게 통하지 않았다. 이탁영李擢英(1541~1610)은 『정만록征蠻錄』 8월 17일의 기사에서 다음과 같이 말했다. "고령에 머문 적들은 우리나라의 한 여성을 통해 다음과 같은 편지를 전했다. '어째서 너희는 육로와 수로로 다니는 이들을 살해하는가? 만약 너희가 이를 계속한다면, 우리는 우리의 잘 훈련된 수만의 군대를 보내 너희 나라에 사는 모두를 절멸할 것이다.'"[44) 이 여성은 단순한 전령으로 밝혀졌지만, 이탁영이 이 전달자의 성별을 밝혀 이 여성이 손에 쥔 문서가 곧 한글로 작성한 것임을 말하려 한 것이라고 생각할 수도 있다. 일본에서 문서가 한문과 일본어 모두로 쓰인 것처럼, 일본인이 조선인의 언어 공간에 침입해 들어오는 것이 불가능하지만은 않았다.

서울에서 벌인 대학살

비록 곧바로 큰 실망으로 이어지기는 하지만, 일본군이 그들의 원대한 이상을 실현하기 위해 가장 많은 희망을 쏟은 곳은 수도 서울이었다. 앞에서 이미 일본군이 승리감에 취해 수도에 입성했으며, 주민이 집으로 돌아올 것을 촉구하는 방문을 사대문에 게시했음을 언급했다. 상당수 주민이 집으로 돌아왔을 것이다. 하지만 몇 주 후 일본군은 서울에서 대규모 학살을 자행했다. 이러한 사실에 대해 『난중잡록』 6월 29일 기사는 다음과 같이 전한다.

"서울에 머무르는 대부대의 왜적이 하루는 사람을 죽여서 시위하라는 영을 내리자, 동대문으로부터 남대문에 이르기까지 반식경에 쓰러진 시체가 길에 가득 차고, 왜적에게 항복하고 부동附同한 백성이 채 도망가지 못한지라. 피바다와 살더미의 참상이 이루 말할 수 없었다. 하루가 지나서야 중지시켜 다시 살육을 엄금하고 각 문에다 방을 내걸기를 '남자는 농사에 힘써 자기 생업에 안정하고, 여자는 누에고치 길쌈을 일삼아라' 했다."[45]

이 대혼란을 전술의 일환이라고 기록했다. 이러한 힘의 과시로 정복자들이 의도한 것은 무엇이었을까?

이런 무력의 과시가 일본군이 조선을 일본으로 만들기 위한 계획의 서장이라는 것을 보여주는 기록이 있다. 안코쿠지安國寺의 승려 에케이惠瓊는 7월 16일 히데요시에게 보낸 보고에서 몇몇 사안을 논의하는데, 그 첫 번째는 언어에 관한 것이었다. 의사소통은 문자로 진행하는데, 한자어를 발음하는 방식이나 말의 경우 일본어의 패턴과 완전히 달랐다. 그래서 그는 히데요시의 법을 널리 전파할 수 있도록, 여러 관리가 통역을 고용하여 데리고 다닐 수 있도록 허락을 구했다. 그는 자진해서 이 작업을 맡았고, 그가 서울에서 한 일을 보고했다. "이전에 일본에서 논의한 대로, 저희는 조선인에게 일본어 문자[伊呂波, いろは]를 가르치고, 성인 남성의 머리를 대머리로 만들며, 어린 소년의 머리는 반만 밀어 이들을 피지배 집

단으로 활용했습니다. 일본 아이들과 달리, 이곳 아이들은 글을 쓰고 시를 짓습니다. 우리는 이들에게 명령하여 고려문자高麗文字로 쓴 것을 수집했습니다. 우리는 이 아이들을 5일에서 10일 정도 풀어주어 다양한 장소로 보냈습니다. 지금 저는 아이들을 2~3명 데리고 있는데, 이들은 일본인보다 빠릅니다." [46] 그가 '고려문자'라고 했을 때 이것이 한글을 언급한 것인지 한문을 언급한 것인지는 명확하지 않다. 나는 일본인이 한글로 그들의 명령을 전달했음을 보여주는 어떠한 자료도 찾지 못했지만, 그랬을 가능성을 완전히 배제할 수는 없다. 조선인에게 일본의 언어와 풍습을 강요하는 정책은 장기적 지배를 위한 전체적인 계획의 일부이며, 이러한 작업을 수도 서울에서부터 시작한 것으로 보인다. 일본군이 서울에 주둔한 기간은 채 1년이 안 되기 때문에, 어떤 이들은 이러한 시도를 얼마나 진행했을지 의문을 품을 수도 있다. 어쨌든 수도 서울은 이러한 프로그램을 시행한 첫 번째 장소였을 가능성이 크다.

일본군의 후퇴

서울을 자신들이 살던 도시를 거울에 비춘 것과 같은 모습으로 만들려 한 일본군의 꿈은 핏자국과 함께 무산되었다. 1592년 말엽부터 일본군 점령은 심각한 위협에 직면했다. 그들은 각 도의 많은 핵심지역을 수복한 의병의 게릴라 공격에 고통받았다. 이순신 장군이 주도한, 1592년 여름과 초가을 사이에만 열 차례나 이어진 바다에서의 승리는 일본군의 보급선을 차단했다.[47] 일본군이 조선 정부 곳간에서 취한 곡식은 동이 났고, 조선인 농부들은 점점 더 비협조적이었다. 겨울은 추웠고, 특히 북부 지방은 더 심했다. 고니시 유키나가의 참모이자 예수회 신부인 프로이스 Frois에 따르면, 첫 번째 침입 때 조선에 온 15만 명의 일본군 병사와 인부의 3분의 1이 죽었는데, 이들은 대부분 갈증과 배고픔, 추위와 질병으로 목숨을 잃었다.[48]

1593년 1월 26일, 조선이 고대하던 4만 3,000명의 명군이 최고 사령관 이여송의 지휘 아래 도착했다.[49] 2월 8일에 조·명 연합군은 평양을 재탈환했다. 특히 대포와 같은 강력한 화력으로 잘 무장한 명군은 지친 일본군을 손쉽게 패퇴시켰다. 이 전투에서 일본군은 막대한 사상자를 냈다. 1,300에서 1,700명이 살해당했고, 또 다른 500여 명은 불길 속에서 죽어갔으며, 6,000명 이상이 대동강에 수장되었다. 이 전투에서 송응창宋應昌 (1530~1606)은 명군이 오직 796명 전사했다고 주장했다.[50] 이어진 연합군의 추격과 함께 일본군은 큰 혼란 속에서 남쪽으로 후퇴하기 시작했다. 연합군은 연달아 평안도와 황해도, 강원도를 수복했고, 2월 19일에는 개성을 탈환했다.

일본군은 남쪽으로 진군하면서 비참하지만 잔인했다. 특히 기요마사는 지나가며 파괴할 수 있는 것은 모두 파괴하면서 분노를 표출한 것 같다. 『난중잡록』은 기요마사가 함경도부터 퇴각로에서 자행한 파괴를 두고 "가는 곳마다 적지赤地가 되고 산천도 다 변했다"고 묘사했다. 『난중잡록』의 저자는 이어서 기요마사가 일본군 중 가장 잔혹하다고 했으며, 전후로 그의 파괴와 살육, 약탈은 다른 적에게 견줄 바가 아니라고 했다.[51]

수도를 재탈환하는 것은 생각보다 복잡했다. 자만한 이여송은 벽제관碧蹄館 전투에서 패배하는데, 여기서 그는 간신히 탈출했다. 그는 평양으로 돌아왔고, 싸우기를 거부했다.[52] 이를 만회하기라도 하듯이, 결의에 찬 조선인은 행주幸州에서 권율權慄 장군 지휘 아래 2,500명의 군대가 주민의 협조를 얻어 유명한 일본군 장수인 고니시 유키나가와 구로다 나가마사, 고바야카와 다카카게小早川隆景, 우키타 히데이에宇喜多秀家 등이 이끄는 3만여 일본군에 대승을 거두었다.[53] 벽제관에서 패배한 이후 승리는 이 지역 여성들이 앞치마에 돌을 모으는 '행주치마'의 전설을 만들어내며 양군의 교착상태를 알렸다. 조선의 반대와 달리, 명군과 일본군은 전투를 멈추고 강화 협상을 시작했다. 일본군은 서울을 떠나 더 남쪽으로 후퇴하기 시작했다.

일본군은 또다시 수도 서울을 실망감과 분노를 쏟아 붓는 장소로 만들었다. 1593년 5월 18일 일본군이 퇴각할 때, 그들은 조선인을 대량으로 학살하고 도시를 완전히 파괴했다. 많은 자료가 일본군이 도시를 떠날 때의 잔혹한 만행을 전한다. 아키타네는『고려일기』에서 이 아수라장을 다음과 같이 묘사했다. "일본군은 수도에서 발견한 모든 도시 주민을 죽였고, 요새 밖에 있는 모든 집을 불태웠다."[54] 『난중잡록』은 단지 "적들은 비밀리에 모든 주민을 죽일 것을 지시했으며, 그 결과 달아나지 못한 모든 이들이 죽임을 당했다"[55]고 간단히 적었다. 『선조수정실록』은 더 자세한 묘사를 제공한다. "왜적이 경성 백성을 대량 학살했다. 행장行長 등이 평양의 패전을 분하게 여긴 데다 우리나라 사람이 밖에 있는 명나라 군사와 몰래 통할 것을 의심하여 도성 안의 백성을 모조리 죽였다. 오직 여인들만이 죽음을 면했으므로 남자들 중에는 혹 여자 옷으로 변장하고 죽음을 면한 자도 있었다. 관청의 건물이나 개인의 가옥도 거의 불태워버렸다."[56]

이여송과 송응창이 서울에 입성했을 때, 그들은 자신들을 맞이한 풍경에 아연했다. 거리는 죽은 사람과 말로 가득 찼고, 살아남은 이들은 너무 굶주리고 야위어서 마치 귀신같아 보였다. 이들은 바로 그날 저녁 시체를 모두 소각토록 지시했다.[57] 이 학살 사건의 주범인 유키나가가 강화 협상의 가장 강력한 옹호자였다는 사실은 특기할 만하다. 그가 수도를 파괴한 것은 명과의 평화 협상에서 유리한 고지를 차지하기 위함이었을까? 이를 명확히 알 수는 없다. 분명한 점은, 서울을 일본어를 하고 일본인의 머리 모양을 한 사람이 사는 도시로 만들고자 한 그가 이곳을 떠났다는 사실이다. 일본군이 서울에서 보인 극심한 잔혹함은 유키나가의 실망감과 관련이 있는지 모른다.

조선 조정은 1953년 10월 24일 수도로 돌아왔고, 선조가 가장 먼저 내린 명령의 하나는 서울에서 일본어를 하는 주민을 없애는 것이었다. 수도 복귀 후 하루 만에 왕은 다음과 같이 전교했다. "도성의 백성이 오래 왜적에게 함몰되어 있었으므로 왜어倭語에 물들었을 수도 있을 것이다. 각별히 방문을 내걸어 엄하게 금지하되 혹시라도 왜어를 하는 자가 있으면 각기 동리 안에서 엄하게 규제하여 원수인 오랑캐의 말이 항간에 섞이지 않게 하라."[58] 일본어를 없애는 것이 조선인의 정체성을 되찾는 첫걸음이었다.

4 언어 전략 :

일상어[1]를 통한 민족적 공간의 출현

한반도에 명군이 파병되어 작전을 수행하면서 왜군의 침략으로 시작된 말의 전쟁은 더 복잡해졌다. 동맹인 명은 조선과 더 복잡한 의사소통 관계를 맺었다. 양국 간에 문서를 통한 광범위한 소통을 하는 연락 거점이 많았는데, 이러한 접점은 1593년 1월 말 명군의 도착과 함께 변화했다.

명군이 도착하기 전, 명과 조선 간의 소통은 여전히 조공 관계에 대한 의례적 수사학에 기반했다. 이는 명군이 도착하면서 조선과 협상하는 과정에서 교환한 수많은 서신과 연락에서 드러난다. 긴장이 감돌기는 했지만, 양측의 공동 관심사대로 협상을 진행했다. 그렇지만 명군이 도착한 후 조공국으로서 명과 평등하지 못한 관계에 있는 조선은 군사적 지원을 받으면서 더욱 불평등한 위치로 전락했다. 조선은 전쟁과 관련한 모든 문제에서 명에 종속당했다. 더욱이 서로에 대한 소문이나 불신, 내부 알력, 별개의 민족적 이익 추구 그리고 무엇보다도 전쟁과 평화에 대한 상이한 상황 등 다양한 요소가 명과 조선에 서로 다른 영향을 미쳤다.

조선인은 명에 의지해야 하는 상황이 매우 혼란스러웠다. 우선 그들은 명군이 국토에 주둔한다는, 거의 천 년 동안 겪어보지 못한 상황을 우려했다. 668년 고구려를 정복하기 위해 신라와 당唐이 연합하지만 당은 한반도에 머무르려고 했다. 676년 신라는 당군을 한반도에서 축출하려고 전쟁을 벌였다.[2] 비록 처음에 명군은 조선이 일본과 대중국 군사작전을 공모했을 것이라는 의혹을 품지만 그들은 즉시 그런 생각을 바로잡았다. 그렇지만 명은 동시에 닝샤寧夏에서 반란을 일으킨 몽골에 대한 대규모 군사작전을 추진했다.[3] 첫 번째 단계로 7월 말 조승훈祖承訓(1570~1600)이 이끄는 요동군 3,000명을 무기와 2만 냥의 은과 함께 조선에 파견했다.[4] 조선군은 평양성 공격에서 요동군과 합세했으나 연합군은 고니시 유키나가에게 패했다. 조승훈과 조선은 패배 원인을 서로에게 미루며 비난했다.[5] 조선 조정은 자신을 방어하기 위해 요동군 사령관에게 일군의 사신단을 파견했다. 상황은 조선 조정에 특히 실망스러운 방향으로 바뀌었다. 평양 탈환의 전망은 더욱 멀어지고, 이 불운한 첫 시도가 명 조정의 참전 여부 결정에 불리한 영향을 미칠까 우려했다.[6] 하지만 조승훈의 패배는 명 조정을 일깨우는 계기가 된 것으로 보인다. 그들은 일본을 중국의 국가 안보에 대한 실질적 위협으로 보았다. 만력제는 대규모 파병을 결정했다. 그는 송응창을 지젠集鎭, 바오딩保定, 요동의 경략비왜군무經略備倭軍務로 지명하고, 전쟁을 위한 전면적인 준비를 명했다.[7]

명의 칙서

만력제는 1592년 10월 6일 조선 조정에 칙사 설번薛藩을 파견했고, 설번은 대규모 원병을 약속하는 칙서를 가지고 도착했다.

　황제는 조선 국왕에게 칙유勅諭하노라. 그대의 나라는 대대로 동번東藩을 지켜오면서 본디 공순함을 다했고 예의와 문물이 성대하여 본디 약사樂土로 일컬어져 왔다. 요사이 듣건대 왜노가 창궐하여 마구 침구해와 왕성王城을 공격 함락시키고 평양을 침략하여 점거함에 따라 생민이 도탄에 허덕이고 원근遠近이 소란스러우며 국왕은 서쪽 해변으로 피란하여 초야에 파천해 있다고 했다. 이토록 국토를 잃고 혼란에 빠졌을 것을 생각하니 짐의 마음도 처연하기 그지없다. 어제 급한 소식을 전해 듣고 이미 변방의 신료에게 군사를 동원하여 구원하라는 칙서를 내렸다.

　지금 특별히 행인사행인行人司行人 설번을 보내어 국왕에게 이르노라. 그대는 마땅히 조종祖宗이 대대로 전해준 기업基業임을 생각해야 할 것인바 어찌 차마 하루아침에 가벼이 버릴 수 있단 말인가. 급히 치욕을 씻고 흉적을 제거하여 힘써 광복을 도모해야 할 것이다. 다시 그대 나라의 문무신민文武臣民들에게 전유傳諭하노니, 각기 군주의 원수를 갚으려는 마음을 굳게 가지고 복수의 의리를 크게 분발하도록 하라.

　짐이 이제 문무대신 두 사람을 오로지 그 일 때문으로 파견하여 요양遼陽 각진各鎭의 정병精兵 10만을 통솔하고 가서 흉적의 토벌을 돕도록 했으니, 그대 나라의 병마와 앞뒤에서 협공하여 기어코 흉포 잔악한 무리를 무찔러 없애어 하나도 살아남는 자가 없게 하도록 힘쓸지어다. 짐이 하늘의 명명明命을 주재하여 중화中華[8]와 이적夷狄의 군주로 있는바, 지금 만국이 모두 편안하고 사해가 안정되어 있는 터에 저 미련한 소추小醜들이 감히 횡행하고 있다. 다시 동남 해변海邊의 제진諸鎭에 칙서를 내리고 아울러 유구琉球·섬라暹羅 등 나라에 선유宣諭하여 군사 수십만을 모집, 함께 일본을 정벌하여 곧바로 본거지로 쳐들어가서 적괴賊魁의 머리를 벰으로써 풍파가 가라앉도록 힘쓰겠노라. 작상爵賞의 성전盛典을 짐이 어찌 아끼겠는가.

선세先世의 나라를 회복하는 것은 대효大孝요, 군부君父의 환란에 급히 달려가 구원하는 것은 지충至忠이다. 그대 나라의 군신은 본디 예의를 아는 사람들이니 반드시 짐의 마음을 우러러 체받아 옛 강토를 회복하고 국왕을 환도시킬 것은 물론, 이어 종묘사직을 보전하여 길이 변병藩屛을 지켜간다면 짐이 원방遠方을 구휼하고 소국小國을 아끼는 뜻에 위안이 될 것이다.[9]

『선조실록』은 칙서 전달 장면을 감동적으로 묘사했다. 이를 듣고 그 자리에 있던 모든 신료가 함께 울음을 토해냈다. 황제의 칙사 또한 감동했다.[10] 확실히 그 소식은 선조와 신료들에게 위안이 되었다.

조선 조정은 일본이 한문을 쓰는 조선의 소통 공간에 침입하려고 할 때 통제할 수 없었지만, 반면 명의 칙서는 조선의 백성에게 널리 전할 수 있었다. 설번은 황제의 칙서를 온 나라에 신속히 전파할 것을 촉구했다.[11] 선조는 설득이 필요치 않았다. 그가 군부君父라는 관계의 수호자로서 만력제의 천하질서에 순응한 것은 아닐 것이다. 중요한 것은 만력제가 대군을 약속한 것이었다. 그는 만력제의 전언이 조선을 안심시킬 뿐만 아니라 땅에 떨어진 왕실의 권위도 지탱해준다고 느꼈다. 10월 8일, 선조는 만력제의 칙서를 온 나라에 배포하라고 명했다. 흥미로운 점은 그가 이 칙서를 한글로도 번역하여 함경도 전역에 배포하라고 지시한 것이다.[12] 내가 아는 한, 이것은 왕의 지원하에 한글로 번역한 유일한 타국 서신이었다. 선조는 칙서가 더 널리 퍼질수록 자신의 위상이 강화될 것이라 믿었음에 틀림없다. 나는 뒤에서 공문서를 한글로 배포하는 일에 대해 논할 것이다. 설번은 또한 조선에서 알아낸 것들을 북경의 병부로 보냈다. 만력제의 칙령은 천자의 충직한 조공국 국왕과 백성에 대해 선의와 연민의 표현을 사용하고, 명군을 파견하여 사해四海의 모든 것을 평안하게 하는 것이 천자의 의무라고 약속했다. 설번은 명의 국가적 안보를 논리로 군대의 신속한 파견을 촉구하는 차자馳咨를 작성했다.

　　돌아보건대 안타깝게 여겨야 할 상황은 조선에 문제가 있지 않고 우리나라의 강역에 있다는 점이며 어리석은 제가 깊이 염려하는 바는 강역에만 그치지 않고 내지內地까지 진동할까 하는 점입니다. 그러니 군사를 징발하는 것을 한순간인들 늦출 수 있겠습니까. 대저 요진遼鎭은 경사京師의 팔과 같으며 조선은 요진의 울타리와 같습니다. 그리고 영평永平은 기보畿輔의 중요한 지역이며 천진天津은 또 경사의 문정門庭입니다. 200년 동안 복건성福建省과 저장성浙江省이 항상 왜적의 화를 당하면서도 요양과 천진에까지 이르지 않았던 것은 어찌 조선이 울타리처럼 막아주었기 때문이 아니겠습니까. (…)
　　빨리 정벌하면 우리가 조선의 힘을 빌릴 수 있지만 늦게 정벌하면 왜노가 조선 사람을 거느려 우리를 대적할 것이기 때문에 직은 군사를 동원하여 정

벌하는 일을 한시라도 늦출 수 없다고 생각합니다. (…) 간절히 바라건대 성명
聖明께서는 예단睿斷을 내리시어 해부該部에 조칙을 내려 병마를 어서 떠나
도록 재촉하신다면 강역과 종묘사직에 매우 다행이겠습니다.[13]

파견 기간에 설번은 명의 군대가 한 달 안에 올 것이라고 말했다.[14] 조
승훈이 패한 직후 명은 장수와 병사를 모집하고, 은 20만 냥을 예산으로
책정하여 크고 작은 수레와 포, 활과 화살, 탄환과 수많은 무기와 보급품
을 포함한 병장기와 군수품 생산에 박차를 가하며 진지하게 군대 파병을
준비했다.[15] 그러나 원정군의 주력을 구성하는 데는 시간이 걸렸다. 그러
는 동안 가토 기요사마는 만주를 침략하기 시작했다.

기다림

일본군이 더 진격하지 못하도록 막기 위하여 명은 양방향의 전략을 채
택했다. 전쟁을 준비하는 동시에 강화 협상에 착수한 것이다. 병부상서
석성石星(1538~1597)은 심유경沈惟敬(?~1597)을 사신으로 보내 그가 일본 사
령관 고니시 유키나가와 강화 협상을 하도록 했다. 심유경과 유키나가는
모두 전쟁보다 강화를 선호했으며, 그들은 자신들이 바라는 결과를 위해
기꺼이 상대의 기만에 동참할 의사가 있어 보였다. 첫 회담에서 심유경과
유키나가는 50일간의 휴전에 동의했다.

조선 조정에서는 전개되는 상황을 깊이 우려했다. 날씨가 추워졌으나 명군은 여전히 오지 않았다. 12월 18일 송응창은 조선 국왕에게 그가 간절히 기다리는 명군 대신 명의 파병 약속을 상기시키는 자문을 보냈다. 자문에 파병 일정에 대한 언급은 없었다. 단지 "피비린내를 깨끗이 없애어 함께 위대한 공적을 이루고 폐하의 신령神靈을 드러내고 기자箕子[16]의 옛 땅을 보전하기 바랍니다"와 같은 수사를 쓰며, 명군이 도착했을 때 합세할 조선군 모집을 장려했다. 이에 대한 신료들의 반응은 제각각이었다.[17] 사헌부는 왕에게 "진실한 의도를 파악할 수 없는" 명군을 할 수 없이, 하릴없는 기다리는 것이 비현실적이라 지적하며, 일본군이 추위에 취약하니 겨울은 전투를 벌이기에 최적의 시기이며, 이를 허비하지 말고 차라리 조선군이 자체적으로 공격해야 한다고 주장했다.[18]

예조판서 윤근수尹根壽(1537~1616)는 송응창에게 또 다른 서한을 보내 얼음이 이미 단단해졌으니 지체 없이 적을 공격하는 것이 급하다고 역설했다. 이 서신에서 주목할 점은 이전의 글들이 주로 조선의 위태로움을 강조하던 것과 달리 조선의 멸망으로 명에 가해질 잠재적 위협을 압박하는 쪽으로 논조를 바꾼 것이다.

윤근수는 조선이 침략을 받은 이유가 일본이 명 침략에 가세하라고 요구한 것을 거절했기 때문임을 지적하고, 적의 진짜 의도는 요동 공격이라고 밝혔다. 이 서한에서는 명이 쓸데없는 강화 협상으로 전쟁 계획을 방해한 것을 책망하였다. 윤근수가 말하길 "만약 천병이 와서 구원하려면 모름지기 왜적이 움직이기 전과 아군이 궤멸되기 전에 협력하여 진격해야만 공을 세울 수가 있습니다. 만약 조금만 늦어서 적군이 먼저 공격하면 성루를 대하는 군사가 궤멸되어 그 형세를 막지 못할 것입니다. 소국이 망하고 상국이 홀로 적을 상대하려면 나중에는 오늘날보다 반드시 백배나 더 힘을 써야 할 것입니다. 전후로 애절히 간청한 것은 조선만을 위해서가 아니요, 실로 천조를 위한 계책입니다."[19] 선조는 자신이 요동에 가서 송응창을 직접 만나 원군 파견을 요청할 것이라 선언했다. 이 일은 일어나지 않았고, 그 대신 중신重臣을 보냈다.[20]

12월 말 있던 일본과 명의 두 번째 협상에서, 각 진영은 상대의 조건을 받아들일 수 없었다. 일본에서 제시한 조건 중 하나가 대동강 동쪽(평양 남쪽 영토)을 일본이 점령하고, 북쪽지역(평양부터 시작하여)을 명이 획득하는 조선 영토의 분할이었다.[21] 유키나가는 강화 협상을 위해 조선 조정에도 접근했으나 진지한 논의를 시작할 기반조차 찾을 수 없었다.[22] 일본의 영토 분할 제안에 경악한 조선 조정은 명 조정에 그 문제에 대해 태도를 명확히 해달라고 요청했다. 1593년 1월 19일 송응창은 선조를 안심시키는 답신을 보냈다.

조선이 우리 중국의 동해東海 외번外藩이 되어 대대로 충정忠貞을 돈독히 하고 조공朝貢을 정성껏 했는데 하루아침에 왜적의 침입을 받아 함락되어 봉강封彊을 지키지 못하게 되자 여러 차례 배신陪臣을 보내 구원을 청했습니다. 성천자聖天子께서 왕국國王의 곤란을 생각하시고 본부本部에 명하여 군사를 거느리고 진격하여 소탕하게 하셨습니다. 현재 대병大兵이 강을 건너 평양과 왕경王京 등지를 공격하여 빼앗고자 하는데 다만 왜노倭奴들이 교활하여 이 간질을 하려고 합니다. 이를테면 유격遊擊 심유경沈惟敬이 전에 왜의 진영에 갔을 때 그들은 '평양을 중국에 주지 조선에 주지 않는다'는 등의 말로 큰소리 쳤습니다. 대체로 평양은 본디 조선의 토지인데, 중국이 바야흐로 구원하면 서 어찌 다른 나라의 위급함을 틈타 남의 땅을 빼앗겠습니까. 결코 그런 이치 는 없습니다. 참으로 국왕이 유리파천流離播遷하는 때를 당하여 이간질하는 사실 아닌 말을 듣고 의혹이 생길까 싶어 이 자문을 보내 알리는 것입니다.

국왕은 안심하고 나라를 다스리고, 추량芻糧을 많이 쌓아두고 병장兵將을 모아 중국 군사를 도와 본국을 회복하십시오. 만일 평양 등지를 빼앗으면 즉 시 본국의 군사를 내어 방수防守하되, 혹시 군사가 미약하여 지키기가 어려 워서 자문咨文을 보내 중국의 병마를 청하시면 잠시 협조해드리고, 일이 평 정된 뒤에는 본부는 즉시 철수할 것입니다. 대개 중국은 바야흐로 멸망한 나 라를 일으키고 끊긴 사직을 이어주는 은혜를 보이고, 본부에서는 인仁을 보 존하고 의를 바로잡는 거사를 힘써 행할 것이니 왕은 안심하고 유언流言에 의혹되지 마십시오.[23]

여기에 송응창의 수사적 태도에 변화가 있었다. 그는 여전히 황제의 자비심이라는 레토릭을 고수했으나, 다른 한편 조선 영토에 대한 명의 야 망을 부인하고, 명의 변방이기 때문에 조선은 명의 국가적 안보의 근심이 라는 논리에서 조선을 구원한다는 바람, 그리고 명의 충실한 조공국의 지 위가 기본적으로 중요하다는 내용을 담았다. 다시 말하면, 그는 명의 이

익추구를 내심 인정하고, 조공 관계의 기본적인 전제로 상호 이익을 명확히 했다.

명 다루기의 복잡성

명군이 도착하면서 소통 관계는 더 복잡해졌다. 북경에 있는 만력제, 병부상서 석성 그리고 대부분 요동에 주둔한 송응창 등의 기존 연락 거점들에 더하여 총사령관 이여송, 조선에 주둔한 장수들과 관료로 이루어진 현지의 명 부대가 주요 소통망에 추가되었다. 한문으로 쓰인 명의 공식 성명 일부가 조선인 모두를 대상으로 한 것이 사실이지만, 일본군의 방문과 달리 이러한 방문들은 조선 백성만을 위해 쓰였거나 백성에게만 전달되는 것이 아니어서 조선 정부가 중재자로서 역할을 수행했다. 결국 조선 조정은 중국과 한반도에서 명 조정을 대할 때 주의를 기울여야 했다.

명군이 일본을 축출하려는 조선을 지원하기 위한 연합군으로 온 것이 그들의 문화적 차이를 없애지는 못했다. 이는 양진영 모두에게 어려운 상황이었고, 선조와 그의 신료들이 특별히 노력한 것으로 보였다. 좀 떨어져 있던 양국 사이의 교류를 특징지은 의례적 예의는 그날그날의 논쟁과 갈등으로 대체되었다. 강국이 약소국을 원조할 때 으레 그렇듯, 명나라 사람들은 특권을 행사했다. 이런 특권 행사는 때때로 조선 측의 부주의로 발생했다. 1월 27일 제독[24] 이여송이 도착해 선조를 만났을 때, 그는 예의 있게 행동한 것처럼 보였다. 조선의 왕은 감사를 표했고, 명의 장군은 마지막 왜군을 부산에서부터 몰아낼 때까지 최선을 다할 것이며, 흉적에게 쾌승할 것을 맹세했다.[25]

그렇지만 바로 다음 날부터 문제가 생겼다. 병사를 위한 식량 보급과 말을 위한 마초 공급이 불충분한 것에 격분한 이여송은 조선의 담당 관료를 구타하기 직전까지 갔다. 선조는 승지를 보내 우려를 표명하며 책임자를 문책하고, 실수 없이 군량이 공급될 수 있도록 하교했다.[26] 부대에 식량을 보급하기 위해서는 복잡한 실무가 필요했고, 이 문제는 조선 조정의 주요 고민으로 남았다. 명군에 물자를 공급하는 비용은 명에서 부담했으나 그것을 수송하고 수시로 곡물을 확보하는 무척 어려운 과제는 조선인에게 있었다.[27] 우리는 일본군의 후퇴 원인 중 하나가 식량 공급선 붕괴라는 것을 보았다.

이여송의 고압적 태도에 대한 수많은 일화가 있다. 그는 조선 국왕의 말을 포함하여 자기 마음에 드는 무엇이든 요구했다.[28] 그는 조선 정승들을 비난하기도 했다. 예를 들어, 연합군이 평양을 재탈환한 며칠 뒤인 1593년 2월 8일 이여송은 조선인에게 다음과 같은 제목의 공식 서한을 보냈다.

조선 조정 앞: 조선의 신료와 백성들에게 보내는 패문牌文

삼가 황명을 받들어 그대의 소방小邦이 왜적에게 함락당하여 군신君臣이 파천하고 인민이 피란하는 것을 염려해서 특별히 대장大將에게 명하여 각진

各鎭의 관병官兵을 거느리고 멀리 바다와 산을 넘어 위태로움을 구제하려고 했다. 그런데 12월 25일 강을 건넌 이후로 조선국의 수신首臣인 유성룡·윤두수 등을 자세히 살펴보니, 와신상담하여 왜적을 섬멸해 수치를 씻을 생각은 않고 사가私家에서 편히 지내며 마음대로 술을 마시고 스스로 즐긴다. 이것은 명나라 조정을 업신여기는 것일 뿐만 아니라 또한 스스로 국왕을 속이는 것이니 심히 패란悖亂하고 명교名教를 모멸함이 심하다. 그리고 관병은 들에 주둔하여 한데서 잠을 자며 신명身命을 버려 평양을 탈환할 수 있었으니, 그대들은 나라가 없는 데서 나라를 가졌으며 집안이 없는 데서 집안을 가졌다고 할 수 있다. 만약 죄구罪咎와 과실過失로써 책망한다면 식량이 떨어지고 말먹이가 없는데도 앉아서 관망만 하며 군기軍機를 소홀히 하여 그르쳤으니, 당저當宁²⁹⁾에게 알린 뒤 군사를 인솔하여 요동으로 돌아가 그대들이 망하도록 내버려두어 나라 있는 자가 다시 나라를 잃게 하고 집안을 가진 자가 집 없는 슬픔을 당하게 하는 것이 마땅하다. 그렇지만 본부本府는 충성과 정절을 타고나서 성심으로 군주를 위하기에 조그만 잘못을 개의치 않고 조정 기강紀綱의 대체大體를 견지하여 군사들을 평양에 주둔시켜 백성들을 편안하게 위무하고 계책을 짜내며 시기를 따라 진격하고 기미를 헤아려 승리하여 그대들의 가국家國을 안정시켜 일이 안정되고 백성이 편안하게 된 뒤에 곧바로 칙지勅旨를 받아 복명復命하려 한다. 그러니 조선국의 대소신료大小臣僚들은 수신首臣에게 전달하여 알려서 빨리 본부에 나와 진격하여 섬멸하는 기의機宜에 명을 따르고 식량과 말먹이를 헤아려서 처리하도록 하라. 만약 다시 태만하게 하면 탄핵하여 정법正法을 행하고 무거운 쪽으로 징계를 보일 것이며

결단코 그대로 두지는 않을 것이다.[30]

이여송은 윤두수와 유성룡에 대한 경고로 글을 끝맺는다. "만약 다시 태만하다면 탄핵하여 정법正法을 행하고 무거운 쪽으로 징계를 보일 것이며 결단코 그대로 두지는 않을 것이다." 이에 윤두수는 직접 사과하러 가야 했다.[31] 이여송이 비판하는 근거를 판단하기는 어렵다. 이여송은 본국의 관료에게도 거만한 태도로 유명했고, 때로는 그들의 뺨을 때리기도 했다.[32] 문화적 차이는 그의 분노를 부추겼다. 이여송의 서한이 조선인 사이에 얼마나 널리 퍼졌는지 알아내는 것도 쉽지 않다. 그 서간은 『쇄미록』[33]을 포함하여 여항의 학자들이 편집한 다수의 문집에도 수록되는데 그것은 그 편지가 쓰인 즉시 회람되지는 않았더라도 관료와 선비들 사이에서 알려진 것으로 여겨졌다.

이여송의 태도를 거만하다고 한다면, 그 휘하 일부 장수들은 더 무례했던 것으로 보인다. 『선조실록』 2월 28일 초입에는 도원수 김명원金命元의 장계가 있는데, 이여송이 휘하 장수들에게 조선인에게 음식과 술을 요구하지 못하도록 경고했으며, '조선은 예의禮義의 나라'라고 지적하고, 또한 조승훈이 한 고을의 수령에게 즉시 술을 바치지 않았다며 매질한 것을 질책하고, "어찌 장관의 도리인가?"라고 말했다고 나와 있다.[34] 그렇지만 명군은 조선인을 약탈하는 것도 금지하지는 않았다.[35]

조선 조정의 또 다른 어려움은 서로 다투는 여러 부대 사이를 조율하는 일이었다. 명군은 가령 주전主戰과 주화主和, 지역적 경계로는 남부와 북부군 등의 차이에 따라 복잡하게 나뉘었다. 예를 들면 이여송과 송응창은 지독한 경쟁자였다. 모두 조선인에게 그들의 견해를 지지하라는 뜻을 강요했고, 조선인은 어느 쪽도 외면할 수 있는 처지가 아니었다. 일례로 조선 조정은 1593년 2월 8일 평양 탈환의 공을 평가하는 명의 분쟁에 끌려 들어갔다. 3일간의 격렬한 전투 끝에 얻은 이 승리는 조선인에게는 나라를 되찾는 희망을 얻은 계기였지만, 명 장수들과 병사들 사이에서는 격렬한 경쟁의 장이었다.[36] 첫 번째 사건은 이여송의 전공에 관한 것이었다. 여러 관료가 만력제에게 이여송이 벤 머리의 적어도 절반은 조선인이며, 전투 중에 화재나 익사로 죽은 1만 명은 왜군이 아니라 조선 백성이라고 상소했다. 명 조정에서는 평양으로 어사를 파견했고, 조선 조정은 따로 보고서를 작성하도록 했다. 이여송에게 신세를 진 조선은 그를 변호해야 했다.[37] 두 번째 사건은 전투에서 다른 부대가 세운 공을 평가하는 이여송의 주본奏本과 연관되었다. 그는 북군의 공이 더 크다고 봤고, 조선 조정도 그에 동의하기를 원했다. 조선인은 남군이 전술과 용맹 모두에서 더 나았다고 본 것 같지만[38] 그 임무를 맡은 이호민李好閔(1553~1634)은 북군과 남군의 공을 인정했다.[39] 이는 자신에 대한 지지만 요구하는 여러 이익 집단 사이에서 조선이 걸어야 했던 미묘한 줄타기의 두 가지 예에 불과하다.

조선이 직면한 최대 도전은 전쟁과 평화에 대해 명과 견해가 너무 다른 것이었다. 우선 조선인은 미래의 침략을 막기 위한 군사적 수단으로 침략자를 몰아내고자 하는 자신과 달리 이여송을 시작으로 명의 장수들이 전투에 열정적이지 않다고 의심했다. 그들의 견해 차이는 평양 전투를 치르면서 이미 드러났다. 이여송은 퇴각하는 적을 추격하는 데 조선인이 그런 것보다 열정이 상당히 부족했다. 그는 실제 맞대결에서 사상자가 더 많이 발생할 것을 우려해 유키나가 부대가 탈출하도록 놔주었다.[40] 조선인은 왜군의 조총이 근거리 전투에서 부정확하고 비효율적이기 때문에 가장 효과적 전략인 근접전에 명군이 의지가 없음을 비난했다.[41]

이여송이 서울에서 그리 멀지 않은 벽제관 전투에서 패하면서 둘의 견해 차이는 좁힐 수 없어졌다. 통설은 이여송이 평양과 개성에서의 최근 승리 후 지나치게 자만하고 미숙한 작전과 너무 적은 병력으로 접근했다고 보는 것 같다. 어쨌든 전투는 연합군에게 재앙이었고 이여송은 거의 목숨만 건졌다. 그는 평양으로 퇴각하여 전투 재개를 꺼렸다. 현대 학자들은 벽제관 전투의 패배가 명의 전쟁에 대한 태도의 전환점이라고 본다. 요시 코노Yoshi Kuno는 이여송이 "모든 희망을 잃었고 더 이상 군인 정신이나 에너지가 없었다. 그는 중국의 명군이 일본군의 기세나 전투력에 대항할 수 없다는 것을 깨달았고, 명이 더는 일본과 싸울 수 없다는 것을 납득했다"고 주장했다.[42] 중국 측 사료에도 패배는 명군을 붕괴시키고 일본과의 진지한 강화 협상으로 이끌었다고 되어 있다.[43] 이런 전투에 미온적인 분위기를 이용하여 주화파는 강화 협상을 통해 갈등을 푸는 것이 조선 북부지역의 반을 수복하는 데 더 유익할 것이라 판단하고, 신속하게 그들의 계획을 추진했다.

명은 조선 측이 참여하지 않는 일본과의 강화 협상에 적극 임했다. 전쟁과 평화에 대한 완전히 다른 정치가 펼쳐졌다. 명의 강화 정책은 북경에 있는 병부상서 석성, 요동의 송응창 그리고 현지의 협상가 심유경이 주도했다. 일본에서는 유키나가가 주화파를 이끌었다. 양국의 통치자 역시 그것을 선호했다. 참가자들은 강화에 대해 각기 서로 다른 자신만의 미래상을 그린 것으로 보인다. 이 차이점이 명확해질 무렵, 강화 협상은 1597년 일본이 조선을 두 번째로 침략하면서 종료되었다.

강화 협상 기간은 그 자체로 조선에게 고역이었다. 명과 일본은 그들만의 개별 이익을 추구했다. 조선 정부는 결국 백성에게 의존해야 한다고 생각했다. 과거 어느 때보다 그들의 지지가 필요했다. 조선 조정의 언어 정책은 적, 그리고 동맹군이라는 타국으로부터 조선 정부가 느낀 절박한 소외감의 산물이고, 정부가 조선인 사이의 일체감을 창출하고 통합하기 위한 구상이었다.

조선의 민족적 일상어 공간의 출현

조선 정부는 전쟁 발발 직후부터 백성의 지지를 끌어낼 필요를 강하게 느꼈다. 왕실은 북쪽으로 몽진하는 동안 민중의 분노를 생생하게 경험했다. 조정의 피란에 대한 악몽 같은 일화들이 이를 잘 말해준다. 서울을 둘러싼 방어 거점이 급속히 붕괴되면서 왕실은 북쪽의 피란처를 찾아 파천을 논의했다. 하지만 조선 왕조 200년간 전례가 없었기 때문에 몽진을 고려하는 것은 너무도 끔찍했다.[44] 수도의 마지막 방어처가 무너졌다는 재앙 같은 충주 패배 소식이 도착한 최후의 순간에야 어가가 출발했다.[45] 서둘러서 최소한의 준비만으로 떠난 조정은 초라해 보였을 것이다. 호우와 칠흑 같은 어둠 속에서 임진강을 건널 때, 왕을 포함한 모든 호종인은 비에 흠뻑 젖고 굶주렸다.[46] 6월 9일 서울을 떠난 일행은 6월 13일 평양에 도착했다. 그다음 날 어선御膳을 적절히 하라는 전교가 내려졌다.[47]

군주제에서 왕실의 파천 소식은 항상 끔찍하며, 피란하는 군주의 모습은 충격과 공포를 유발한다. 잘 알려진 왕실의 피란 예시가 있다. 태킷Timothy Tackett은 피란 중에 자신들 틈에 섞인 루이 16세Louis XVI(재위 1774~1792)를 발견했을 때, 프랑스 향촌 거주자의 충격과 혼란을 묘사했다.[48] 프랑스 왕의 경우, 위험에 처한 것은 앙시앵 레짐ancien régime 때문이었다. 선조의 경우, 그것은 나라 전체와 온 백성이 위험에 처했음을 의미했다.

백성은 그들을 보호하지 못한 정부에 당황하고 화가 났지만 충분히 이해할 수 있었다. 그들을 무엇보다 화나게 한 것은 정부가 취한 거짓된 태도였다. 주민에게 왕실은 그곳에 머물 것이라고 발표한 후 위험이 닥쳐오자 은밀히 그곳을 떠났다. 이 전술이 채택된 이유 중 하나는 왕의 생포 위험을 최소화하면서 백성의 피란과 군대의 사기 저하를 막기 위해서였다. 그렇지만 민중은 당연하게도, 왕실의 피란을 침략자에게 잡히게 버려진 백성의 삶은 아랑곳하지 않는 궁극의 배신으로 간주했다. 우리는 이미 서울에서 성난 주민과 사나운 폭도가 궁에 난입하여 여러 전각에 불 지른 것

을 확인한 바 있다.[49]

  유성룡은 다음과 같이 평양민의 반응을 묘사했다. 왕실이 도성을 떠난 다는 소문이 돌았을 때, 주민들은 성을 빠져나가기 시작했다. 최소한의 방어라도 하기 위해 병사와 백성의 피란을 막고 싶었던, 세자를 동반했던 선조는 부로父老에게 정부가 성을 지킬 것이라 확신시켜야 했다. 왜군이 도시를 관통하여 흐르는 대동강 기슭에 보이자 왕실 일행 중 일부는 확실히 떠나기 시작했다. 여인과 아이조차 이렇게 절규했다. "성을 버리고 도망하려면 우리 백성을 모두 성안으로 불러들여다 적의 손에 어육魚肉을 만들 게 무어냐?" 모든 사람이 무기 같은 것을 들고 있어 관료들이 겁을 먹었다. 유성룡은 그들에게 정부는 성을 지킬 것이라 안심시켰다.[50] 유성룡과 다른 이들이 성을 지키는 동안 왕실 호위대는 즉시 떠났다. 며칠 안에 성이 함락되었고 대부분 관료는 탈출했다.

  『선조실록』 역시 거리로 쏟아져 나온 성난 병사들과 군민들의 폭동을 묘사했다. 궁비宮婢는 몽둥이로 맞아 땅에 쓰러지고, 호조판서 홍여준洪汝淳(1547~1609)은 부상당했다. 왕비 일행은 성을 떠나는 것을 제지당했다. 관찰사가 여러 난역자를 참수하고서야 군중이 흩어졌다.[51] 단지 9일 전 왕이 성문으로 나아가 죽을 때까지 조정에서 성을 지킬 것이라고 선언한 것에 주목해야 한다.[52] 그다음, 출발 당일 선조는 출발이 임박했음을 알리지 않고 성의 노인들을 만나 위유하고 훈시했다. 『선조실록』에서는 교서를 읽어주자 그들이 "모두 울어 옷소매가 다 젖었으며 부로들도 일시에 목놓아 통곡하니 온 성안이 오열했다"고 했다.[53] 유성룡에 따르면 이 만

남에서 왕은 정부가 도시를 지킬 것이라며 주민을 안심시켰다고 하는데, 『선조실록』은 선조의 말이나 교서의 내용에 대해서는 침묵했다.

선조와 그의 신료들 역시 최악의 시간을 보내고 있었다. 선조가 특히 영향을 받은 듯 보였다. 그는 1567년 열여섯의 나이에 왕좌에 올랐고 25년간 특별한 불운 없이 집권했다. 1583년과 1587년 조선은 북방 경계 여러 부족의 소요도 진정시킬 수 있었다. 선조는 의례적인 행행幸行을 제외하고는 거의 궁궐을 떠난 적이 없었고, 유교적 예법과 질서의 세계 속에 살았다. 그의 재위 혹은 왕조의 역사 중 그가 선조先祖들이 누린 200여 년의 평화로운 환경을 누리지 못하리라 여길 만한 것은 하나도 없었다.

기록은 북으로 몽진하는 내내 그가 트라우마 상태에 있었음을 보여준다. 그는 특히 백성을 포기했다는 수치와 그들에게 버려졌다는 슬픔을 동시에 느끼며 강렬한 후회의 감정에 시달렸다. 6월 4일 교서에서 그는 자기 잘못을 시인했다. "시세가 여기에 이르게 했으니 그 죄는 실상 나에게서 말미암은 것이다. 얼굴을 들면 부끄러울 뿐이다." 그러면서 그는 또 절망해서 이렇게 말했다. "오직 너희 사서士庶는 네 아비와 네 할아비가 나라의 후한 은혜에 젖었는데 하루아침에 난리를 당하자 이내 나를 버리고자 하니, 나는 너희를 허물하지 않으나 너희가 차마 나를 버린단 말이냐."[54] 그는 절망적인 상태에 빠진 듯 보였다.

백성의 호의를 되찾는 일이 시급하다는 것은 왕과 그의 관료에게 명백했다. 왕은 윤음綸音을 배포하기 시작했고, 여느 때와 달리 자주 백성에게 직접 유시했다. 그는 모든 조선인에게 교지를 보냈는데, 구체적인 지방,

집단 심지어 구체적 인물에게까지 쓰곤 했다. 흥미롭게도 『선조실록』에는 서한을 보냈다는 기록은 있지만 그 내용은 거의 남아 있지 않다. 이는 전쟁 중의 행정적 혼란상을 잘 보여준다. 교지 중 일부 내용만 수신자의 개인 문집에 남아 있다. 그들의 통한과 탄원의 어조는 되풀이할수록 강화되었다.

전라도 사민土民에게 보낸 교서에서 선조는 "차라리 내 몸을 희생으로 삼아 천지 종사 모든 신령에게 사죄하고자 하노라. 내가 손가락을 깨묾이 이미 이러하니, 바라건대 너희 사민들은 나에게 허물을 고치어 새로운 정치를 도모하도록 허락하여다오"[55]라고 고백했다. 경상도 백성에게는 만약 그들이 힘을 더욱 배가하여 적을 물리치고 후손에게 명성을 남길 수 있다면 평화로운 삶으로 돌아갈 수 있으리라는 전망을 제시했다.[56] 몇몇 의병장에게는 그들의 용맹과 충을 치하하고, 선조 스스로를 누구나 먼 국경지방에서 쇠약해지는 상황에 처하면 그렇듯 외롭고 향수병이 있는 감상적 인물로 소개했다.[57]

물론 가능한 한 많은 사람에게 이 교지를 전달하고자 했지만 한문으로 작성된 탓에 사족이 아닌 인구에 대한 접근성은 의문이었다. 교지를 종종 한국어 발음으로 소리 내어 낭독했지만 선조는 직접적 소통을 희망했기 때문에 간접적 접근이 만족스럽지 않았다. 이들 교지는 모든 조선인에게 보낼 것이라면 한글로 작성하고 전달해야 했다. 그렇지만 이것은 상상할 수 없는 미개척지로 도약하는 것이었다. 어떤 관료도 그것이 가능하다고 생각조차 못했다. 그 가능성을 찾아낸 것이 선조였고, 신료들은 어떤 반대도 없이 그에 응했다.

선조의 도약: 조선말로 백성을 호명하다

『선조실록』에 따르면, 왕은 8월 초(9월 6일)에 들어가면서 황해도 백성에게 쓴 교지를 오직 선비들만 이해했을 것이라 지적하고, 의병장과 지방관은 "교지를 언문諺文으로 번역하여 촌민村民들이 모두 알 수 있도록 하라"고 한 것을 봐야 했다.[58] 이 조치는 거의 틀림없이 요동군을 이끄는 조승훈이 평양에서 패한 직후, 조선에 가장 최악이라 할 순간 취해졌다.[59] 내가 주목한 것처럼, 조정은 이 불행한 초기 충돌이 안 좋은 영향을 미쳐 명 중앙정부가 더는 전쟁에 참여하지 않기로 결정할까 우려했다. 적의 부대가 목전에 다가왔고, 실제 함락될 위험이 있었다. 한반도 북서쪽 끝, 의주에 몰린 조정은 그렇지만 더 도망갈 곳이 없었다.

선조는 다시 공포에 사로잡힌 듯 보였다. 그는 이전에 논의한 바 있는 조선을 떠나 명의 요동 지역으로 피신할 것을 다시 제안했다. 조정이 평양에서 북으로 몽진하는 동안 그는 압록강을 건너 요동으로 들어가겠다고 주장했고, 지방 총독에게 입국 허가를 내려줄 것을 공식적으로 요청하라고 명했다.[60] 조정이 의주에 도착하자마자 그는 요동에 그의 도착을 알리는 사신을 파견하라고 명했다.[61] 그는 출발을 준비하면서 자기 아들에게 국사와 왕실 관리 의무, 즉 통치권과 종묘사직에 대한 책임을

넘겼다.[62]

그러나 선조는 그의 상징적 역할을 넘길 수는 없었다. 그는 조선의 최종적 권위를 대표했으며, 그의 몽진은 조선의 존폐를 위태롭게 할 수 있었다. 관료들은 그 제안에 경악했고, 명백히 그리고 재고할 여지없이 반대했다. 자신의 보살핌 아래 있는 백성을 버리는 터무니없는 행동은 필부匹夫의 것이다.[63] 그의 전령들이 요동에서 경멸과 푸대접을 받았다는 소식이 더해지자 의주에 머물기로 결정했다.[64] 9월 초 선조가 여러 차례 다시 요동행을 거론하자 그의 신료들은 더 강한 경고와 예리해진 간언으로 저지했다. "전하께서는 압록강을 건너간다는 말을 입 밖에 내지 말아야 할 뿐만 아니라 마음속에서도 영원히 끊어버리시기 바랍니다"(삼도 도체찰사三道都體察使 정철鄭澈(1536~1593), "한번 압록강을 건너면 회복할 희망이 영원히 끊어질 것입니다"(좌의정 윤두수), "요동을 건너면 필부匹夫가 되는 것입니다." 그리고 "대가가 우리 땅에 머물러 계신다면 거의 일 푼의 희망이라도 있지만 일단 요동으로 건너가면 통역通譯하는 무리도 반드시 복종하지 않을 것은 물론, 곳곳의 의병들도 모두 믿을 수 없게 될 것입니다"(승지 신잡申磼(1541~1604).[65]

결정의 순간이 다가왔다. 왕으로서 적과 싸워 권위를 되찾을 것인가? 아니면 요동으로 도망쳐 '필부'가 될 것인가? 압록강 북쪽으로는 요동이 가로놓였다. 남쪽으로는 피폐한 조선 땅이 있었다. 그는 마지막으로 한번 북쪽을 응시했으나 마침내 숙명인 왕으로서 그에 따르는 모든 것을 받아들인 것으로 보인다. 이때부터 선조는 움츠러들지 않는 리더십과 결의를 갖고 행동했을 것이다. 그는 모든 그의 백성, 모든 조선인에게 진심으로 그들을 이해시키고, 그와 함께 적과 싸우고 조선을 재건설하자고 요청하기 위해 그들에게 다가가야 한다고 느꼈음에 틀림없다. 그리고 이를 위해 정말 모든 백성을 포괄하도록 한글을 사용해야 했다. 이때부터 그는 급진적인 조치를 취한다. 그는 자신의 교지를 한글로 번역하여 일반 백성 사이에서 그 글을 전파하도록 명했다. 마치 선조의 치세가 한글로 다시 태어난 것 같았다. 몇 주 만에 선조는 백성에게 훈유할 때의 한글 사용을 거듭 승인했다.[66] 한글이 공식적으로 필담의 공간에 들어왔다.

한동안 한글 문서는 한문 문서를 번역하여 만들고, 한글은 두 언어가 병용되는 상황에서 쓰였다. 이것은 한글이 모든 조선인을 포괄함을 의미했다. 한글에는 다른 강점도 있었다. 타국인을 배제하는 것, 즉 한글은 비조선인이 이해할 수 없다는 점이나 (타자와 자국민을 구분할 수 있는) 자각이 생겨난 점이 그랬다. 조선 정부의 독립적인 한글 사용은 전쟁이 유사 휴전에 접어들었을 무렵, 강화 협상 기간에 이루어졌다.

강화 협상

강화 협상의 전략은 상당히 복잡했다. 삼국의 목적이 각기 다르기 때문에 서로의 목적에서 교차점을 발견하지도 못했다. 주목할 것은 강화 조건을 협의하는 중국과 일본 두 나라 대표가 서로뿐 아니라 각각의 중앙정부까지 속일 의도를 가진 점이다. 평화 협상을 마무리하기 위해 그들은 어긋난 의사소통, 문서 위조, 노골적인 속임수를 사용하여 그들 정부를 대상으로 계획을 정교하게 조율했다.

휘몰아치듯 3년 반이나 지속된 강화 협상의 여러 단계에 대해서는 국내외적으로 뒤엉킨 일종의 반역이나 방해, 묘책과 같은 고전적 예시들을 포함한 학문적 세부 내용은 이미 넘친다.[67] 나는 그것을 여기서 반복하고 싶지 않다. 말하자면 명과 일본 양국의 중앙조정이 외교적 최전방을 비효율적으로 관리한 것을 생생히 묘사했다. 사실상 평화 협상은 그들이 동의할 수 없는 강화 조건을 양측에서 인지했을 때가 아니라, 명의 중앙정부에서 지시한 강화 조건으로 더 이상 일본 정부를 속일 수 없을 때, 돌이킬 수 없는 파탄을 맞았다.

양측의 강화파가 놀랍게도 각자의 중앙정부를 거의 속일 뻔했다. 일례로 만력제가 히데요시를 일본의 왕으로 책봉하는 의식은 1596년 10월 22일 오사카성에서 열렸고, 평화적으로 진행되어 히데요시가 일본의 왕으로 책봉된 것을 의심하지 않았다. 10월 25일, 명의 사신이 출발하려던 시점에, 히데요시는 불교 승려인 사이쇼 죠타이西笑承兌(1548~1607)에게 만력의 책봉 교서를 번역해달라고 요청했다. 그때 가서야 조선의 영토 할양과 명 황실 공주와의 결혼 등 자신이 제시한, 이미 확약받은 줄 알았던 일곱 가지 조건 중 어느 것도 승인받지 못했다는 것과 그 대신에 그가 '일본왕'으로 책봉된 것을 알았다. 그는 분노에 빠져 즉시 회담을 중단하고 협상을 포기했다.[68]

히데요시가 강화 협상가에게 완전히 사기당했다고 믿기는 어렵다. 통설에 따르면 그는 침략의 허무함을 깨닫고, 체면을 차리면서 곤경에서 벗어날 방법을 찾았지만 결국 그에게 제시된 조건을 받아들일 수 없었다.[69] 토비Ronald P. Toby와 로빈슨Kenneth R. Robinson은 동아시아 국가들 사이의 외교적 협상에서 체면을 지키면서 협상을 끝내기 위해 고의적인 속임수를 쓰는 상대방을 문제 삼지 않고 묵인한 전례가 있음을 보여준다.[70]

레이 황Ray Huang이 '역사상 큰 실수 중 하나'라고 지적한 것처럼[71] 명 중앙정부는 좀더 오래 속았다. 외교를 통해 일본을 통제하는 것이 현명하다고 생각한 만력제는 강화 협상에 세 가지 조건을 내세웠다. 첫째, 한반도와 심지어 대마도에서까지 일본군 철수, 둘째, 조공국에 통상적으로 주어지는 특혜인 무역 재개 요구 없는 히데요시의 일본 왕 책봉 수용, 셋째, 일본이 다시 조선을 침략하지 않겠다는 다짐. 이 상세한 조건을 명시한 문서를 유키나가가 보낸 사신 고니시 조안少西飛[72]이 1596년 1월 북경에 도착했을 때 그에게 전달했다. 조안은 명 중심의 조공체제에 들어가고자 하는 나라의 사신에게 기대하는 모습 그대로 행동했다.[73]

그리하여 명은 히데요시에게 책봉 하사품과 함께 사신을 보냈을 때 히데요시가 책봉을 받고 강화 비준에 동의한다고 믿었다. 오사카성에서 있었던 엄청난 낭패 이후에도 명 협상단은 기만을 지속했다. 그들은 서울에 도착하자마자 조선 국왕과 이후 명 황제에게 히데요시가 명의 책봉을 수용했다는 거짓 보고를 올리고, 그들 자신이 구한 것을 히데요시의 진상품이라 주장했다. 하지만 그들의 거짓은 곧 드러났고 주화파 대표들은 처벌을 받았다. 석성은 하옥되었으며, 아마도 옥에서 고문당하다 죽었을 테고,[74] 심유경도 참형에 처해졌다.[75]

만약 일본과 명의 강화 협상과 관련한 세부 내용이 기괴하고 이상하게 들린다면, 우리는 또한 충돌하는 세계관의 더 큰 맥락에서 그것을 볼 수 있다. 명은 세계를 조공체제와 연결하기에 적합한 방식인 중화주의의 관점에서 움직였고, 히데요시는 이 복잡한 명 중심 질서의 외교체제에 익숙해지지 못하는 동안 무력에 바탕을 둔 새로운 세계의 비전을 대안적으로 발전시켰다. 스와프가 말한 것처럼 회담은 "시작부터 불운했다."[76] 전쟁은 1597년 8월 재개되었다가 1598년 12월 말에 끝났다.

자존의 중요성을 강하게 인식하는 조선

여러 해 동안 계속된 강화 협상 기간은 조선 정부에 견디기 힘든 시간이었다. 조선은 가장 큰 이해관계가 걸려 있지만, 의사결정 과정에서 배제당했다. 선조는 강화 협상을 단호하게 반대했고, 1593년 전반기에 명의 조선 문제 담당자와 세 번(두 번은 이여송 제독과, 한 번은 병부시랑이자 경략비왜군무 송응창과) 강화를 반대하기 위한 대화를 시도하다 거절당했다.[77] 일본과 명 모두 그들이 더는 싸우지 않고 전쟁을 끝내는 것이 유리하다고 믿었다. 조선에서의 상호 철수에 합의한 뒤 일본군은 도중에 경상도 진주를 공격하여 점령했지만 1593년 5월 말 서울에서 퇴각하고, 해안 지역에서 철수했다.

대부분 협상에서 제외당한 조선은 두 가지 가능한 결과를 경계해야 했다. 하나는 명군의 지원이 없는 대규모 전투의 재발이었다. 따라서 조선 정부는 군대 철수 시점에 대한 상당한 우려를 표했다. 명군은 병력 1만 6,000명을 남겨두고 1593년 9월 1차 철수하고, 남은 병력도 1594년 2월 조선을 떠난 한편, 일본군이 조선에서 대부분 철수한 것은 1595년 중순이 되어서였다.[78]

더욱 우려한 것은 조선 남부 지방 영토를 일본에 할양하여 강화를 비준할 가능성이었다. 서로 다른 파벌 사이에 교착되고, 끊임없이 바뀌는 정책에도 여전히 명에 의존해야 하는 조선 정부는 여러 관료가 겁박하는 전술을 견뎌야 했다. 가령 송응창은 선조가 자신의 강화 계획에 방해가 될지 모른다고 우려하여, 명 정부와 조선 사이의 모든 외교적 접촉을 금지했다. 그의 사기 행위가 발각되어 소환당했을 때에야 양국 정부 사이에 직접적인 소통망이 재구축되었다. 『선조실록』은 몇 번이고 다시 명이 조선을 위해 싸우길 기피하는 것과 일본의 영토 야심이 증가하는 것에 대해 언급했다.[79] 이러한 평가를 기반으로 (조선 조정에서는) 서로 다른 전략을 구상했는데, 남인은 군대를 증강시키는 동안 시간을 버는 방법으로 전술적 강화 협상의 필요성을 강조한 반면, 서인은 조선군에 의지해 싸울 것을 제안했다. 모두 자강自强의 중요성을 인식한 것처럼 보였다.[80]

새로운 문어文語: 한한韓漢병용

이 기간에 교지와 공식적 서한은 한자로 작성한 것을 번역한 것이 아니라 처음부터 한글로 작성하여 발송하고 배포한 것으로 나타난다. 1593년 9월 날짜의 한글 서한이 하나 남아 있는데 그 내용은 다음과 같다.

> 너희 중 설마 다 어버이, 처자妻子 없는 사람 없다. 예전 살던 데 돌아와 예전대로 도로 살면 우연偶然하랴? 이제 곧 아니 나오면 왜에게 죽을 것이오. 나라가 평정平定한 후後면 너희들이 아니 뉘우치랴. 하물며 당병唐兵이 회回해 도와 평안도에 가득했고 경상, 전라도에 가득히 있어 왜 곧 급히 제 따위 곧 아니 건너가면 요사히 합병合兵하여 부산 동래東萊인난 왜들을 칠 뿐이 아니라, 강남江南 배와 우리나라 배를 합하여 바다에 나란히 들어가 다 분탕焚蕩할 것이니 그 저기면 너희조차 쓰러주글 것이니 너희 서로 일러 그 전으로 수이 나오라.
>
> 만력萬曆 이십일년二十一年 구월[81]

선조가 내린 명령임이 거의 확실한 다음의 교지 내용이 『선조실록』10월 3일 기사에 실려 있다.

178

"부산釜山 등지에 있는 우리 백성으로서 왜적에게 투항하여 들어간 자가 매우 많은데 돌아오고 싶어도 돌아오면 화를 당할까 의심하는 자가 어찌 없겠는가. 별도로 방문榜文을 만들어 분명하게 고유告諭하되, 나오면 죽음을 면제시켜줄 뿐만이 아니라 평생토록 면역免役시킬 것은 물론 혹 포상으로 벼슬도 줄 수 있다는 등의 일을 참작해서 의논하여 조처하도록 비변사에 이르라." [82]

『선조실록』이 교지 내용을 기록하지도, 반포한 언어가 무엇이었는지 명시하지도 않은 것은 주목할 만하다. 우리는 사본이 남아 있기 때문에 한글 문서가 유포된 것을 안다. 나는 그 내용 및 대상 독자를 통해 이것이 오직 조선인에게만 쓰이고 유포되었다고 감히 추측한다. 한글본은 타자를 배제할 의도로 조선인끼리만 소통하는, 자신을 인식하는 도구로 효율적으로 이용되었다. 이는 삼국 간의 다면적인 공식 서한의 교류가 가장 활발할 때 이루어졌다. 위 교지는 다음 문구에서 소환한 공유된 과거에 대한 호소와 함께 조선인 사이의 언어적 배타성을 보여준다. "옛 고을로 돌아가 예전에 하던 일을 다시 시작하라." 외인이 약속한 밝은 미래와 달리 이러한 공유된 과거는 오직 내부인만의 것이었다. 함께 나눈 과거를 불러내는 일은 그들 사이의 공유된 운명을 상기시켰다. 따라서 배타적인 글은 배타적인 역사와 운명을 의미하기도 했다.

공공장소에서 한자를 번역하지 않고 독자적으로 쓰이기 시작한 한글 문서는 문어의 유형을 변화시켰다. 철저한 위계가 있던 한문과 언문은 이

제 보완적으로 여겨졌다. 한글 사용은 한자를 대체하거나 배제하지 않았다. 두 언어를 전략적으로 이용했고 거의 같은 가치로 오로지 상황에 따라 선택적으로 사용했다.

이 시기 왕의 교지는 이 새로운 두 언어의 병용을 꽤 분명하게 보여준다. 이 교지들은 다양한 형태로 작성했다. 어떤 것은 한자로 쓰고 한글로 번역하여 두 언어 모두로 유포했다. 다른 경우는 한글이든 한자든 배타적으로 한 언어로만 작성했다. 중요한 것은 어떤 특정한 교지를 한 언어로 작성하여 다른 언어로 번역했는지 혹은 오직 한 언어로 작성했는지다. 전자의 경우, 원본은 주본으로 기능하거나 더 가독성이 높은 버전이었을 것이다. 각 언어가 종족적 배타성을 분명히 하고, 강화한다는 점에서 서로 보완했을 것이다. 한글만 민족적인 것이 아니라 한자도 거의 마찬가지였다. 모든 종류의 교서는 군부君父로서 정에 호소하면서 점차 전쟁 이전 조선의 평화롭고 오염되지 않은 존재를 환기시키고, 나라를 재건하는 데 백성의 적극적인 협력을 호소했다.

정서의 언어

전쟁 직후인 1599년 2월 중순에 보낸 선조의 애통서哀痛書보다 민족적 정서를 더 생생하게 묘사한 것은 없다. 그 교지는 전쟁의 끔찍한 참상과 경비로 발생한 무거운 부담으로 시작한다. "민생의 피해가 한두 가지가 아니니 모여 근심하느라 고혈膏血이 다 말랐다." 이렇게 교지는 백성의 어려움에 대한 왕의 동정의 깊이를 잘 드러냈다. 그런 후 그들을 기다리는 우울한 과제로 넘어갔다. 이제 히데요시는 죽었고 전쟁의 재앙은 지나 갔지만 선조는 나라가 처한 암울한 상황을 지적했다. "지난날의 위태로움과 다를 것이 없구나. 큰 병은 겨우 나았으나 원기가 하도 쇠약해져서 침과 약을 쓰기가 참으로 곤란하고, 큰 나무가 비록 살기는 했으나 밑뿌리가 흔들렸으므로 붙들어 세우는 데 공이 많이 들어야 하겠구나."

이번에는 그들의 곤경에 대한 공감과 걱정을 보여준 후 왕은 나라를 재건하기 위한 협력을 호소했다.

백성이란 사랑스러우면서도 두려운 존재이니, 나라가 너희들이 아니면 누구를 의지하겠는가. (…) 나의 뜻도 이를 위하여 가슴 아프게 여기노라. 감할 것은 감하고 면제할 것은 면제해서 완급을 참작하는 것이 좋으리라 생각하며, 죽은 자를 조상하고 산 자를 위문하며 오는 자를 위로하여 모여들게 하는 것을 우선적으로 해야 할 것이다. 이는 진실로 재건하고 새 출발하는 시초이니, 바야흐로 눈을 씻고 고개를 쳐들며 기다리리라. 논밭을 측량하여 몇 해 동안의 조세를 탕감하면 모두 중흥中興의 큰 덕을 입게 되리니, 지팡이에 의지하여 조서를 듣는다면 비로소 조금이라도 더 오래 삶을 기뻐할 것이다. 모든 백성은 강토를 아름답게 하여 기필코 태평성대를 이룩하도록 하라.[83]

전쟁 기간 유포된 많은 교지처럼 이 교지 역시 『난중잡록』에 수록되었지만 『선조실록』에서는 찾을 수 없다. 유통된 판본이 한문인지 한글인지 우리는 알 수 없다. 이 시기에 이르면 이것은 문제가 되지 않은 것 같다. 한자본이 그랬던 것처럼 한글본은 공공영역에서 메시지의 전부 혹은 번역한 절반을 전달하는 기능을 했다. 중요한 것은 두 문자가 모두 조선의 민족공동체라는 비전을 일깨우기 위해 배치되었다는 점이다.

전후 문서의 공간

전쟁 기간에 정부는 한글의 특질을 적극적으로 탐색하고 다양한 관점에서 활용했다. 그것은 타인을 배제하고 조선인을 포용하는 '민족적' 문자였다. 한글로 글을 쓰는 것이 문서 영역에서 우위를 점하거나 한글 문서가 지배적 문서 언어가 된 것은 아니다. 전쟁 중에도 한문서 영역에서는 한자를 지속적으로 사용했고, 비문서적 공간에서는 한글을 더 활발히 이용했다. 전후 한글의 궤적은 좀더 복잡해졌다. 17세기 만주족에 대항하는 동안 정부는 유교문명의 수호자 역할을 자임한 뒤부터 문서 영역에서 중심 언어를 한자로 되돌린 듯 보였다. 18세기 영조(재위 1724~1776)와 특히 정조(재위 1776~1800) 시기에는 한글이 다시 문서의 영역으로 복귀했다.[84]

그렇지만 문서 영역에서 한글 문서의 도입은 근본적으로 그 역할과 기능에서 변화가 있었다. 한자에 비해 열등한 위치에서 벗어난 언문은 자율성, 정당성 그리고 가장 특별한 가시성을 얻었다. 한글은 더 큰 담론의 필수적 부분이 되었다. 담론은 언어적 공간과 언어의 다양한 조합으로 만들어지고, 한문 담론장에서는 한글 담론장을 더 참조할 뿐만 아니라 인용하기도 했다. 텍스트 간의 관련성, 한글로 된 담론의 단편적인 조각을 통해 오래전이라 하더라도, 우리가 잃어버렸을지도 모르는 한글을 고전 언어 속에서 볼 수 있었다. 한글은 그 자체로 민족성에 대한 이질적 담론을 결합하는 장이었다. 다음 장에서도 확인할 수 있듯이 한글은 특히 상상된 양식으로서 국가와 민족 같은 주제를 고민하는 대안적인 담론장을 형성했다.

5 후유증 :

몽유록과 기념문화

시체는 조선이란 나라의 상처 입은 정치체제를 상징하는 도구로 17세기 조선에서 전후 정체성 담론의 지배적 위치를 차지했다. 일본이 침략한 6년간(1592~1598)의 임진전쟁을 시작으로 1627년, 1636~1637년에 있던 만주족의 침략까지 50여 년은 조선 역사에서 정치적·사회적으로 가장 어려운 시기였다. 1장과 2장에서는 조선이 겪은 이러한 트라우마와 파괴, 그리고 그를 따라 급격히 형성된 민족담론을 논했다.

만주족의 침략은 조선 조정과 양반층 그리고 양민에게 각기 다른 종류의 위기를 안겼다. 대치 기간이 좀더 짧고 살육은 적었지만 1637년 자신이 오랑캐라 여긴 만주족에게 항복하고, 만주족의 중원 지배를 보는 것은 조선인의 문화적 정체성에 대한 엄청난 도전이었다.[1] 만주족의 지배가 시작되고, 중원에서 명이 갖고 있는 패권에 도전하기 위해 만주족이 조선에 협력을 요구하자 조선은 심각한 딜레마에 빠졌다. 조선은 명을 제 정체성의 핵심인 유교문명의 선도자로 여기며 이념적으로, 문화적으로 깊은 유대를 맺었다. 그뿐만 아니라 일본의 침략이 있던 시기, 그들이 받은 명의 군사적 원조에 부채감을 느꼈다.

만주족 문제는 쿠데타와 반란을 포함하여 내부적으로도 상당한 정치적 혼란을 야기했다. 만주족과 명 사이에서 중립적 정책을 고수했던 광해군光海君(재위 1608~1623)이 퇴위당하고, 명을 지지하는 세력이 그의 조카 인조仁祖(재위 1623~1649)를 왕위에 올렸다.[2] 이듬해 새로운 정권에 반발하여 이괄李适(1587~1624)이 난을 일으키고 수도를 잠시 점령했다. 난을 평정한 후 인조의 조정은 홍타이지가 십만의 군사를 이끌고 항복을 요구하러 조선을 침략할 때까지 만주족의 압력에 저항했다.

몹시도 추운 겨울, 서울 근교의 산속 남한산성에 포위당해 먹을 것조차 거의 없던 인조의 조정은 할 수 있는 한 버텼지만 47일 만에 무릎을 꿇었다. 인조는 항복문서에 명시된 바에 따라 항복 의식을 행하도록 강요당했다. 인조와 세자는 평민이 입는 푸른색 옷을 입고 만주족의 수장 홍타이지를 향해 맨땅에서 3번 절하고 9번 고두했다. 그는 황제의 상징인 황금색 용포를 입고 아홉 개 계단 위 금실로 수놓은 장식을 입힌 누대 정상에 앉아 있었다. 그 후 홍타이지는 세자와 둘째 왕자 그리고 소리 높여 격렬하게 만주족에 저항한 많은 조선 관료를 포함한 인질을 데리고 떠났다.[3] 외국 통치자에게 항복 의례를 행한 조선 국왕의 수치는 한국 역사가 기록한 유일한 사건으로, 국왕 한 사람을 뛰어넘어 조선이라는 정치체 전체의 문제로 확장되었다.

외부 타자에 대항하여 개인과 자국의 생존을 위해 싸운 조선인은 스미스Anthony Smith가 말한 (단일 문화를 지닌) 민족 감정, 영토 의식 그리고 언어와 같은 '에스니ethnies'의 상당히 많은 요소를 보유했으며[4] 강렬한 정체성 담론을 출현시켰다. 이 담론의 여정은 조선의 정치·사회적 삶의 변화, 일본의 도쿠가와 막부 성립,[5] 만주족의 중원 정복[6] 그리고 동아시아 국가들 사이의 문화와 힘의 지형 변화와 같은 외부 사건 등에 응답하며 계속 진화했다.

이 정체성 담론을 규정하는 방식은 특정한 개념적 문제를 일으킨다. 현대 한국의 학계는 두 갈래로 나뉜다. 역사학계는 일본 침략의 영향에 대해 경제적·군사적·정치적·사회적 구조,[7] 중국·일본과 외교관계[8] 그리고 만주족의 지배로 인한 이념적 변화를 강조했다.[9] 문학계에서는 전쟁을 구체적으로 다루는 전후 작품에 집중했다.[10] 양쪽 분야의 학계 모두 깊어지는 민족의식을 논의의 출발점으로 삼았지만, 이 견해에 대한 이론적 뒷받침이나 구조적 분석을 제공하지는 않았다.

기념과 전후 담론장

이 책에서 나는 17세기 정체성과 민족담론이 복잡다기하게 직조되었다고 강조했다. 각 가닥을 분석하는 대신, 이 장의 목적은 전후 담론이 펼쳐진 담론장의 문화적 문법을 정의하는 것이다. '몽유록'이라 불리는 허구의 장르가, 특히 외상 후 기억의 질감을 연상시킨다는 사실을 보여줄 것이다.

이 담론장을 이루는 감정의 맥락과 이데올로기 구조의 문화적 문법을 '기념의 문화'라고 부른다. 전사자에 대한 기념은 보편적 현상이다. 전후 담론은 과거와 현재 그리고 죽은 자와 산 자가 결합한 곳에 있다. 많은 비극을 품은 과거는 미래로 움직이기 위해 영면에 든다. 전사자를 매장하고 기억하며 영예를 수여하는 적절한 시기에 '민족적' 영웅의 전당에 들어가도록 잘 관리해야 한다. 그러므로 죽은 자에 대한 애도는 '과거를 공유한 영광'을 만들고, '자발적인 희생'을 기억하는 지렛대로 작용한다.[11]

하지만 추모 대상, 추모 활동에 참여하는 방식과 참가자를 정하는 것은 문화와 시간에 따라 다르다. 사후세계에 대한 종교적·철학적 개념, 장례 전통, 어느 망자에 주목할지에 대한 고민 등 문화적 요소에 따라 다양한 양상의 기념 활동이 만들어진다.[12] 공동체의 정체성 담론은 기념 활동으로 드러난다. 왜냐하면 그것들은 기념 대상의 범위와 범주, 공동체 개념, 전사자와 공동체 관계에 관한 지속적 변화를 보여주기 때문이다.

임진전쟁의 전사자를 위한 기념 활동은 전쟁 중 시작되어 전후 몇 년 동안 범위를 확장하고, 이후 몇 세기에 걸쳐 장기적 현상으로 점차 퍼져 나갔다.[13] 이 현상, 즉 '기념문화'는 의례, 구술 및 문학작품의 영역에서 다양한 행위자를 연결한 거대하고 강력한 기획이었다. 한 극단極端에서는 중앙정부와 지역사회 사이에서 많은 지역과 가계家系의 주체들이, 다른 한 극단에서는 전국적으로 한미한 지역의 주민까지 자신이 믿는 대로 전쟁 영웅에 대한 서사를 구술했다.[14] 중앙정부와 지역사회 사이에서 많은 지역과 가계의 주체가 그들 자신의 방식으로 죽은 자를 기억하고 영예를 부여하느라 바빴다.

조선 사회에서 사자에 대한 유교적 관념과 실천은 기념문화를 조성하는 데 도움이 되었다. 유교 사회에서는 죽은 자에 대해 특별히 강한 숭배를 하지 않더라도, 유생층은 죽은 자를 위로하는 일과 삶이 밀접하게 연관되어 있다고 믿었다. 개인은 내세의 길이나 자율성에 대한 특별한 생각이 없고, 죽은 자는 산 자의 기억을 통해서만 불멸을 얻었다. 죽은 자가 가진 영혼의 힘에 대한 일반적 믿음, 즉 그들이 은총을 내리거나 산 사람에게 재앙으로 원수를 갚을지 모른다는 믿음은 상호 의존을 강화한 것으로 보인다. 이 생각은 장례와 추모 의식, 가문 내의 조상에 대한 제사, 존경받는 이에게 바치는 공공 제사, 역사 쓰기, 기념하는 글쓰기와 같은 일이 얼마나 중요한지 결정했다. 이들 요소는 임진전쟁이나 병자호란처럼 큰 트라우마가 된 역사적 사건과 상호작용해 기념문화가 성장할 수 있는 기반을 마련했다.

기념의 핵심은 시체이다. 신화와 문학에서 시신은 살아 있는 몸만큼 문화적으로 구성되고 젠더화하며 특정 공간과 시간을 새기고 있다. 이 장에서는 시체를 다룬 세 소설의 내러티브를 분석한다. 세 작품을 분석할 때 "실질적으로 회복이 불가능한 힘의 매트릭스 기능 속에서 모든 발성發聲은 이형異形"이라는 바흐친Mikhail Bakhtins의 이어성異語性, heteroglossia의 개념에서 영감을 얻었다.[15] 따라서 이런 서사를 읽을 때, 그 속에 존재하며 얽혀 있는 힘의 구조를 유념해야 한다. 특정 시간의 정치적 담론 속에 존재하는 시체가 지닌 상징적 의미는 여러 단계를 거쳐 해석해야 한다. 시신을 호명하는 범주, 어떤 그리고 무엇에 대한 환경 및 장르인지, 그것이 속한 장르와 매체는 무엇인지와 같이 특정한 구성 요소에 대한 설명을 요구한다. 다음 절에서는 먼저 몽유록 장르에 대해 다루며 각각의 서사가 상기시키고 필요할 때마다 다른 문학작품과 의미와 문맥을 주고 받는 시신의 범주를 분석하겠다. 결론적으로 문학작품과 기념문화의 관계를 조사하여 이 텍스트의 전복성을 평가할 것이다.

몽유록과 전복

이 이야기 세 편은 몽유록이라 알려진 장르에 속한다. 윤계선尹繼善 (1577~1604)[16]이 쓴 『달천몽유록』과 작자 미상의 『피생몽유록』[17]은 임진전쟁 중 남겨진 시신에 관한 이야기이다. 세 번째 『강도몽유록』은 병자호란에 관한 것이다. 『달천몽유록』은 1600년에 쓰인 것으로 보인다. 다른 두 작품은 전승된 것으로 저자와 저술 시기를 알 수 없다. 이 서사들이 가진 날것의 감정과 상호 텍스트성으로 각 이야기가 그들이 다루는 전쟁 직후에 쓰였음을 읽을 수 있다. 병자호란 이야기가 여자 시신을 호출하는 반면 임진전쟁에 관한 두 이야기 모두 남자 시신을 불러낸다. 비록 전쟁기와 전후의 많은 역사적 문헌이 시체를 광범위하게 논하지만 몽유록이 그들을 가장 생생하게 묘사했다.

몽유록은 전기(보통은 중국의 대응 장르인 전기傳奇로 더 잘 알려져 있는데)와 상당히 유사하나 그보다는 상대적으로 역사적 사건과 인물에 기반하여 허구가 적은 편이다. 그리하여 학자들은 이 전기와 흡사한 이 서사를 별도 장르로 구분했다.[18] 현존하는 몽유록은 열두 개 정도이다.[19] 초기 몽유록은 15세기에 시작된 듯하며 한국에서 현존하는 가장 오래된 전기인 김시습金時習(1435~1493)의『금오신화金鰲新話』와 동시대에 나왔다.

　몽유록은 선비가 자신과 같은 독자를 위해 한자로 쓴 이야기이다. 주제, 언어적 공간 그리고 생산자와 소비자 모두의 성별과 계층의 관점에서 볼 때, 그들은 매우 잘 구축된 전통의 범주에 적절히 부합한다. 그렇지만 내가 다루는 세 몽유록은 친숙한 꿈의 수사를 전개하는 전통적 방식에서 갈라진다. 중국 문학처럼 한국 문학도[20] 꿈 모티브는 많은 장르에서 매우 빈번하게 등장한다. 꿈을 중심에 둔 작품은 김시습의『금오신화』에서 김만중金萬重(1637~1692)의『구운몽九雲夢』까지를 포괄한다. 초창기 한글 소설 중 하나인[21]『구운몽』은 많은 작품에 영향을 미쳤다. 이 작품에 등장하는 꿈의 공간은 도교나 불교적 공간과 연결되며, 자이틀린Judith Zeitlin이 중국 문학에 대해 말한 것처럼 꿈이라는 수사는 자주 현실과 꿈 사이의 혼동과 모호함을 불러내기 위해 사용된다.[22]

　그렇지만 전쟁기 몽유록은 다른 특성을 보여준다. 일반적으로 몽유록은 꿈꾸는 사람과 꿈속의 등장인물 간의 관계에 따라 서술방식을 두 갈래로 나눌 수 있다. 첫 번째 갈래는 꿈꾸는 사람이 화자로 그의 앞에 펼쳐지는 장면에 대한 관찰자이고, 화자가 마주친 죽은 등장인물이 중심이 된다. 두 번째 갈래에서는 꿈꾸는 사람이자 화자가 이야기 주인공이거나 주요 등장인물 중 한 명이며, 꿈속 장면은 경험을 통해 변화하는 화자의 내면에 초점을 맞춘다.[23] 전쟁에 대한 세 몽유록 모두 꿈꾸는 사람이 관찰자로 이야기를 진행하며, 이들 글의 형식은 기존 장르에서 꿈꾸는 사람이 주연이 되는 일반적 방식과는 차별화하는 서술방식이다. 이전의 몽유록에서 꿈꾸는 사람이 관찰자–화자인 경우는 한 작품밖에 없었다.[24] 임진전쟁과 병자호란의 여파로 화자가 관찰자가 되는 방식이 대거 등장한 것을 새로운 창조라고 할 수는 없지만 새로운 장르가 출현했다고 할 수는 있을 것이다.[25] 이 현상은 주제와 장르형식에서 뚜렷한 괴리가 있기 때문에 설명이 필요하다. 이런 전후戰後 서사에서는 사회적 그리고 정치적 이슈가 연결되면서 앞선 이야기들과는 다르게 화자의 내면에 집중한다.

현실과 환상 사이를 오가는 꿈속의 서사 장치를 통해 시신은 부패한 몸과 주체적으로 움직이는 상상된 망자 두 양상으로 재현된다. 침묵하는 시신에서 말하는 귀신으로의 전환은 독자의 상상력을 충족하는 주제다. 세 서사의 시작에서 관찰자이자 화자는 황폐한 벌판에 도달하는데, 그곳은 그가 버려지고 묻히지 못한 상태로 야수들에게 물어뜯기고 새들에게 파먹힌 곳이다. 근대 중국에서 진실의 표현을 논할 때, 듀아라Prasenjit Duara는 아무런 도움도 없이 수동적으로 있는 것이 진정성의 상징으로 가장 효과적이라고 언급했는데,[26] 이것은 17세기 전후 조선 상황에도 적용될 수 있다. 매장되지 못한 시체보다 전쟁의 희생양을 더 잘 표현하는 것은 없다. 찢긴 시신은 전쟁의 잔혹함을 표상하는 강렬한 이미지인 동시에, 살아남은 자가 죽은 자를 외면한다는 묵직한 고발이기도 하다.

이름 없는 시체가 불러일으키는 연민은 그 시체 각각이 감정을 지닌 귀신이라고 생각할 때 극대화된다. 기존의 장르 혹은 새로운 장르로 자신의 목소리를 내는 망자는, 특히 상당히 파괴적인 전쟁의 여파에서 일반적으로 나타나는 문학적 현상이다. 전후 일본의 희곡에서 나타난 초자연적인 혹은 귀신 등장인물의 대두에 주목한 굿맨David Goodman은 귀신 등장인물이 일본이 근대화에 매진한 메이지明治 시기에 극본에서 사라졌다가, 원자폭탄의 희생자를 위령할 국가적 필요가 생긴 제2차 세계대전 이후 대거 재등장했다고 설명한다.[27] 이처럼 몽유록은 무당이라는 매개를 통해 죽은 이의 원한을 듣고, 살아남은 자의 죄의식과 공포를 승화하는 제례를 연상시킨다.[28]

몽유록을 장르로 이해하려면 전사자를 달래기 위한 전략적 적합성보다 더 많은 설명이 필요하다. 몽유록을 포괄적으로 정의할 수 있는가? 만약 그렇다면, 그 공통의 특징이 각 작품의 내러티브 안에서 유기적 요소로 고유한 의미를 생성한다고 볼 수 있는가? 이 이야기는 하나의 장르로서 한국 전통문학 혹은 서양의 꿈문학Dream Literature 이론 등으로 쉽게 분류할 수 없다. 나는 이미 몽유록이 한국 서사문학의 계보에서 전기와는 모호하게 다른 위치에 놓인다고 언급한 바 있다. 이 장르를 서양의 분류에 맞춰 배치하는 시도도 쉽지 않다. 토도로프Tzvetan Todorov의 정의를 적용하면 몽유록은 경이로움이나 기이함을 다루는 방식에서 환상문학에 속할 것이다.[29] 하지만 토도로프는 환상문학을 리얼리즘의 반대로 보고, 독자가 결국 명확한 장르의 구분을 인지해야 한다고 주장했다.[30]

자이틀린은 중국의 몽유록에서 환상적인 것과 현실적인 것이 하나로 수렴하는 것 같다고 지적했다.[31] 조선에서 나온 대부분 몽유록도 마찬가지로 보인다. 그러나 전쟁을 다룬 몽유록 서사는 리얼리즘에 좀더 무게

중심이 쏠리고, 환상은 사회적 그리고 정치적으로 이를 재연하는 대안적 공간이 된다. 두 공간, 현실과 환상은 명확하게 나뉘어 순차적으로 등장할 뿐 동시에 존재하지는 않는다. 세 작품 모두에서 관찰자—화자의 꿈속 진입은 시간적으로, 공간적으로 산 자와 죽은 자 사이의 중립적 공간에서 일어난다. 여정 중 관찰자는 시체가 쌓인 인적 드문 터를 발견하고, 이후 어느 달 밝은 밤에 이 망자가 나오는 꿈을 꾼다.[32]

보통 섬뜩한 고요를 깨는 갑작스러운 소음을 통해 꿈속 공간으로 들어가는 순간을 묘사한다. 『달천몽유록』 파담자의 경우 "갑자기 성난 바람이 폭풍 치듯 밀려왔다. 온 들판에 살기가 가득하고 천지가 칠흑같이 어두워져 한 치 앞을 분간할 수 없을 정도였다. 보이는 것이라고는 횃불을 든 무리가 먼 곳에서 다가오는데 많은 장정이 떠들썩했다. 그들은 점점 가까이 다가왔다."[33] 『강도몽유록』의 승려 청허는 이렇게 꿈속으로 들어간다. "바람결에 소리가 들려오는데, 노랫소리 같기도 하고, 웃음소리 같기도 하고, 울음소리 같기도 했다. 그 노랫소리와 웃음소리, 울음소리 다 부녀들의 것으로 모두 한곳에서 들려왔다."[34] 꿈에서 깨는 순간은, 관찰자는 스스로 꿈을 꾼 것을 깨달으며 명확해진다. 꿈을 꾼 화자는 환상과 현실 사이를 넘나들지만 끝내 현실로 돌아온다.

어떤 면에서 몽유록은 환상문학의 특징을 지닌 것처럼 보인다. 잭슨Rosemary Jackson은 환상문학이 전복적 역할을 한다고 이야기하는데,[35] 몽유록도 이러한 전복성을 활용한다. 몽유록에서 시신의 더미를 통해 제기하는 질문은 그저 산 자가 죽은 이를 매장해줄 물리적 여유가 있는지 묻는 것이 아니다. 질문은 그보다 깊고 날카롭다. 산 자는 선험적으로 또는 범우주적으로, 죽은 이를 장례 치를 자격이 있는가? 죽은 자는 그들에게 주어진 장례를 받아들일 것인가? 유교적 매장과 장례 풍습은 촌수에 따라 매장하고 추모할 수 있는 대상에 대한 규칙을 상세히 구축했다.[36] 이러한 서사에서 제기하는 질문은 혈연적·친족적으로 얼마나 친밀한지가 아니라, 산 자가 충분히 도덕적인지, 죽음에 책임이 있는 주체는 누구인지에 대해서다. 시신이 묻힐 가능성(묻히지 못할 가능성)이라는 질문은 그러므로 전복적이다. 이 질문은 근본적으로 도덕적이고 정치적이라는 점에서, 앞서 제기한 산 자의 자격이라는 질문과 이어진다.

이 이야기들이 천착하는 것은 두 가지로 재현된 헤게모닉 질서다. 하나는 유교문화적 질서이고 다른 하나는 조선 국가·가부장제의 정치적 질서인데, 이 둘은 상황에 따라 기존 질서로 수렴한다. 이 질서 속에서 종교적 혹은 철학적 시스템으로 유교적 질서가 전후의 거대한 트라우마에 대처할 수 있는지 의문을 제기한다. 좀더 예리한 문제 제기는 조선이라는 나라가 도덕적 합법성을 회복할 수 있느냐다. 몽유록은 정치체의 타락한 상태를 전제하고, 이는 자신이 죽는 순간을 떠올리는 망자의 몸을 음유한다. 『달천몽유록』 파담자가 죽은 이를 만나는 장면에서, 그는 나무 뒤에 숨어 두려움에 떨면서 횃불을 들고 자신에게 다가오는 망자의 행렬을 본다. "머리가 없는 자, 오른팔이 잘렸거나 왼팔이 잘린 자, 왼발이 잘린 자, 오른발이 없는 자, 허리는 있지만 다리가 없는 자, 다리는 있으나 허리가 없는 자, 강물에 빠져 익사했는지 배가 팽팽하게 부풀어 오른 채 비틀거리는 자, 머리카락을 온통 얼굴 위로 풀어헤친 장정은 비린내 나는 피가 사지에서 쏟아져 내렸다."[37]

『강도몽유록』의 여성 영혼도 비슷한 모습으로 청허 스님 앞에 나타났다. "어떤 사람은 두어 발이 넘는 노끈으로 머리가 묶였고, 또 다른 이는 등에 커다란 칼이 꽂혔고, 어떤 이는 날카로운 것에 찔려 심하게 피를 흘렸다. 누구는 완전히 목이 절단되었고, 다른 이는 물을 삼킨 것처럼 배가 불뚝했다."[38] 조선이라는 정치체는 오염을 씻고 도덕성을 회복할 수 있을까? 온전한 상태가 될 수 있을까? 이는 오로지 죽은 이의 무서운 망령을 묻어서 편히 쉬도록 해야만 가능할 것이다. 결국 이 서사들에 등장하는 서로 다른 망자를 묻을 수 있느냐, 없느냐의 문제는 이 이야기의 끝이 희망이냐 절망이냐를 표상한다.

전투: 장례를 치르지 못한 시체

『달천몽유록』은 전쟁터에서 죽은 전사자를 바라보는 두 부분으로 구성된다. 첫 번째 부분에는 충주의 달천강에서 벌어진 알려지지 않은 전투에서 죽은 익명의 병사들이 등장한다. 왜군의 침략 소식이 들려오자 조선 조정에서는 신립申砬(1546~1592) 장군을 삼도순변사三道巡邊使로 임명하고 그가 충주를 지키고 북으로 진군하는 왜군을 방어하기를 기대했다. 1장에서 언급한 대로 조선군은 오합지졸이었고, 200여 년간 지속된 평화로 전쟁 기술에 대한 경험이 부족하여 무장 고니시 유키나가가 이끄는 잘 훈련되고 장비를 갖춘 7,000의 일본 선봉대를 저지할 수 없었다. 조선군은 순식간에 완파당했다. 부대는 전멸했고, 자결한 신립을 포함하여 모든 병사가 처참한 죽음을 맞았다. 일본군은 항구도시 부산에 상륙한 지 불과 2주 만에 최후의 수도 방어선을 점령했고, 조선 조정은 북쪽 국경지대로 몽진을 떠났다.[39]

『달천몽유록』에서 먼저 제기하는 문제는 전투에서 희생된 병사를 위로하는 방식이다. 이는 다시 두 문제와 연결된다. 첫째는 그들이 죽는 형태이다. 군인으로서 그들은 전투에서 죽을 준비를 했다. 그들은 싸워보지도 못하고 죽었다. 그들의 장수가 실패한 작전을 세웠기 때문에 그들의 죽음은 헛되었고, 지속적인 후회와 끝나지 않을 수치로 남았다. 이 정서는 이야기의 서두에서부터 포착된다. 귀신들이 등장하면서부터 이렇게 합창한다. "우리가 살아 있을 때, 우리는 적절하게 기용되지 않았다. 죽은 지금 우리는 무엇인가? 우리 부모는 우리에게 생을 주었다. 누가 우리를 죽였나? 우리를 키운 나라에 빚이 있기에 우리는 나라를 원망하지 않는다. 우리의 후회는 너무 쉽게 말하고 이 끔찍한 곤경에 우리를 버려둔 우리 장수에게 있다."[40]

둘째 문제는 이 병사들의 익명성이다. 얼굴도 없고 이름도 없는 병사들을 기억할 방법이 있을까? 파담자가 자기 역할을 그들의 삶에 가치를 부여하기 위해 노력하는 방식으로 생각한 것은 흥미롭다. 파담자의 특장점은 글을 감동적으로 짓는 능력이다. 영혼들은 그에게 몇 달 전 이 전장을 통과할 무렵 그가 짓고 읊은 시가 어떻게 그들을 감동시켰는지 말한다. 이 시의 장인 정신, 유려함, 감정의 힘은 '귀신도 울게 만들 수 있는' 수준이었다.[41] 또한 그들은 그에게 자신들의 비통한 이야기를 듣고 세상에 전할 것을 요구한다. 여기서 드러나는 점은 삶과 죽음을 연결하는 언어의 힘이다. 그들은 그의 시에 감동받았으니, 산 사람은 그가 그려낸 그들의 운명에 감동받을 것이다. 망자들은 문어와 구어를 오가는 능력을 바탕으로 감정을 움직이는 언어의 힘을 지닌 파담자를 전령으로 선택했다. 언어는 작문 형식으로 표현되지만 구어로 상상된다. 그가 쓴 시는 지어진 후 불려졌다. 그는 귀신의 말을 글로 정착시켜야 한다.

곧 신립에 대한 심문이 이어진다. 달천에서 사망한 수많은 병사가 차례로 나서서 신립의 무책임과 그릇된 판단을 고발하고, 제대로 싸울 기회도 없이 죽은 것에 대한 비통함을 호소한다. 모욕당한 신립의 영혼은 비굴하게 사과한다. 그런 후 그는 전투에서의 패배와 같이 중대한 사건은 단지 인간의 실수 탓으로만 볼 수 없다고 말한다. 달천 패배는 결국 하늘의 의지로 봐야 하고, 그것에 대해 누구를 탓할 수 없다는 것이다. 신립에 대한 심판은 제3자의 선고로 마무리되는데, 그 요지는 다음과 같다. 신립의 부당한 지휘는 인정하지만 궁극적인 사건의 결과는 운명에 달린바, 더 이상 논의는 무의미하다는 것이다. 선고문은 운명과 인간 노력의 영역을 분리하는 개념에 기초한다. 신립의 잘못은 논쟁할 여지가 없다. 동시에 선고문은 설명의 합리성을 인정하고, 그를 그 많은 병사의 죽음에 대한 책임에서 자유롭게 해준다.[42] 이러한 분리는 영혼이 자신의 영광스럽지 못한 죽음을 한결 쉽게 받아들일 수 있도록 해준다. 그들의 괴로움을 인정하면서도 인간의 통제를 넘어선 구조에서 우주적 힘이 있음을 상기시킨다. 병사들은 모호한 철학적 세계관에 대해 들었을 뿐 그 몸은 묻히지 못한 채 남는다.

두 번째 부분에서 이야기는 익명의 병사들이 내뱉는 한탄에서 유명한 전쟁 영웅들이 그들의 삶과 죽음에 대해 설명하는 것으로 넘어간다. 신립에 대한 조사가 끝나자마자 다른 곳 어딘가에서 죽은 역사적 인물 스물일곱 명이 도착하는 소동이 벌어진다. 도보로 행군하는 익명의 병사들과 달리 이 귀신들은 그들이 살아 있을 때의 지위를 보여주는 수레나 배 등 다양한 탈것을 타고 온다. 그들이 도착하는 모습은 마치 불멸의 복숭아가 익는 3,000년마다 서왕모西王母[43]가 주최하는 축하 행사에 참석하기 위해 쿤룬산崑崙山에 오는 도교의 신을 연상시킨다.[44] 그들은 자신의 신분 순으로 자리를 잡는다. 이 사람들의 정체는 꿈속에서 이미 암시되지만 파담자가 꿈에서 깬 뒤에야 온전히 드러난다. 이 무리는 두 줄로 앉았다. 오른쪽 제일 앞쪽, 가장 영광스러운 자리에는 임진전쟁의 영웅 이순신 장군이 앉았다. 의병장 고경명은 왼쪽 가장 앞자리에 있다.[45] 승병장 승려 영규는 오른쪽 마지막 줄의 가장 낮은 좌석에 자리한다. 파담자는 가장 말석에 초대된다. 그러자 가장 낮은 곳부터 높은 쪽으로 옮겨가며 마지막에 발언하는 승병장을 제외하고, 스물일곱 명이 각자 그들의 삶과 죽음을 읊고 시를 지었다.

이 긴 부분을 삶과 죽음의 의미를 평가하는 방법에 관한 문제에 할애한다. 이 질문을 다방면에서 하나의 영혼 혹은 다른 영혼의 시각뿐만 아니라 화자(죽은 자)와 독자(산 자)의 관점에서도 끊임없이 시점을 바꾸면서 탐구한다. 개개인의 이야기는 죽은 자가 산 자에게 말을 건네어 자신의 사연을 들려줄 수 있는 장이 된다. 이 직접적 호소는 산 자가 죽은 자를 그저 전쟁 희생자로 대상화하는 일에서 구하고, 망자에게 주체성과 의미를 부여한다는 인식에서 출발한다.

『달천몽유록』의 두 번째 부분은 작중 인물들 개인의 시점에서 시작한다. 영혼 스물일곱 명은 각자의 신분에서 요구하는 방식으로 침략군과 싸웠고, 조선 상류층 사회의 모든 영역을 아우르기 때문에 그들의 행동은 그 사회에서 상상할 수 있는 다양한 용기와 청렴함을 보여준다. 그들은 위기에 직면하는 스물일곱 가지 다른 방식을 독자에게 보여준다. 가령 의병을 모집한 최초의 재지사족 중 한 명인 고경명과 같은 의병장은 두 아들(역시 이 자리의 말석에 앉아 있다)과 함께 전사했다. 진주목사 김시민은 진주성 전투로 바로 유명해졌는데, 소수의 병사로 훨씬 많은 대군을 이끌고 온 적의 공격은 성공적으로 방어할 수 있었지만 총탄으로 사망했다. 동래부사 송상현은 왜군을 끝까지 용맹하게 저지하며 죽음 앞에서 위엄 있는 태도를 견지했다. 감동받은 일본군은 그에게 영광스러운 장례를 치러주었다. 김연광金鍊光(1524~1592)은 군사훈련을 받지 않은 문인으로, 피란 가길 거부하고 집과 책을 지키며 저항하다가 잡혀 죽었다. 김여물金汝岉(1548~1592)은 옥에서 풀려나 신립을 지원하라는 명을 받았지만 조선군이 돌이킬 수 없는 패배에 고통받을 때 신립과 함께 강에 투신했다.

이 영혼들의 삶과 죽음에 대한 자기 평가는 매우 다양하지만 의무와 운명이라는 두 축으로 구축된다. 고경명은 그가 자신의 의무를 다했기에 후회 없이 자기 운명을 수용할 수 있다고 믿는다. 그의 두 아들은 그들이 할 수 있는 것을 했음에도 목표를 달성하지 못했기에 깊은 회한을 표한다. 또 다른 의병장 김천일은 자신이 목표를 달성하지 못한 것은 자신의 계획과 전략이 부족하기 때문이 아니라 하늘의 도움을 얻지 못했기 때문이라고 생각한다. 의병장 조헌은 자신의 패배가 적의 전력에 대한 과소평가의 결과라고 보고 조국에 가한 치욕을 깊이 수치스러워한다. 심대, 김연광 그리고 김여물을 포함하여 몇몇은 존엄하게 죽음으로써 나라에 헌신할 기회를 얻은 데 감사한다.

이야기는 개인적인 행동의 군사적·사회적 함의에 대한 의문을 제기하기 위해 계속 나아간다. 자기 삶 이야기를 만들어낼 수 있는 특권을 누리는 사람도 있겠지만 자기 행동이 다른 사람과 사회에 미친 영향은 어떻게 해야 하는가? 책임 있는 직책을 맡은 저명한 인사가 그의 의무를 효과적으로 이행하는 데 실패한 것으로 여겨지면서 이 질문은 전후 시기 더 크게 다가왔음에 틀림없다. 신립이 대표적 사례이다. 그는 스물일곱 명 무리에 포함되었다. 명백한 잘못을 했는데도 그는 자기 관점에서 무슨 일이 일어났는지 설명할 기회를 빼앗기지 않았다. 신립이 말하길, 자신이 달천강에서 한 한 번의 큰 실수로 본래 명성을 모두 잃고, 영원한 불명예를 얻은 고독한 귀신이 되었다고 한다. 이 진술을 유극량劉克良(?~1592)이 즉각 반박한다. 영웅들은 죽음을 안타까워하지 않았지만 헛되이 죽는 것을 유감스러워했는데, 신립의 그릇된 전략이 수천 명을 헛되이 죽게 만들었다. 이렇듯 서로 모순인 평가들이 조화될 수 있을지, 만약 가능하다면 어떻게 조화가 가능할지에 대한 의문이 생긴다.

여기서 신립의 의도는 사회적 책임과 병치된다. 신립의 회한 역시 고려된다. 작품 전반부에서 그의 역할을 밝히기 위해서다. 유교국가인 조선에서는 '범죄' 행위를 따질 때, 행위자의 의도와 후회를 행위의 사회적 여파와 동등한 무게로 논의한다. 이어 신립을 평가하는 또 다른 요소가 등장한다. 불가항력인 역사적 힘 속에서 개인의 책임이 그것이다. 가령 윤계선의 것과 제목이 같은 황중윤黃中允(1577~1648)의 몽유록은 신립의 패배를 고찰하면서, 이를 주로 조선 조정의 군사 시스템이 부실한 결과로 평가했다. 신립의 패배와 관련한 의문은 궁극적으로 전쟁 중 조선군에 대한 질문이 된다. 왜 그렇게 비효율적이었나? 왜 그리 많은 패배와 사상자로 고통받았나? 윤계선의 몽유록이 신립을 다루는 상반된 태도는 엄청난 사건을 판단하기 위한 복잡성을 고려하는 시도일 수 있다. 그렇지만 이 조건이 실패한 모든 전사에게 적용되지는 않는다. 그 이야기는 이순신의 안티테제로 역사에 등장한 원균을, 최후의 사심 없는 영웅주의의 반대로써 부패한 기회주의의 상징으로 무조건 비난한다. 신립에 대한 마지못한 용서는 신립이 책임지는 것이 허망하다는 느낌에 기초한 것일지 모른다. 신립 역시 죽었다. 그는 다른 이들을 현 상태인 소외와 망각에서 구할 수 없다.

이 질문은 세 번째 문제를 제기한다. 이 전사들이 희생의 의미를 찾을 수 있을지, 그렇다면 어떻게 그리고 누가 그것을 부여할 수 있는지. 거듭 강조하는 것은 극복할 수 없는 장애물에 직면한 개인의 용기이다. 이 귀신들은 최악의 상황에 처해서도 죽음을 각오하고 싸운 것으로 묘사된다. 그들의 용맹은 조정의 지원 없이 발휘되었기에 특히 가슴 아프다. 개인들이 영웅적으로 묘사되는 것만큼 정부는 결함이 있는 것으로 그려진다. 필요한 군량의 보급에 실패한 것뿐만 아니라 심지어 고군분투하는 전사 개개인을 방해한 것이다. 이러한 실패는 정부가 이순신 장군을 취급한 바가 전형적인 예이다. 그의 영웅적인 생애는 잘 알려져 있다. 그의 거북선, 뛰어난 방어전략, 라이벌의 비방, 뒤이은 투옥과 원균으로의 대체, 원균 지휘하 조선 수군의 완전한 붕괴 그리고 이순신의 지휘권 회복, 일본의 재침 중 최후의 전투인 노량해전 그리고 탄환에 의한 이순신의 죽음이 그의 부대가 전투에서 승리할 때까지 비밀로 지켜진 점. 이 영웅적 전기의 일부 요소는 이후 각색되었겠지만 이순신의 영혼은 거의 유사한 이야기를 서술한다. 눈에 띄는 것은 이순신의 삶을 보여주는 방식이다. 그의 모든 성취는 선견지명에 따른 것이고, 강등과 전체 함대의 파괴를 포함한 모든 장애물은 조정의 근시안에 따른 결과다.

이러한 생각은 최후의 질문으로 이어진다. 국가가 이 전사들의 삶을 지키지 못했는데, 그들의 죽음을 위로할 수 있는가? 죽은 이에게 의미를 부여할 절박한 필요는 이순신 장군이 쓴 시의 마지막 줄로 요약된다. "군사는 싸움을 끝맺지 못한 채 몸이 먼저 죽으니, 영웅들의 눈물이 함께 머물며 마르지 않으리라." [46] 아마도 그들은 다른 곳에서 구원을 청해야 할 것이다. 그렇지만 다른 곳에서 구원될 가능성은 단호히 거부당한다. 마지막에 발언한 영혼이 불교의 승려라는 사실은 독자에게 불교식 해결책을 기대토록 유도하지만 승려 영규의 발언은 반대의 효과를 내기 위해 이용된다. 그는 자신의 믿음을 부정하지는 않지만 애국적 동기로 자신의 삶을 정당화한다. 그는 자신이 나라를 위해 싸우려고 불교적 자아를 이용하고 전투에서 영광스러운 죽음을 얻으며, 승려에게 조국이 없다는 신념이 잘못임을 증명할 수 있었던 것은 큰 행운이라고 선언한다. 그런 뒤 그는 윤회에 대한 불교적 개념을 반박한다. 그의 시는 결론을 맺는다. "사람들아, 윤회설을 말하지 마오. 저승에 갇혀 원통함을 풀지 못했노라." 불교의 구원에 대한 희망은 산산조각 났다. 이순신 장군은 그를 칭찬한다. "이 스님이야말로 우리를 격려할 수 있는 분이오!"[47]

이야기는 완전히 한 바퀴를 돈 후 끝을 맺는다. 궁극적으로 나라는 전쟁 영웅을 기리고 기념함으로써 의미를 부여해야 한다. 역사적 기억을 통해 개인이 불멸을 얻을 수 있다는 유교적 세계관이 확립되고, 이 임무에서 나라는 가장 권위 있는 기관임이 승인된다. 이렇듯 국가의 역할이 확인되면 군사 계획과 조정 공무의 결함은 다른 의미를 갖는다. 비판은 나라를 비난한 것이 아니라 더 강하고 능력 있는 나라를 향한 바람이 된다. 이 희망은 화자와 헤어지는 망자의 이별사에서 강조된다. 망자에 따르면 번영을 위해 나라는 백성과 군대 두 가지 요소를 보강해야 한다. 사족 문화가 꽃피는 동안 군사력은 침략으로부터 나라를 보호해야 한다. 조선은 더 이상 국방의 일을 도외시해서는 안 된다. 군사 개혁과 강화의 긴급한 필요는 전후 담론의 주요 구성요소임에 틀림없다. 황중윤의『달천몽유록』역시 동일한 메시지를 강조한다. 이런 의미에서 죽은 자는 이중의 상징이다. 그들은 나라의 과거 실책을 상기시켜줄 뿐만 아니라 나라를 지키는 수호자이기도 하다. 꿈에서 깬 화자 역시 산 자에게 두 가지 메시지를 던진다. 나라는 전사자를 기억해야 하고 그렇게 함으로써 그들의 삶을 지키기 위한 국방력의 중요성을 기억해야 한다.

잠에서 깨면서 파담자는 기념 행위를 거행했다. 각기 용감한 스물일곱 명에게 송덕문을 지어 희생에 바치며 제사를 지냈다. 왕실은 매우 거룩하여 '오랑캐'와 싸운 선비 스물일곱 명을 배출하고 "그들의 육체는 소멸되나 그들의 이름은 영원히 남으리라"라고 파담자는 말한다. 의식은 하늘에 대한 비탄으로 마무리되었다. "어찌하여 이분들을 세상에 보내고 또 어찌하여 이분들을 이렇게 빨리 앗아갔나이까?"[48] 외면당한 영혼들은 이 의례로 민족적인 기억, 궁극적인 영예 그리고 오로지 유학자만이 가능한, 불멸할 수 있는 역사적 영웅으로 탈바꿈한다. 꿈꾸는 자이자 제사를 주관하는 파담자가 조정 관료라는 것은 각기 싸운 이 스물일곱 명이 민족적 영웅을 위한 영예의 전당에 함께 들어간다는 것을 의미한다. 문학에서 전쟁기념관을 이 전사 스물일곱 명을 위해 구축한 것이다.

작품에서 제시한 두 가지 모순된 해결책을 어떻게 해석할 것인가? 유명한 전사들을 위한 가상의 전쟁기념관을 구축하는 일과 보답도 없는 상태에 있는 이름 없는 사망자들에게 제공하는 모호한 철학적 기념은 오로지 유명인에게 제공하는 명확한 해결책을 더욱 생생하게 대비시키지 않는가? 이런 소설 속 해결책은 나라가 기념행사에서 이 문제를 다루는 방식과 비교하는 데 도움이 될 수 있다. 조선 정부는 1593년 여름 전사자를 위한 공식적인 제사를 지내기 시작했다. 1593년 9월 2일, 예조에서는 왕실에 진주성을 지키다 죽은 사람들을 위한 제사 거행을 청했고, 승인받았다. 제사는 공적이 드러난 6인만이 아니라 공적을 쉽게 확인할 수 없는 모든 사망자를 대상으로 했다.[49] 진주 촉석강가에 정충단旌忠壇[50]을 건설하고 2년마다 봄과 가을에 임진전쟁 전투 중 사망한 모든 이에게 나라에서 제사를 올렸다. 중앙조정은 때에 따라 향과 축문을 보냈다.[51] 이 제단을 건립한 시기는 알려지지 않았지만 1908년 황실의 명령에 따라 중단될 때까지 제사는 계속되었다.[52]

이 글에서 문학적으로 전쟁기념관을 구축하는 것은 나라에서 수행하는 것으로 수렴되는 병행 활동으로 볼 수 있다. 이 스물일곱 명이 이야기에서 자신의 역사적 정체성을 형성할 때, 그들은 화자가 늘 존경해왔던 사람들로 표상된다. 작가의 교묘한 속임수를 감추려 하지도 않고, 나라에서 엮은 영웅의 목록에도 문제를 제기하지 않는다. 그 목록이 불완전하고, 몇몇의 이름이 빠져 있어도 스물일곱 명 모두 전쟁영웅으로 역사에 남았다. 그들을 기리는 기념 활동이 공적·사적 기관에서 이루어졌다.

하지만 서사는 이름 없는 병사들을 다루면서 조정의 기념 활동과 다른 모습을 보인다. 그들을 매장하지 않은 상태로 남겨둔다. 이는 익명의 병사들을 문제로 만든다. 내가 아는 한 이 이야기가 쓰이기 전까지는 조선에서 이름 없는 병사의 운명은 거의 주목받지 못했다. 그렇지만 이것이 조선만의 특수성은 아니다. 역사적으로 익명의 병사가 죽으면, 아마도 고대 그리스를 제외한 대부분 문화권에서 이를 적당히 감춰왔다. 이는 계급 그리고 병사의 개인적 정체성이라는 두 가지 문제와 연관된다. 이 두 가지 문제 모두 많은 나라에서 시민과 국가가 관계 맺는 방식이 바뀌고 군대를 개편하는 기술과 관행이 변하면서 해결되지만 시간이 아주 오래 걸렸다.

물론 우리는 유명한 베트남 전쟁기념관에 개인의 이름이 새겨진 것을 안다. 그렇지만 겨우 1868년에야 게티스버그Gettysburg의 묘지 설립과 함께 병사의 시신이 무차별적인 집단 매장에서 개별 매장으로 바뀌었고, 이것이 미국에서 전사자를 최초로 개별적으로 인지한 '국립묘지'였다. 마찬가지로 1927년 영국이 이퍼르Ypres에 세운 기념 아치에 제1차 세계대전 중 그곳 전투에서 죽은 사람과 실종된 사람의 이름을 새기고 개인의 이름을 기억했다.[53] 라쿼Thomas Laqueur는 '기억의 시대'의 시작점을 '평범한 군인의 이름이 남는 시대, 혹은 이를 의도적으로 신성시하면서 망각하는 시대'로 정의했다.[54]

17세기 조선의 서사는 기억과 익명성 사이의 모순을 보여준다. 이 모순은 저자의 인식과 저자가 결론내지 못한 해결책 사이의 경계에 있을 것이다. 그렇지만 그 이야기에서 가장 눈에 띄는 이미지는 익명의 군인들이 각각 불구가 되고 피를 흘리면서 횃불 아래를 걸어서 길게 행진하는 모습이다. 이 이미지는 그들이 묻지히 못한 것처럼 더욱 강력하고 애달프다.

이름 없는 백성의 시신

　이름 없는 사망자가 묻히지 못한 것은 다시『피생몽유록』의 주제가 되지만 이번에는 시신들이 침략의 길 위에 남겨진, 누군지 알 수 없는 민간인 사망자이다. 추정컨대 이름 없는 병사의 시신은 나라의 영향력 아래 있지만 죽은 백성은 그들의 가족에 속했다. 버려진 시신이 한 가족의 일원으로 여겨질 때, 그들의 익명성은 훨씬 더 비극적이다. 그것은 질서의 총체적 붕괴를 의미하며, 산 자는 주위의 죽은 자를 돌봐야 한다는, 교화된 삶의 필수적 조건이 무너졌음을 뜻한다. 사랑하는 이를 적절히 매장하는 것은 유교국가인 조선에서 핵심적 사항이었음에도 매우 많은 이들이 고향에서 멀리 떨어진 알지 못하는 곳에서 죽은 전쟁의 현실은 이 의무를 다할 기회를 허락하지 않았다.『피생몽유록』은 가장 기본적인 붕괴에 대처할 수 있는 방법을 찾기 위해 패권적 질서를 넘어 사고의 대안적 구조를 탐색한다. 이 이야기는 죽은 자의 익명성을 극복하기 위해 그를 개인으로 상상하고, 또 산 자가 그 끝을 볼 수 있도록 허락하는 방식으로 죽음의 의미를 담아내려고 시도했다.

　『피생몽유록』의 시작은『달천몽유록』의 도입부와 유사하다. 사족 피달은 여행을 좋아하는 인물로, 황혼이 질 무렵 경상도 어딘가 황폐한 들에서 독수리가 여기저기 파먹은 이끼 덮인 시체가 지평선까지 흩어져 있는 것을 발견한다. 이 풍경에 마음이 움직인 그는 시를 짓는다. 스님 한 명이 나타나 그에게 이 지역 사람들이 일본 침략자에게 당한 공포와 잔혹 행위에 대해 알려준다. 그는 피달에게 수천 명의 시체가 거기에 누워 있었지만 오직 한 구만이 정당한 권리를 행사하고 묻혔다고 알려준다. 그에 따르면 이씨 성을 가진 유생이 떠난 지 10년 만에 수도에서 돌아왔고, 부친이 돌아가신 상황을 두서없이 조사한 후 시신을 골라 성대한 장례를 지냈다. 이름이 알려지지 않은 승려는 고대 그리스 희곡에서 코러스가 맡는 인류 전쟁의 비참함과 공포를 드러내는 역할을 담당한다. 그는 이씨 유생이 시체를 잘못 골랐으며 자기 '아버지'를 불순한 동기로 매장했다는 것을 암시한다. 그 긴 시간 동안 유일한 매장지인 이 매장 상태가 끔찍한 혼란 상황을 잘 보여준다. 피달은 언덕을 넘어 쓸쓸한 마을에서 머물 곳을 찾는다. 그는 잠이 들자마자 꿈속의 세계로 인도된다.

　꿈속의 공간에서 현실과 동일한 매장지는 익명의 시체더미가 개별화하는 곳이었다. 잊힌 망자들에 대한 해원解寃 공간이 된 것이다.『피생몽유록』은 수많은 영혼보다 한 사례에만 집중한다. 제1차 세계대전에서 사망한 모든 알려지지 않은 병사를 대표하여 알링턴Arlington 국립묘지에 묻힌 무명용사처럼[55] 이 임의의, 하지만 구체적 사례 역시 익명의 모든 사망자를 대표한다. 이 경우 아들 이극신은 실제로 아버지가 아닌 다른 사람의 시신을 선택했다. 그 꿈은 피달이 주재하는 심문의 형태를 취한다. 그것은 아버지의 영혼과 묻힌 사람의 영혼 사이의 분쟁에 관해서이고, 여러 단계를 거쳐 해결된다. 첫 번째 단계에서는 누구에게 우선권이 있는지를 고려한다. 원고 역할을 하는 아버지 이헌은 사례를 진술한다. 그의 외로운 영혼은 비, 바람에 고통받으면서 세 아들이 자신을 데려가주기를 오래 기다렸다. 그의 맏아들 극신은 과거에 급제하여 고위 관직에 올랐다. 그는 다른 이들의 비난이 두려워 아버지를 적절하게 묻어주기로 결정했으나 역리譯吏 김검손의 시체를 대신 선택한다. 아들은 자기 실수를 알았지만 조롱받을 것이 두려워 다시 장례 치르기를 거부한다.

그러자 김검손이 들어와 긴 수염을 쓰다듬으며 피고 측으로 답변한다. 전생의 업보를 기반으로 자신을 변호한 그는 자신이 전생에 이극신의 아버지였으며, 이극신이 그의 시신을 택한 것은 하늘이 시킨 것이라고 말한다. 그는 이헌에게 주장을 접고 다른 아들에게 도움을 구하라고 조언한다. 피달은 이헌 편을 들면서 이헌이 그의 아들을 세상에 낳고 키웠기 때문에 다른 사람의 장례를 치른 것은 끔찍한 실수라고 선고한다. 이 지점에서 심문은 유교와 불교 사이의 논쟁이 되고 유교의 승리로 끝난다. 그러나 이 유불 논쟁의 주된 기능은 우세한 교리를 확립하기 위한 것이기보다는 이 세상에는 다양한 시각이 있고, 이들은 각기 상대적이라는 사고방식을 도입한 것처럼 보인다. 다른 말로 하면 실수로 자기 부모가 아닌 다른 사람을 매장하는, 유교 사회의 모든 사람에게 끔찍할 만한 사건에는 아마 우주의 섭리가 작용했으리라는 것이다.

두 번째 단계에서 또 다른 사고방식이 등장한다. 사람의 행운과 불행이 모두 겉으로 보이는 것과는 다르다는 관념이다. 이러한 사고방식은 이극신의 부패한 모습이 폭로되면서 등장한다. 김검손과 이헌 모두 이극신이 사악한 사람이라는 데에 동의한다. 때가 되면 그는 죽은 친지를 포함하여 전 가족까지 연루되는 죄를 짓고 처벌받을 것이다. 그들의 시신은 파헤쳐져 효수될 것이다. 그러므로 김검손의 운과 이헌의 불운은 보이는 것과 다르다. 그들 모두 이극신 같은 인간에게 매장되느니 호명되지 않은 채 남겨지는 것이 더 낫다고 결론짓는다. 두 사람은 묻히든 못 묻히든, 자신들의 장례를 거부한다. 그런 의미에서 이야기는 그들이 묻히지 못할 가능성을 암시한다.

매장되지 못할 가능성은 무엇을 의미하는가? 이야기는 인간이 친지의 장례를 치르지 못할 정도로 너무 타락했다는 것을 말하려 하는가? 이극신의 극악함은 인류의 특성인가?[56] 이야기의 심리적 측면의 핵심은 인간의 약점을 드러내는 것이 아니라 오히려 산 자로부터 죽은 자를 해방시키는 것으로 보인다. 이런 생각을 하는 이는 피달인데, 그의 이름인 달達은 '도를 얻은 사람'을 의미한다. 피달은 사후에는 정말 아무것도 중요하지 않다고 말한다. 따라서 황무지에 남겨진다고 해도 문제될 것이 없고, 적절히 매장되어도 진정한 이득은 없다. 이는 이헌을 위로할 뿐만 아니라 효수가 예고된 김검손도 편안하게 한다. 매장되지 못하는 문제는 매장하지 않아도 된다는 생각으로 해결된다. 죽은 자가 해방되니 더 나아가 산 자도 그들의 죄에서 자유로워진다. 이 해법은 본질적으로 도교가 갖고 있는 상대성의 개념을 상기시킨다. 더욱이 이곳에서 아버지를 매장하고 추모하기 위해 아들이라는 상징이 필요한 유교적 가부장제는 쓸모없어져버린다. 그렇다면 이 이야기는 유교적 질서를 반대하는 것인가?

『피생몽유록』은 『달천몽유록』과 여러 방면에서 다르다. 후자는 전쟁을 군사적 승패의 관점에서 보고 나라와 백성의 관계를 규정하려고 한다. 반면에 전자는 전쟁을 방황과 일상의 파괴라는 관점에서 생각한다. 『피생몽유록』은 극악한 개인적 비극을 마주하면서 상실한 삶을 인정한다. 그것은 익명성과 집단화의 수용을 거부하고, 평범한 희생자에게 개성을 부여하여 평범한 사람을 추모한다. 이야기의 주요 초점은 전쟁의 상처를 치유하기 위해 받아들일 수 없는 것을 수용하는 방법을 찾는 것이다. 다양한 종교가 공존했던 당대 조선 문화의 도교적 세계관을 보여줌으로써 그 이야기는 과정이 길고 고될지라도 치유 가능하다고 단언하는 것처럼 보인다.

묻히지 못하는 여성 시체

유교적 가부장제와 조선은 『강도몽유록』에서 정면으로 공격당한다. 임진전쟁이 거의 모든 조선인에게 영향을 준 반면 병자호란 기간은 대부분 양반 지배층이 고통을 받았다. 만주족 접근 소식이 조선에 도착하자 조정은 두 곳으로 나뉘어 따로 피란을 떠났다. 세자는 강화도로 간 반면, 왕의 무리는 남한산성으로 갔다. 앞선 13세기의 강화도는 몽골의 침략에 오래 저항한 곳이었으나 17세기 만주족은 쉽게 상륙했다. 원칙적으로 사람들은 '오랑캐'인 적에게 잡히거나 굴복하는 것이 죽음보다 더 처참한 운명이라 믿었다. 이것은 비록 여성뿐만 아니라 남성에게도 적용되지만, 1637년 강화도가 함락되었을 때 그것은 대부분 여성에게 해당되었으며 특히 강간을 피하려는 양반 여성에게 그랬다. 『강도몽유록』은 이 여성에 대한 이야기이다.

이 이야기에서 꿈꾸는 사람인 청허는 선승禪僧이다. 우연히 시체더미가 쌓인 들판을 지나던 파담자나 피달과 달리 그는 오직 여기저기 흩어진 시신을 묻기 위해 강화도로 갔다. 죽은 이들의 세계와 연결하는 매개체가 시詩인 유교적 지식인과 달리 청허는 연민을 통해 꿈속으로 들어간다. 그의 꿈에는 다양한 연령대의 여성이 열네 명 등장한다. 한 명은 기생, 나머지 열세 명은 양반 여성으로, 그중 두 명은 왕실의 여인이다. 『달천몽유록』의 전쟁 영웅들과 비슷하게 이야기는 열네 명이 주로 삶과 죽을 당시 상황을 개인적으로 구술한다. 그들은 모두 명예를 지키기 위해 용기를 낸 것을 자랑스러워한다. 이 신념은 마지막 화자인 기생에 의해 요약된다. "그 절의節義 높으심과 정렬貞烈의 아름다움에 하늘도 감동하고 사람마다 감탄하지 않은 사람이 없습니다. 우리가 비록 죽었으나 우리는 죽은 것이 아닙니다. 어찌 그리 서러워하십니까!"[57]

그들의 자부심은 남성 기득권층에 대한 날선 비판과 대조된다. 중앙 조정과 강화도 방위를 담당하는 고위 관료와 이 여성 가문의 남자들이 비판 대상이다. 관료들은 가명으로 불렸지만 여성과 남자 친지들의 정체는 꿈속에서도, 청허가 깨어난 후에도 단서가 없고 밝혀지지도 않는다. 이 여성들은 한 사람씩 관료들과 그들의 남편, 아들, 아버지와 시아버지의 비겁함, 부패, 위선을 폭로한다. 몇몇은 노비로 위장하여 달아났고, 일부는 싸우지 않고 항복했다. 가령 한 아들은 섬이 무너지기 전에 모친이 목숨을 버려야 한다고 주장했다. 그렇게 하면 조정에서 열녀문을 내려줄 것이며, 그는 열녀의 아들로 특권을 누릴 수 있으리라는 것이다.[58] 한 여인은 비록 명예를 지켰지만 남편이 지위가 높은데도 공무를 다하지 못했기 때문에 염라대왕으로부터 영원히 인간으로 환생할 희망이 없는 천벌을 받았다고 한탄한다.[59]

이 여성들의 방백에서 반복되는 주제는 기득권 남성들, 고위 관료들과 그 친지가 자신의 삶을 지켜야 할 결정적 순간에 나라를 버리는 불충의 범죄를 저지른 것이다. 기녀는 다시 여성들의 고결함을 남성들의 비겁함과 대조한다. "충신절사忠臣節士는 만에 하나도 없었습니다. 다만 부녀자만이 정절이 늠름했으니 이는 참으로 영광된 죽음입니다."[60] 이에 다른 여성들은 크게 탄식한다. 외부인인 승려 영규가 『달천몽유록』에서 최종 결론을 내리는 것처럼, 여기서 최종 발언을 하는 것도 외부인이자 천민인 기생이다. 그렇지만 승려 영규가 유교적 질서를 승인하는 반면 기녀는 가부장제의 붕괴를 폭로한다.

유교적 남성에 대한 이 완전한 불신은 화자로 선비보다 선승을 선택한 사실에서 드러난다. 그렇지만 청허의 역할을 여성의 영예에 대한 관리인으로 제한한다. 꿈속에서 그는 단지 여자들의 독백을 목격할 뿐이다. 파담자와 피달은 죽은 자들과 소통하며 그들의 메시지를 전달하지만 청허는 그들과 아무런 교류가 없다. 그가 깨어난 후 이야기는 갑자기 끝난다. 이 여성들의 장례와 기념에 대해서는 언급하는 바가 없다. 다른 화자와 달리, 그는 산 자와 죽은 자 사이를 중재할 수도 없고 그들 대신 유의미한 무언가를 소원할 수도 없다. 그는 오직 여성들이 겪은 비극의 증인이 될 수 있다. 그들은 묻히지 못한 채 물에 붇고 피투성이인 채로 남았다.

이 이야기에서 눈에 띄는 것은 유교적 가부장제를 고발할 뿐만 아니라 그 고발을 묻히지 못한 여성 신체를 통해 이루었다는 점이다. 듀아라는 아시아의 근대화 담론에서 여성의 신체를 민족적 가부장제를 지지하는 진정성의 표현으로 차용하는 경우가 많다고 지적한다. 그는 메이지 시기 일본에서 경제 성장의 상징으로 자족하고 검소한 여성을, 전시 중국의 담론에서 더럽혀진 국가의 순수성을 상징하는 것으로 강간당한 여성을 형상화한 것을 역사적 예로 든다.[61] 17세기 조선의 여성 신체도 덕망 있고 순결한 진실의 표상으로 떠오르지만 일본 혹은 중국 여성의 그것과는 반대로 이 신체는 가부장제의 파멸을 강조한다. 즉, 가부장제가 붕괴된 것은 그것을 지탱하는 성별화한 두 축, 남성의 충忠과 여성의 열烈 중 한 축이 무너졌기 때문이다. 가장 정치적인 이 몽유록 서사에서 여성은 그들의 자리를 버리는 남성들 때문에 심하게 괴롭지만 성별의 엄연한 구분은 이 여성들이 남성들이 버린 덕목을 전유하지 못하도록 막는다. 이 여성들은 남성적인 충을 포괄할 때까지 자신의 열을 확장하지 못한다.

같은 시기에 한글로 쓰인 작자 미상의 민간 설화 『박씨전』에서는 다른 해결책을 내놓는다. 역사적 인물인 이시백李時白(1592~1660)과 결혼한 박씨 부인은 성별의 구분을 오간다. 평범한 남편과 달리 박씨 부인은 정치적 통찰력과 군사적 지략에 초인적인 재능을 지녔다. 그녀는 남편의 경력에서 중요한 순간마다 그를 잘 이끈다. 호란 동안 모두가 현덕한 아내의 역할을 수행하는데, 그녀는 남자 역할에 발을 들여놓으며 조정에서 많은 위기를 헤쳐 나가도록 돕는다. 왕은 박씨 부인에게 영예로운 '충렬부인忠烈婦人' 혹은 '절충부인節忠婦人'이란 봉호를 수여한다.[62] 이는 역사적 기록과 배치된다. 충렬은 조선이 공적이 있는 남성에게 내리는 시호로, 여성에게는 결코 주어지지 않는다.[63] 이 민간설화에서 살아 있는 여성의 신체는 남성과 여성의 덕성을 공공연히 표상한다. 가부장제는 유지되고 여성은 명목상 그 안에 머물지만, 그녀가 군자의 덕을 이용하고 남자의 공간을 차지하면서 남자는 지워진다.

반대로 『강도몽유록』 속 성별에 따른 덕성의 구별은 남성의 영역을 손대지 않고 그대로 둔다. 공적인 삶 속에서 부인의 관리 아래 사는 이시백과 달리 『강도몽유록』 속 남자들은 정치적 공간을 독점하고 거기에 필요한 덕목을 갖추고 권력을 유지한다. 이런 의미에서 가부장제의 해체는 남성 권력을 부정하기보다 오히려 공고히 한다. 이는 남성들이 가부장제의 해체를 초래했듯, 다시 회복시킬 수도 있다는 것을 암시한다. 훼손된 여성 신체의 사용은 남성들에게 던지는 분명한 메시지로 해석할 수 있다. 샤프Jenny Sharpe는 1857년 영국군에 저항한 세포이 항쟁을 다룬 역사 서술에서 강간당한 여성의 역할을 논한다. 샤프에 따르면, 성적으로 유린당한 영국 여성이라는 이미지를 통해 영국군은 자신들의 진압 작전을 선전하고, 나아가 저항군에 대한 폭력을 정당화했다.[64] 『강도몽유록』에서 상처 입은 여성의 신체에 대한 수사를 비슷한 목적으로 사용할 수 있는가? 여성을 보호하지 못한 것에 대해 조선 남자가 복수심 가득한 분노와 부끄러움으로 동요할까? 사실 날카롭지만 애절한 이 비판의 어조는 타인에 대한 비난보다 자기모순에 가까워 보인다. 사실이다. 물론 죽은 여성의 몸과 살아 있는 남성의 신체는 대립하는 두 항이다. 절개와 용기 대 불충과 비겁의 이항대립이 만들어진 것이다. 이 작품에서 여성의 목소리로 남성을 비판하는 것도 사실이다. 정철이[65] 지은 사미인곡思美人曲이라는 유명한 가사처럼, 한국 문학에서, 특히 정치적 우화에서 이는 드문 경우가 아니었다. 이 이야기에서 여성 화자가 주장하는 바는 남성의 언어로 생각하고 표현한 고도의 정치적 메시지다. 남성은 나라를 지키는 데에 실패했다는 것이다.

묻히지 못한 점에서 산 자와 죽은 이 사이의 상호 의존을 깨는 『피생몽유록』의 시신들과 달리 『강도몽유록』에서 묻히지 못하는 여성의 몸은 남성의 책임을 강조한다. 그들의 죽음은 남성들이 자신의 덕목을 다하지 못한 결과다. 그들의 시신은 남성들이 덕성을 회복할 때까지 묻히지 못한 채 남는다. 이 여인들은 양심의 수호자가 되어 일종의 불멸을 얻는다. 한 여인이 선언한 것처럼 그들은 죽었으나 살아 있다. 반면 남성들은 살아 있음에도 죽었다. 헝클어지고 정돈되지 않은 분노 속에 남겨진 이 여성들은 편히 쉬기 위해 남자들이 덕을 깨치기를 기다린다.

문학작품의 생산과 패권적 질서

이 몽유록들과 같이 사적 영역에서 생산된 문학작품은 기념문화의 형성 및 발전과 영향을 주고받으며 17세기 조선에서 전후 정체성 담론을 구성하는 주요 요소였다. 이러한 문화의 다른 주체들은, 특히 국가와는 복잡다기한 관계를 유지했다. 국가는 글의 힘을 공유하기도 하고, 한편으로는 독자나 영향력을 놓고 그들과 경쟁하기도 했다. 루이스Mark Edward Lewis가 지적한 것처럼 글쓰기는 엄청나게 먼 시간과 공간을 가로질러 독자에게 각인되는 순간을 연결할 수 있을 뿐만 아니라 텍스트 안의 목소리로 독자의 주의를 끌 수 있는 잠재력을 보유하고 있기 때문이다.[66]

관료기구를 갖춘 조선 정부는 서면 텍스트와 공적 발언의 가장 활발한 생산자였다. 그렇지만 사적 영역에서 이루어진 문학 생산은 전후 시기에 양적·질적으로 모두 엄청나게 증가했다. 전쟁 경험, 전쟁 시기의 역사, 전쟁 영웅에 대한 기념 전기 등을 다룬 개인 회고록이 쏟아졌다. 백성은 한글로 산문소설을 쓰기 시작했고, 시와 산문소설은 한문과 언문 두 언어 모두에서 새로운 장르를 개척하고 옛것을 새롭게 만들었다. 문文의 문화는 더 이상 상류층 양반 남성이 지배하는 배타적 영역이 아니었다. 사회적 지위가 낮은 새로운 집단의 사람이 문화에서 영향력을 갖기 시작했다. 반면 여성은 한글문학의 유일한 생산자와 소비자는 아니지만 핵심적으

로 기여했다.[67] 소설과 정전正典에는 포함되지 않는 다른 장르들에 대한 독자 역시 증가했다.[68]

민간 부분에서 문학작품이 증가한 것은 부분적으로, 비교적 유화적인 정부 정책에 기인했다고 할 수 있다. 비록 정부가 '옳은' 텍스트에 대해 공적인 주장을 견지했고, 여기서 논의하는 글들이 옳음의 기준에서 한참 벗어나는 것들이었지만 말이다. 그리고 때때로 사적인 집필에 정부가 간섭하는 사례가 있지만 대체로 조정은 검열을 자제했다.[69]

다층적인 두 언어를 사용하는 이 문화에서 생산자와 소비자의 다양한 집단 사이에 관계는 꽤 복잡해 보인다. 독자층을 장르와 언어에 따라 완벽히 구분한 것으로 보기는 어렵다. 예를 들어 인선왕후仁宣王后(1618~1674)가 결혼한 딸에게 보낸 편지를 보면, 이들은 보통 남성 독자 사이에서 인기 있는 것으로 여겨진 소설 『수호전』을 비롯한 소설 작품을 서로 빌려주곤 했다.[70] 비록 이 소설들을 한글로 번역된 것으로 추정하지만, 이렇게 빌려 보는 행위는 독자와 상품이 성별의 경계를 넘나든 것을 보여준다. 허용 가능한 범위 내에서 작품이 널리 유통된 것으로 여겨졌다. 예를 들어 윤계선의 『달천몽유록』은 전쟁에 관한 다양한 문서를 엮은 『난중잡록』에 전문이 실려 있다. 둘 다 사족 남성이 사적으로, 한자로 저술했다.

민간 부문의 다양한 문학작품 중에서 한문소설은 특정한 경향을 보이는데, 자주 정치적 이슈를 다룬다. 판타지나 풍자 같은 특정 장르는 지배질서를 전복하는 이슈를 취했다. 국가는 이상적인 나라에 대한 비전을 영속시키기 위해 언어의 힘을 활용했다. 기념 활동을 예로 들면, 기록이든 공연이든 간에 약점을 숨기고 나라의 영광을 드러내기 위해 글을 활용했다. 판타지 문학의 허구적 공간에서 언어는 숨긴 것을 강조하고, 은폐한 것을 문제로 부각한다. 세 개의 몽유록은 매장되지 못한 시신을 헤게모니 질서의 결함을 은유적으로 표현하는 데 사용한다.

그러나 이러한 텍스트에서 전복의 특성을 읽어내는 방식은 문제가 있다. 각각의 이야기는 서로 다른 범주의 매장되지 못한 몸을 활용하여 각기 다른 문제를 제기한다. 헤게모니와 반反헤게모니의 틀 속에서 모두 이해할 수 있을까? 예를 들어『피생몽유록』은 유교적 질서를 종교적 혹은 철학적 구조로 평가한다.『피생몽유록』은 묻히지 못한 백성의 시신을 보여줌으로써 유교적 질서 안에서 임진전쟁의 희생자를 위한 해결책을 찾을 가능성을 거부하고 대안적인 구조에서 해법을 모색한다. 그러나 하나 기억해야 할 것은 전후 담론은 비록 종교나 구조 사이의 위계가 있을지언정 많은 사람은 일반적으로 공존하는 구조들을 승인했다.[71]

잭슨은 문학적 환상과 패권적 질서의 관계를 묘사한다. 환상이 문화에서 숨겨지고 억눌린 것을 드러내는 동안 "무질서 속을 유람하는 것은 지배적 문화 질서에 기반해야만 시작될 수 있으므로, 문학적 환상은 그 질서의 한계를 말하는 지표이다."[72] 대안적인 종교 체제도 헤게모니 질서에 속하기 때문에 조선 사회에서 이 종교의 지위가 아무리 낮더라도 몽유록에 드러난 고뇌를 해석하는 틀로서 헤게모니(유교적 질서)와 반헤게모니(다른 종교적 체제) 사이의 이분법을 도입하는 것은 적절하지 않아 보인다.[73]

『피생몽유록』은 유교적 질서에 도전하는 것보다 그들의 불완전함을 폭로한다. 이런 의미에서 사르트르Jean-Paul Sartre의 정립the thetic(실제적이고 이성적이라고 생각되는 명제들)과 비정립the nonthetic(비현실)의 구분이 오히려 더 적합한 해석의 틀로 보인다.[74] 『피생몽유록』의 메시지가 현재 질서에 반대하기보다는 유교 질서 안에 부재하는 것을 욕망한다는 점에서 헤게모니에 대한 반발보다는 비정립에 가깝다.

우리는 나라-가부장제에 대한 서사의 위치를 해석하기 위해 사르트르적 기획을 적용할 수 있는가? 두 번의 전쟁으로 조선 정부는 도덕적 권위에 치명적인 손상을 입었다. 17세기 정권 교체가 이루어진 일본이나 중국과 달리 300여 년을 더 생존했기 때문에 그 전쟁이 조선에 미친 영향은 거의 연구하지 않았다. 일본이 침략하는 동안 백성은 나라가 강토와 백성을 보호하지 못한 것을 보았다. 첫 번째 일본 침략의 첫 달에 선조와 그의 측근은 북으로 몽진을 떠나면서 성난 군중과 마주치고, 완전한 무질서와 혼란에 빠진 마을길을 지났다. 왕실의 상징 역시 시달렸다. 가장 심각한 사례는 일본군이 수도에 입성하자마자 종묘를 불태운 것이었다.[75]

선조는 명 장수들이 명 조정에 대한 불충의 죄를 씌우면서 추가적 굴욕을 당했고, 그 후 그들의 판결을 기다려야 했다.[76] 안녹산安祿山의 난 이후, 그 아들에게 왕위를 넘겨야 했던 당 현종玄宗(713~756)의 예에[77] 사로잡힌 국왕 선조는 그가 북에 머무는 동안 그리고 서울로 돌아온 후 반복적으로 그의 아들에게 양위하겠다고 선포했다. 그는 어느 시점에 선언했다. "나는 젊어서부터 병이 많아 반생半生을 약으로 연명延命하는데 (…) 예부터 어디에 광병을 앓은 임금이 있었던가.”[78] 그는 퇴위하지 않았지만 공개적으로 속죄해야 한다고 생각했음에 틀림없다. 8개월의 몽진 이후 서울로 돌아왔을 때 그는 도성 밖 행궁에 머물러야 했다.[79] 당시에는 주요 궁궐들이 파괴되었기 때문에 행궁에 일시적으로 머무는 것처럼 보였지만, 15년 후 죽을 때까지 그는 계속 그곳에 거처했다.

일본 침략이 가져온 조선 조정의 권위 약화는 1637년 만주족에게 항복할 때의 굴욕과는 비교가 되지 않는다. 인조의 옥체에 새겨진 굴욕은 조선이라는 정치체 전체에 해당하는 것이었다. 1644년 명이 무너졌을 때 조선인은 중화에 대한 오랑캐 지배의 시작을 보았다. 조선인은 조선이 유교문명의 마지막 담지처라는 새로운 의무와 수호자로서 역할을 발견했다. 조선은 '이적夷狄' 청에 대한 적개심과 경멸에도 불구하고, 청이 조선의 상국이라는 사실을 인정하는 정기적인 외교 의례의 수행을 강요받았다. 따라서 항복의 치욕은 끊임없이 재연되고, 결코 잊히지 않았다.[80] 그것은 식자識者층에게 깊은 고뇌의 지점이 되고, 사림 내부의 분열뿐만 아니라 상당수 지식인이 나라에 대해 소외감을 느끼는 데 원인이 된 것으로 보인다.

『달천몽유록』과 『강도몽유록』에서 매장되지 못한 시신들, 즉 익명의 군사와 명예를 지키기 위해 스스로 목숨을 끊은 여인은 죽은 순간의 모습으로 나타나면서 망가진 정치체로서 조선과 붕괴된 가부장제를 표상한다. 이 두 집단의 사망자는 공적인 기념사업에 포함된 사람들이다. 그들은 희생당하거나 명예를 부여받았다. 공동의 슬픔을 달래고 상처받은 이미지를 치유하는 기관으로서 역할을 수행하기 위해 국가는 적극적으로 이러한 활동에 참여했다. 이 사망자가 묻히지 못할 가능성을 주장하면서 몽유록 서사는 나라가 도입한 해결책과 경합한다. 아마도 전후의 각기 다른 시기에 지어진 두 서사는 서로 다른 '감정의 일시적 구조'를 구현한다.[81] 이름 없는 군인의 묻히지 못한 시신은 끝내 달성되지 못한 해결책의 모색, 즉 사르트르적 의미의 비정립 상태를 의미한다. 매장되지 못하고 훼손된 여성 시신은 좀더 위급한 정체성의 위기를 부각한다. 그러나 이러한 나라와 가부장제에 대한 비판은 조선이 만주족에게 굴복한 이후 남성 엘리트 사이에 팽배했던 굴욕감과 자책감의 일환으로 여겨진다.

묻히지 못한 시신은 전후 임진전쟁에 대한 담론과 호란에 대한 담론이 다르다는 것뿐만 아니라, 만주족의 침략 이후 두 담론이 상호작용하는 방식, 특히 임진전쟁에 대한 이미지가 바뀐다는 것을 잘 보여준다. 『강도몽유록』에서 꿈꾸는 화자로 승려 청허를 선택한 것은 정체성 담론의 발전과정에서 한 시대의 역사적 사건이 다른 시대에서 또 다른 의미를 획득하는 방식을 잘 보여준다. 청허는 임진전쟁 중 승병을 이끌었던 유명한 휴정대사[82]의 별칭이다.[83] 그는 불교를 통합하기 위해 이론적 근거를 제시한 주요 불교 지식인 지도자지만[84] 승려로서 싸울 의무가 없음에도 위기 상황에서 나라를 지키는 역할로 불멸의 명성을 얻는다.[85] 휴정의 제자 유정도 스승처럼 효과적으로 싸웠다. 그는 전쟁 중 일본군 장수 가토 기요마사와 두 차례 협의를 진행하고,[86] 1604년 새로 들어선 도쿠가와 막부와 조선인 포로 송환을 위한 협상을 진행하기 위해 특별대사로 일본에 가서

3,500명을 데리고 돌아왔다.[87] 호란 시기에는 휴정이 죽은 지 오래되었기 때문에 소설에서 몇 안 되는 실존 인물이 존재하는 것은 역사적 사실에 부합하지 않는다. 그렇지만 이는 나라를 지키기 위해 성공적으로 싸우고 전후 과제에 적절히 참여한 전설적인 휴정이나 유정 같은 영웅에 대한 애석한 갈망을 표현하는 것 같다.

임진전쟁 이후 이야기는 잠정적으로 치유 가능성을 제시하고, 헤게모니 질서에 대한 양면성을 표현한다. 호란 이후 조선의 도덕성에 대해 타협하지 않고 끝난 임진전쟁은 향수를 불러일으켰고, 임진전쟁의 영웅들은 영원히 빛날 것처럼 보였다. 흥미롭게도, 만주족 침략 이후 쓰인 소설에서는 청허처럼 헤게모니 질서 밖에 있던 전쟁 영웅을 비정립적인 욕망의 은유로 삼았다. 이런 『강도몽유록』의 관점은 세 몽유록 중 가장 나라에 비판적이며 또한 반헤게모니적 정서보다는 비정립적 정서를 표현한다. 즉, 그들은 비현실적인 바람과 찾기 힘든 희망을 소환한다.

구체적인 역사적 의미를 넘어 문학작품의 시학적 관점에서 각 시체의 유형, 특히 매장되지 못한 시신은 전쟁으로 사망한 사람에 대한 살아 있는 사람의 부적절한 느낌을 표상한다. 이는 링컨Abraham Lincoln(1809~1865)의 말을 상기시킨다. "그러나 좀더 넓은 의미에서, 우리는 이 땅을 헌정하거나 봉헌하거나 신성하게 할 수 없습니다. 이곳에서 싸우다 죽은 혹은 살아남은 용사들이 이미 이 땅을 신성하게 했으며, 우리의 미약한 힘으로는 더 이상 보탤 수도, 뺄 수도 없기 때문입니다."[88] 이러한 한계를 충분히 인식하면서, 몽유록의 이야기들은 망자를 기억 속에서 불멸의 존재로 만들거나 이들을 망각 속으로 놓아주려고 한다. 이것은 언어에 마법이 있다고 상상하는 문화에서 이루어진다.

이 이야기들의 독특한 점은 이야기에서 망자를 기억하든 망각하든 간에 이름 없는 망자는 집단으로만 다뤄지지 않고, 이름이 알려진 자처럼 개개인으로 등장한다는 것이다. 이런 점에서 이 설화의 진정한 시학은 이저Wolfgang Iser가 '미적 태도의 핵심'이라고 본 '상상의 기억'을 구축하는 것이다. "그것은 그저 사건을 수동적으로 기록하는 일이 아니라 적극적으로 감상(기억)을 고르고 그것을 변화시키는 것이다."[89] 이 허구적 공간에서 이 소설들은 '보존하고', '개인을 생각하고 기억하는 자격 요건을 갖춘다.' 가상의 기억을 구축하고, 이름이 알려진, 동시에 무명의 죽은 이를 상상하면서, 이야기는 자율적인 기념물을 만들어낸다. 아마도 이것이 사적 영역의 문학 생산이 지닌 국가에 대한 가장 강력한 전복성일 것이다.

이러한 이야기들, 특히 『달천몽유록』과 『강도몽유록』이 그들의 기억을 추모하고 보존하려는 것처럼 이름 없는 사망자를 개별화하려는 시도는 망자를 '민족적' 맥락에 놓는다고 할 수 있다. 망자는 '오랜 동안의 노력, 희생 및 헌신'의 상징 그리고 그 희생에 힘입은 도덕성의 화신이 되어 "공동체의 이익을 위해 개인의 포기를 요구한다."[90] 한편 그들이 고통받은 기억은 그들을 기억하는 모두를 하나로 모으고, 산 자의 슬픔은 '민족적 기억'이 된다. 이렇게 16세기에 시작된 기념문화는 국가의 후원을 받든, 사적으로 기획되든 궁극적으로는 임진전쟁과 병자호란의 전사자가 영면하면서부터 지금까지 민족의 담론을 영속시킨다.

김자현의 연구목록

— 편집: 게리 레이야드(Gari Ledyard)

1. 연구 저서

1985 *The Rise of Neo-Confucianism in Korea.* Coeditor. New York: Columbia University Press.

1988 *A Heritage of Kings: One Man's Monarchy in the Confucian World.* New York: Columbia University Press.

1996 *The Memoirs of Lady Hyegyŏng: The Autobiographical Writings of a Crown Princess of Eighteenth-Century Korea.* Berkeley: University of California Press.

1999 *Culture and the State in Late Chosŏn Korea.* Coeditor. Cambridge, Mass.: Asia Center, Harvard University.

2001 *The Confucian Kingship in Korea*(paperback edition of A *Heritage of Kings* with an added preface). New York: Columbia University Press.

2003 *Women and Confucian Cultures in Pr-modern China, Korea, and Japan.* Coeditor. Berkeley: University of California Press.

2009 *Epistolary Korea: Letters from the Communicative Space of the Chosŏn, 1392-1910.* New York: Columbia University Press

2013 *A Korean War Captive in Japan, 1597-1600; The Writings of Kang Hang.* Coedited and translated with Kenneth R. Robinson. New York: Columbia University Press.

2. 연구논문

1985 "The Education of the Yi Crown Prince: A Study in Confucian Pedagogy." In *The Rise of Neo-Confucianism in Korea*, ed. Wm. Theodore de Bary and JaHyun Kim Haboush, 161-222.

1985 "Confucian Rhetoric and Ritual as Techniques of Political Dominance: Yŏngjo's Use of the Royal Lecture." *Journal of Korean Studies* 5:39-61.

1987 "The Sirhak Movement of the Late Yi Dynasty." *Korean Culture* 8, no. 2:20-27.

1987 "Confucianism in Korea." In *The Encyclopedia of Religion*, ed. Mircea Eliade. New York:

Macmillan and Free Press, 4:10-15.

1987 "Song Siyŏl," "Yi T'oegye," "Yi Yulgok," "Yun Hyu." In *The Encyclopedia of Religion*, ed. Mircea Eliade, 13:415-416; 15:517-518; 15:518-519; 15:543-544.

1988 "Tonghak," "Kim Ok-kyun," "Son Pyŏng-hŭi." In *The Encyclopedia of Asian History*, ed. Ainslie T. Embree. 4 vols. New York: Charles Scribner's Sons.

1991 "The Confucianization of Korean Society." In *The East Asian Region: Confucian Traditions and Modern Dynamism*, ed. Gilbert Rozman. Princeton: Princeton University Press, 84-110.

1991 "Women in Traditional Korea." In *Womens Studies Encyclopedia*, ed. Helen Tierney. 3 vols. New York: Greenwood.

1992 "Dual Nature of Cultural Discourse in Chosŏn Korea." In *Contact Between Cultures; East Asia: History and Social Science*, ed. Bernard Hung-Kay Luk. Lampeter, Dyfed, UK: Edwin Mellen Press, 4:194-196.

1992 "The Text of the Memoirs of Lady Hyegyŏng: The Problem of Authenticity." *Gest Library Journal* 5, no. 2:29-48.

1993 "The Censorial Voice in Chosŏn Korea: A Tradition of Institutionalized Dissent." *Han-kuo hsueh-bao* 12:11-19.

1993 「미국 내의 한국 문화: 그 존재와 인식」, 『계간 사상』 13, 1993, 149~175쪽.

1993 "Public and Private in the Court Art of Eighteenth−Century Korea." *Korean Culture* 14, no. 2:14−21.

1993 "Rescoring the Universal in a Korean Mode: Eighteenth Century Korean Culture." In *Korean Arts of the Eighteenth Century: Splendor and Simplicity*. New York: The Asia Society Galleries, 23−33.

1994 "Academies and Civil Society in Chosŏn Korea." In *La société civile face à l'État: Dans les traditions chinoise, japonaise, coréenne et vietnamienne*, ed. Léon Vandermeersch. Paris: École Françhise d'Extrême−Orient, 383−392.

1995 "Dreamland: Korean Dreamscapes as an Alternative Confucian Space." In *Das Andere China*, ed. Helwig Schmidt−Glintzer. Wiesbaden, Germany: Harrassowitz, 659−670.

1995 "Filial Emotions and Filial Values: Changing Patterns in the Discourse of Filiality in Late Chosŏn Korea." *Harvard Journal of Asiatic Studies* 55, no. 1:129−177.

1997 「시공을 넘나든 만남」, 『리더스투데이』 1−4, 일요신문사, 22~25쪽.

1999 "Constructing the Center: The Ritual Controversy and the Search for a New Identity in

Seventeenth-Century Korea." In *Culture and the State in Late Choson Korea*, ed. JaHyun Kim Haboush and Martina Deuchler. Cambridge, Mass.: Asia Center, Harvard University, 46-90, 240-249.

2001 "In Search of HISTORY in Democratic Korea: The Discourse of Modernity in Contemporary Historical Fiction." In *Constructing Nationhood in Modern East Asia*, ed. Kai-wing Chow, Kevin Doak, and Poshek Fu. Ann Arbor: University of Michigan Press, 189-214.

2002 "Gender and the Politics of Language in Korea." In *Rethinking Confucianism: Past & Present in China, Japan, Korea, and Vietnam*, ed. John Duncan, Benjamin Elman, and Herman Ooms. Asian Pacific Monograph Series, University of California at Los Angeles, 220-257.

2003 「고구려의 역사화」, 한국사학사학회 編, 「한국사 연구 방법의 새로운 모색」, 경인문화사, 2003, 1~8쪽.

2003 「조선시대 문화사를 어떻게 쓸 것인가―자료와 접근 방법에 대하여」, 한국사학사학회 編, 「한국사 연구 방법의 새로운 모색」, 경인문화사, 2003, 176~196쪽.

2003 "Dead Bodies in the Postwar Discourse of Identity in Seventeenth-Century Korea: Subversion and Literary Production in the Private Sector." *Journal of Asian Studies* 62.2(May 2003): 415-442.

2003 "Private Memory and Public History." In *Creative Women of Korea*, ed. Young-Key Kim-Renaud. Armonk, N.Y.: M. E. Sharpe, 122-141.

2003 "Versions and Subversions: Patriarchy and Polygamy in the Vernacular Narratives of Choson Korea." In *Women and Confucian Cultures in Pre-Modern China, Korea, and Japan*, ed. Dorothy Ko, JaHyun Kim Haboush, and Joan Piggot. Berkeley: University of California Press, 279-312.

2004 "Filial Emotions and Filial Values: Changing Patterns in the Discourse of Filiality in Late Choson Korea." Reprinted in *Religion and Emotion: Approaches and Interpretations*, ed. John Corrigan. Oxford: Oxford University Press, 75-113.

2005 "Contesting Chinese Time, Nationalizing Temporal Space: Temporal Inscription in Late Choson Korea." In *Time, Temporality, and Imperial Transition*, ed. Lynn Struve. Honolulu: University of Hawaii Press, 115-141.

2005 「효의 감성과 효의 가치―조선후기 효 담론의 변화」, 「국문학연구」 13, 2005, 155~203쪽.

2006 "Introduction." In *And So Flows History*, ed. Hahn Moo-Sook, trans. Young-Key Kim-Renaud. Honolulu: University of Hawai'i Press, 1-7.

2007 「우리는 왜 임진왜란을 연구합니까?」, 『임진왜란: 동아시아 삼국전쟁』, 휴머니스트, 2007, 23~29쪽.

2008 "The Vanished Women of Korea: The Anonymity of Texts and the Historicity of Subjects." In *Servants of the Dynasty*, ed. Anne Walthall. Berkeley: University of California Press.

2010 "Yun Hyu and the Search for Dominance: A Seventeenth-Century Korean Reading of the Offices of Zhou and the Rituals of Zhou." In *Statecraft and Classical Learning: The Rituals of Zhou and East Asian History*, ed. Benjamin Elman and Martin Kern. Leiden: Brill, 309-329.

3. 학술번역

1996 "King Yŏngjo: Eliminating Factions," "Lady Hyegyŏng: Two New Factions," "Literature, Music, Song," "Chŏng Naegyo: Preface to Chŏnggu yŏngŏn-The Emergence of the Chungin Patronage of Art." In *Sourcebook of Korean Civilization: From the Severnteenth Century to the Present*, ed. Peter Lee. New York: Columbia University Press, 39-43, 240-242.

2001 Chapter on education in *Sources of Korean Tradition*. vol. 2. New York: Columbia University Press, 34-69.

4. 비평논문

1988 Review of *Unforgettable Things: Poems*, by Sŏ Chŏngju, trans. David McCann. *Journal of Asian Studies* 47, no. 3:667-668.

1989 Review of *The Life and Hard Times of a Korean Shaman: Of Tales and the Telling of Tales*, by Laurel Kendall. *Korean Studies* 13:146-150.

1989 Review of *Tansŏ munhwa kyoryusa yŏn'gu-Myŏng Ch'ŏng sidda sŏhak suyong*(A study of East-West cultural contact: The reception of Western Learning in the Ming-Qing period) by Ch'oe Soja(최소자, 『東西文化交流史研究: 明·清時代西學受容』, 삼영사, 1987), *Journal of Asian Studies* 48:130-131.

1991 Review of *Modern Korean Literature: An Anthology*, ed. Peter H. Lee. *Journal of Asian Studies* 50, no. 3.

1991 Review of *Pine River and Lone Peak: An Anthology of Three Chosŏn Dynasty Poets*, trans., with an introduction, by Peter H. Lee. *Journal of Asian Studies* 50, no. 4.

1994 Review of *Sourcebook of Korean Civilization: Early Times to the Sixteenth Century*. Vol. 1, ed. Peter H. Lee. *Journal of Asian Studies* 53, no. 1:242–244.

1995 Review of Briefing 1993, Briefing 1994, ed. Donald N. Clark. *Korean Studies* 19:183–186.

2001 Review of *My Very Last Possession and Other Stories*, by Pak Wansŏ. *Journal of Asian Studies* 59, no. 4:1055–1057

머리말

1)　북송시대 청렴하고 강직·공정함으로 유명했던 관리 포증包拯. - 옮긴이

서장

1)　The Great East Asian War를 문자 그대로 직역하면 '대동아전쟁'이다. 여기서는 '임진전쟁'을 의미한다. - 옮긴이

2)　아시아에 이런 거대한 제국은 존재하지 않았다. 동아시아의 몽골 제국의 칸들이 일본 열도를 포함시키려 시도했으나 실패했다.

3)　이 리스트는 Benedict Anderson, *Imagined Communities: Reflections on the Origin and Spread of Nationalism*(New York: Verso, 1983); Ernest Geller, *Nations and Nationalism*(Ithaca: Cornell University Press, 1983); Eric J. Hobsbawm and Rerence Ranger, eds., *The Invention of Tradtion*(Cambridge: Cambridge University Press, 1983); Anthony D. Smith, *Theories of Nationalism*, 2nd ed.(Boulder: Holmes & Meier, 1983); E. J. Hobsbawm, *Nations and Nationalism Since 1780: Programme, Myth, Reality*(Cambridge: Cambridge University Press, 1990)와 같은 익숙한 표제들을 포함한다.

4)　Ernest Geller, *Nations and Nationalism*(Ithaca: Cornell University Press, 1983).

5)　*Ibid.*, pp. 6~13.

6)　Ernest Renan, "What is a Nation?" in *Nation and Narration*, ed., Homi K. Bhabha(New York: Routledge, 1990), pp. 8~22.

7)　David A. Bell, *The Cult of Nation in France: Inventing Nationalism*, 1680−1800(Cambidge, Mass.: Harvard University Press, 2003), p. 13, p. 34, pp. 108~125, p. 145.

8)　저자가 원문에서 사용한 primordialist는 사전에 없는 단어이다. primordial은 '원시의' 혹은 '태곳적인' 등의 의미가 있지만 문맥상 여기서는 민족의 고유성 혹은 전통에 대한 개념으로 보인다. - 옮긴이

9) Anthony D. Smith, *The Ethnic Origins of Nations*(Oxford: Blackwell, 1986), pp. 6~13.

10) Patrick J. Geary, *The Myth of Nations: The Medieval Origins of Europe*(Princeton: Priceton University Press, 2003), pp. 1~40.

11) Gellner, *Nations and Nationalism*(Ithaca: Cornell University Press, 1983), pp. 8~11.

12) Liah Greenfeld, *Nationalism: Five Roads to Modernity*(Cambridge, Mass.: Harvard University Press, 1993), p. 14.

13) Kenneth Pomeranz, *The Great Divergence: China, Europe, and the Making of Modern World Economy*, rev. ed.(Princeton: Princeton University Press, 2001). −[ED]

14) Andre Gunder Frank, *ReOrient: Global Economy in the Asian Age*(Berkely: University of California Press, 1998), pp. 220~257.

15) Michael Rogers, "Medival national Consciousness in Korea," in *China Among Equals,* ed. Morris Rossabi(Berkeley: University of California Press, 1983), pp. 151~172.

16) 이 두 전쟁 모두 동아시아 세력 재배치에 따른 충돌이었다. 한 번은 7세기 신라가 당과 연합하여 주변 두 나라를 정복하려 했을 때 백제와 고구려가 연맹을 맺었다. 일본은 백제를 구하기 위해 661년 신라를 공격하였지만 실패하였다. 또 한 번은 고려가 몽골에 점령된 이후 1274년과 1281년 몽골의 강요에 의한 일본 정복 시도였다. 이것 역시 실패하였다. 두 번 모두 전면전은 아니었다.

17) Jahyun Kim Haboush, "Creating a Society of Civil Culture: Early Chosŏn, 1392~1592," in *Art of the Korean Renaissance*, 1400~1600, ed. Soyoung Lee(New York: Metropolitan Museum of Art, 2009), pp. 3~14

18) 많은 이들이 이 용어가 호란에서 유래한다고 생각하지만, 이 용어는 그보다 더 오래되었다. 조경남의 『난중잡록』에 나오는 김면의 격문에서 임진전쟁 기간에 이 용어를 사용했음을 확인할 수 있다(『亂中雜錄』 권4, 민족문화추진회, 『國譯 大東野乘』 1권, 민족문화추진회, 1972, 358쪽; 2권 557쪽).

19) 『선조수정실록』 25권 24년 3월 1일(정유) 4번째, 5번째; Mary E. Berry, *Hideyoshi* (Cambridge, Mass.: Harvard University Asia Center, 1982), p. 208는 桑田忠親, 『豊臣秀吉』, 新人物往來社, 1978, 239쪽에서 같은 구절을 인용했다. 나는 여기서 실록의 내용이 부정확하게 번역되었다고 생각한다. 『선조실록』에서는 이 기사들은 괄호 안에 실록의 구역과 페이지, 기사의 순서에 따라 인용되었다.(저자는 『선조실록』 영인본을 기준으로 페이지를 표기하였으나 번역본에서 각 기사의 날짜 기준으로 인용, 날짜는 재위연도와 음력을 기준으로 한다. 등록번호는 국사편찬위원회에서 제공하는 『조선왕조실록』 웹사이트 http://sillok.historygo.kr의 왕

별 분류와 일일 기록 체제를 반영한다. - [ED])

20) 『선조수정실록』 25권 24년 3월 1일(정유) 7번째; Jurgis Elisonas, "The Inseparable Trinity: Japan's Relations with China and Korea," in *The Cambridge History of Japan*, ed. John Whitney Hall(Cambridge University Press, 1991), vol. 4, pp. 265~266.

21) Yoshi S. Kuno, *Japanese Expansion on the Asiatic Continent, A Study in the History of Japan with Special Reference to Her International Relations with China, Korea, and Russia*(Berkeley: University of California Press, 1937), vol. I, p. 175.

22) *Ibid.*, p. 173.

23) Anderson, *Imagined Communities*, pp. 67~82.

24) Paul Connerton, *How Societies Remember*(NewYork: Cambridge University Press, 1989), pp. 6~13.

1_의병과 민족담론

1) 경성대학교 향토문화연구소 편, 『논개사적연구』, 신지서원, 1996.

2) 이성주·김정규·한준서, 〈불멸의 이순신〉, 한국방송공사, 2004. 4. 9~2005. 8. 28.-[ED]

3) 실제로 그 군대는 통일된 운동이 아니라 그들 자신의 수장이 있는 조직들로 구성되었다. 그렇지만 이 연구에서는 그 무리들을 '의병'이란 관점 아래에서 함께 논의한다. 그 무리들이 통합된 명령에 따라 운영되지 않았지만 단순성을 위해 그 시각은 이 책 전체에 걸쳐 하나로 사용한다.-[ED]

4) Benedict Anderson, *Imagined Communities: Reflections on the Origin and Spread of Nationalism*(New York: Verso, 1983), p. 144.

5) 이 책에서는 'volunteer army'를 의병義兵의 의미로 사용한다. 이후 volunteer army는 의병으로 번역한다. - 옮긴이

6) 이 책이 참고한 일부의 주요 연구들은 차문섭, 『조선시대 군사 관계연구』, 단국대학교 출판부, 1996; 장병옥, 『의병항쟁사』, 한원, 1991; 조원래, 『임진왜란과 호남지방의 의병항쟁』, 아세아문화사, 2001; 최효식, 『임진왜란기 영남의병연구』, 국학자료원, 2003; 최영희, 『임진왜란 중의 사회동태』, 한국연구원, 1975; Samuel Dukhae Kim, "The Korean Moke-Soldiers in the Imjin Wars: An Analysis of Buddhist Resistance to the Hideyoshi Invasion, 1592~1598"(Ph.D. diss., Columbia University, 1978); 김동화, 『護國大聖四溟大師研究』, 『불교학보』 8, 1971, 13~205쪽; 송정현, 『朝鮮社會와 壬辰義兵 研究』, 學研文化社, 1999; 김석

린, 『임진 의병장 조헌 연구』, 신구문화사, 1999.

7) Raymond Williams, *Marxism and Literature*(Oxford: Oxford University Press, 1977), pp. 128~135.

8) 이상백, 『한국사: 근세 전기편』, 을유문화사, 1962, 601~603쪽.

9) 히데요시의 요구에 대한 조선의 입장을 오해한 것에 관한 논의는 北島万次(Kitajima Manji), 朝鮮日々記·高麗日記—秀吉の朝鮮侵略とその歴史的告発(日記·記録による日本歴史叢書 近世編 4), 1982, 19~38쪽.

10) 『선조수정실록』 25권 24년 3월 1일(정유) 4번째 기사; Theodore de Bary and Donald Keene, eds., *Sources of Japanese Tradition*(New York: Columbia University Press, 2002), vol. 1, pp. 166~167. 다른 번역은 Mary Elizabeth Berry, *Hideyoshi*(Cambridge, Mass.: Harvard University Press, 1982), p. 208. 그 서한은 이미 조선통신사들이 일본에 있을 때 보았고, 조선통신사와 일본 중재자들 사이에서 논란의 대상이 되었다. 의심스럽고 무례한 구절들로 가득 차 있는 것을 발견한 조선인들이 중재자인 겐소景轍玄蘇에게 항의하자, 그는 사과하고 외견상 몇 가지를 수정했다. 『선조수정실록』 25권 24년 3월 1일(정유) 5번째 기사.

11) 조선 조정의 반응은 날카로웠다. 한 관료(『선조실록』에 따르면 김성일)가 겐소에게 사과를 요청했다. 『선조수정실록』 25권 24년 3월 1일(정유) 7번째 기사; Jurgis Elisonas, "The Inseparable Trinity: Japan's Relations with China and Korea," in *The Cambridge History of Japan*, ed. John Whitney Hall(Cambridge: Cambridge University Press, 1991), vol. 4, pp. 265~266.

12) 『한국사: 조선 중기의 외침과 그 대응』 29, 국사편찬위원회, 1995, 24~26쪽.

13) 유성룡의 『징비록懲毖錄』에서는 이를 "재지사족은 준비를 반대했고, 주민들은 군사훈련을 위한 요새 건축과 징집에 반발했다"로 서술(『선조실록』 25권 24년 3월 1일(정유); 『한국사: 조선 중기의 외침과 그 대응』 29, 국사편찬위원회, 1995, 2쪽에서 유성룡의 『징비록』 권1 인용).

14) Kenneth M. Swope, "The Three Great Campaigns of the Wanli Emperor, 1592-1600: Court, Military, and Society in Late Sixteenth Century China"(Ph.D. diss., University of Michigan, 2001), p. 180.

15) 조선 전기 부산은 작은 항구 도시였지만 동래에는 경상도 도호부가 있었다. -[ED]

16) 한국 측 자료는 엄청난 규모의 죽음을 암시하지만 정확한 숫자는 밝히지 않는다. 예를 들어 조경남의 『난중잡록亂中雜錄』(민족문화추진회, 『국역 대동야승』 6권, 『난중잡록』, 1972, 330~331쪽)에서 누군가 시체더미 아래에 숨었다고 묘사했다.

17) 吉野甚五左衛門, 『吉野甚五左衛門覚書』 23권(東京: 続群書類従, 1931), 379쪽; 또 다른 숫자
는 8,500명이라 했다. Samuel Jay Hawley, *The Imjin War: Japan's Sixteenth-Century Invasion of Korea and Attempt to Conquer China*(Seoul: Royal Asiatic Society, Korea Branch, and Berkeley: Institute of East Asian Studies, University of California, 2005), p. 138.

18) 고니시 유키나가의 기록원으로 동행했던 승려 덴케이天荊의 『서정일기西征日記』의 기록으
로, 기타지마 만지北島万次의 책에서 인용, 13쪽.

19) 예를 들어 문경현감 신길원申吉元처럼 충성스러운 관료의 용감한 순국도 가끔 있었다(『난중
잡록』 1권, 343쪽). 그렇지만 제대로 저항하지는 못했다.

20) 『한국사』 29권, 29쪽; 北島万次, 朝鮮日々記·高麗日記—秀吉の朝鮮侵略とその歴史的告発,
12쪽.

21) 『선조실록』 26권 25년 4월 17일(병오); 『선조수정실록』 26권 25년 4월 14일(계묘); 『난중잡
록』 1권, 343쪽.

22) 『선조실록』 26권 25년 4월 17일(병오); 『선조수정실록』 26권 25년 4월 14일(계묘); 『난중잡
록』 1권, 임진년 4월 27일.

23) Clifford Geertz, *The Interpretation of Cultures: Selected Essays*(New York: Basic Books, 1973),
p. 332.

24) 『선조실록』 26권 25년 4월 28일(정사); 25년 4월 29일(무오); 『선조수정실록』 26권 25년 4월
14일(계묘); 25년 5월 1일(경신).

25) 『선조실록』 26권 25년 4월 30일(기미); 『난중잡록』 1권, 348쪽(임진년 4월 30일).

26) 『선조실록』 26권 25년 4월 28일(정사).

27) 『선조실록』 26권 25년 4월 29일(무오).

28) 『선조수정실록』 26권 25년 4월 14일(계묘) 28번째.

29) 『난중잡록』 1권, 임진년 4월 28일.

30) 『선조실록』 26권 25년 5월 3일(임술) 5번째 기사; 『선조실록』 27권 25년 6월 10일(무술)
1번째 기사; 6월 11일(기해) 1번째 기사; 국사편찬위원회, 『한국사』 29, 탐구당, 1994,
33~34쪽.

31) 차문섭, 『조선시대 군사관계 연구』, 단국대학교 출판부, 1996, 1~38쪽.

32) 이이는 10만양병설十萬養兵說을 주장하며 2만 명은 수도에, 1만 명은 각 지방에 배치할 것을
주장했다. James B. Palais, *Confucian Statecraft and Korean Institutions: Yu Hyŏngwŏn and the Late Chosŏn Dynasty*(Seattle: University of Washington Press, 1996), p. 76.

33) 이들의 생포는 『선조실록』 1592년 10월 8일자에 처음 나온다(『선조실록』 30권 25년 9월 4일

(신유) 3번째 기사).

34) 국경인은 함경도 회령의 토민이었다(『선조실록』 36권 26년 3월 11일(병인) 2번째 기사).

35) 두 왕자는 포로로 잡힌 지 1년 후인 1593년 여름에 풀려났다(『선조실록』 41권 26년 8월 23일 (갑진) 4번째 기사).

36) 오희문, 『쇄미록』, 국사편찬위원회, 1962, 7쪽.

37) 유성룡은 조선에 사병이 없는 것에 대해 비판적인 평가를 내렸다(『선조실록』 48권 27년 2월 27일(병자) 1번째 기사).

38) 교지가 발송된 시점은 분명하지 않다. 『선조실록』 5월 3일 기사의 앞부분에서 왕이 경성의 사민士民들에게 교서를 썼지만 도성이 적의 손에 떨어졌기 때문에 교서를 전달할 사람이 임무를 수행하지 못했다고 말한다(『선조실록』 26권 25년 5월 3일(임술) 8번째 기사). 이것은 조정이 개성에 머물고 있을 때였다. 5월 초 『선조수정실록』에서는 왕이 죄기서罪己書를 내려 팔도로 발송했는데, 백성이 의병으로 봉기해야 한다는 내용을 담아 관료들에게 보냈다고 말한다(『선조수정실록』 26권 25년 5월 1일(경신) 9번째 기사). 『실록』은 특정 일이 아닌 월별로 만들어졌지만 도입부는 경성이 함락된 이후에 온다. 그러므로 이 교지는 빨라도 5월 4일에 쓰였음이 틀림없다(양력으로 1592년 6월 13일).

39) 정탁, 『龍蛇日記』, 釜山大學校韓日文化硏究所, 1962, 189~194쪽. 정탁의 『용사일기』는 비지식인에게 과거 응시가 허용된 것이나 품계를 받을 수 있는 것을 보여준다. -[ED]

40) 조선 사회는 네 개의 다른 세습적 사회 신분 집단에 기반을 두었다. 제일 정점에는 양반으로 알려진, 전체 인구의 10퍼센트에도 못 미치는 소수의 집권 귀족층이 있었다. 다른 소수의 그룹은 이 엘리트 계층의 바로 밑에 있는 '중인'으로 알려졌다. 정부의 기술적 전문가, 서리, 서얼 등이 이에 속했다. 다음은 양민으로 대부분 농민이지만 공인과 상인도 있었다. 이 백성이 인구의 대부분을 구성했으며 조세, 군역, 요역에 대한 부담을 대부분 졌다. 가장 밑은 천민으로 알려진 최하층으로, 대부분 노비였고 백정, 광대, 무당 그리고 기생 같은 천역 종사자가 포함되었다. -[ED]

41) 김수는 주민들에게 숨으라고 지시했다(『선조수정실록』 26권 25년 4월 14일(계묘) 8번째 기사). 일부 관료는 국고에서 물건을 가져갔다(『선조수정실록』 26권 25년 4월 14일(계묘) 3번째 기사).

42) 곽재우 기념비에는 6월 1일(음력 4월 22일)로 기록했으나 확인 가능한 그의 첫 군사행동은 6월 3일(4월 24일)로 정해졌다(최효식, 『임진왜란기 영남의병연구』, 국학자료원, 2003, 130쪽).

43) 곽재우와 그의 처가는 부유해야만 했다(최효식, 위의 책, 125~126쪽).

44) 『난중잡록』 1권, 339~340쪽.

45) 김성일은 1590년 통신사로 일본에 갔다. 김성일은 일본이 조선을 공격할 것 같다는 통신정사 황윤길의 보고에 반대하여 계획된 공격의 기미를 보지 못했으며, 그렇지 않을 것 같다는 의견을 유지했다. 새로 임명된 것은 김성일에 대한 유성룡의 변호 덕분이라고 말했다(『선조수정실록』 26권 25년 4월 14일(계묘) 12번째 기사).

46) 이노는 이것이 5월 8일이라고 말한다(이노, 『용사일기』, 46~58쪽). 반면 조경남은 5월 5일자에 그 내용을 배치한다(『난중잡록』 1권, 359~364쪽).

47) 『난중잡록』 1권, 339~340쪽.

48) 모든 『실록』과 마찬가지로, 『선조실록』도 그 왕명王名을 가진 왕이 죽은 후 편찬되었으나, 당시를 묘사하고 당시 시각을 대표하려고 시도하던 시기에 만들어진 문서들을 비중 있게 고려했다.

49) 이 이야기의 시작은 1592년 6월에 들어 있고, 7월 9일부터 8월 6일에 해당한다(『선조수정실록』 26권 25년 6월 1일(기축) 32번째 기사).

50) 『난중잡록』은 곽재우가 많은 마을 주민이 평화로운 시기와 다를 바 없이 농사를 지을 수 있도록 강을 지키는 데 많은 주의를 기울였다고 말한다(『난중잡록』 1권 341쪽; 『선조수정실록』 26권 25년 6월 1일(기축) 32번째 기사).

51) 조정, 『趙靖先生文集』, 趙靖先生文集刊行委員會, 1977, 144쪽.

52) 『난중잡록』은 또한 정인홍이 의병을 조직한 첫 번째 인물이지만 그가 군공을 주장하기를 원치 않았기 때문에 이런 영예를 받지 못했다고 말한다(『난중잡록』 1권, 390쪽).

53) 『쇄미록』, 「教鄭仁弘·金沔 等 書」, 259~261쪽.

54) 조정은 개성에 머물렀다. 6월 12일 왜군이 경성을 점령한 날, 전라감사 이광이 재지사족이자 뛰어난 작가로서 명성을 즐기는 고경명에게, 백성들에게 의병 봉기를 권유하는 격문을 지을 것을 요청하는 편지를 썼다(『난중잡록』 1권, 임진년 5월 3일). 6월 30일 남원부사 윤안성尹安性은 지역 선비들에게 통문을 보냈는데, 점령지에서 곽재우가 의병을 일으킨 것을 알린 후 "본도는 아름다운 풍속이 일컬어지는 것이 여러 도의 으뜸이로되 아직도 의병을 일으키는 사람이 없으므로 극히 수치스러웠는데"라고 개탄했다(『난중잡록』 1권, 383쪽).

55) 『쇄미록』, 「都巡察 李洸 檄文」, 30~36쪽.

56) 이광의 근거는 왕실이 옮겨갔고 어디 있는지 혹은 살아 있는지 알 수 없다는 것이었다. 북으로 행진하는 것은 무의미했다(이긍익, 『국역 연려실기술』 4권, 민족문화추진회, 89쪽).

57) 조원래, 『임진왜란과 湖南地方의 義兵抗爭』, 아세아문화사, 2003, 115~116쪽.

58) 고경명이 보낸 격문에 대해서는 고경명, 고씨종문회 옮김, 『국역 제봉전서』 중, 한국정신문화연구원, 1980, 31~48쪽.

59) 통문은 다른 방식을 차용했다. 예를 들면 반란 지도자들은 그들의 명분을 위해 사람들을 봉기시키는 장르를 활용했다. 격문의 다양한 용례는 JaHyun Kim Haboush, "Open Letters: Patriotic Exhortations During the Imjin War," in *Epistolary Korea: Letters in the Communicative Space of the Chosŏn*, 1392–1910, ed. JaHyun Kim Haboush(New York: Columbia University Press, 2009), pp. 121~140.

60) 이광은 고경명에게 격문 작성을 재촉하는 편지를 보냈다. "대가가 서쪽으로 순행하고 서울은 지켜내지 못했습니다. 나라의 일이 이 지경에 이르렀으니 통곡하고 또 통곡할 일입니다. 오늘 할 일이 있다면, 오직 애통하고 절박한 취지로 격문을 띄워서 사방의 충의 있는 동지를 불러 유시하여 지체 없이 군사를 일으킴으로써 하늘에 사무치는 통분을 씻기나 바라야겠습니다. 다만, 격문의 말이 만약 간절하지 않으면 사람의 마음을 감동시킬 길이 없으니 격문을 거칠고 엉성하게 지어서는 안 됩니다. 격문을 지어서 속히 보여주기를 감히 바랍니다. 오장이 찢어지는 것만 같아 어찌할 바를 모르고 한갓 북쪽을 바라보고 통곡할 따름입니다. 또 이 뜻을 사중士重(김천일金千鎰의 자字) 등의 제공諸公에게 알리는 것이 어떻겠습니까?"(『난중잡록』 1권, 351쪽). 일본군의 경성 점령이 같은 날 기록된다.

61) Anthony D. Smith, *The Ethnic Origins of Nations*(Oxford: Blackwell, 1986), pp. 153~208.

62) 스미스에 따르면, 국가적 상상력의 목표와 내용은 "엘리트의 민족적 공동체의 비전을 보여주고, 통일된 과거를 드러내고, 대표하는 역사적 드라마를 통해 기념관의 관습에서, 그리고 그것에 의해 집합적인 운명과 위험한 분열과 근대 산업화와 과학의 전개라는 소외에 직면한 공동체의 더 깊은 의미를 소환하여 하나로 모인 것"이다. 같은 책, 173쪽.

63) 김성일, 『학봉전집』, 학봉선생기념사업회, 1976, 141~143쪽; 『국역 학봉전집』, 학봉선생기념사업회, 1976, 346~369쪽. 이노는 그날이 5월 8일(이노, 『용사일기』, 46~58쪽)이라고 말한 반면 조경남은 『난중잡록』에서 5월 5일의 앞부분에 배치했다.

64) 『난중잡록』의 저자에 따르면 이 서신을 인용한 후, 김성일이 다른 선비에게 그것을 짓게 했으나 마음에 들지 않아서 스스로 다시 썼다고 했다. 그의 말은 마음속에서 나왔고, 감동하여 붓을 먹물로 적실 시간이 거의 없었다(『난중잡록』 1권, 364쪽).

65) 1리는 대략 449.17미터와 같은 측정 단위이다(1/3 마일).

66) 퇴계와 남명은 16세기 가장 유명한 성리학자였다.

67) 고경명은 1558년에 문과 장원으로 급제했으며 중앙관과 지방관으로 모두 근무했다. 그는 직무에서 퇴임하고 개인 자격으로 의병을 일으켰다.

68) "읽는 자마다 머리칼이 솟고, 눈물이 쏟아지며", 이 서문은 이정구가 지었다(고경명, 위의 책, 25쪽).

69) 고경명, 위의 책; 『쇄미록』, 「全羅道 前 東萊府使 高敬命 檄」, 130~131쪽.

70) 같은 책, 37~38쪽.

71) Anderson, *Imagined Communities*, p. 144.

72) 『난중잡록』 1권, 472~473쪽; 조원래, 앞의 책, 183~186쪽.

73) 김석린, 『임진의병장, 조헌 연구』, 신구문화사, 1993, 144~157쪽(저자가 밝힌 이 책의 저자와 실제 저작자 정보가 일치하지 않는다. 저자의 오기로 보임 - 옮긴이).

74) 고봉霽峰은 고경명의 호. - 옮긴이

75) 이 격문은 날짜가 없으나 1592년 7월 초에 쓰였음에 틀림없다(『난중잡록』 1권, 472~480쪽).

76) 이 격문은 날짜가 없지만 맥락에서 1592년 12월 명군이 막 도착하기 전 어느 시점에 놓을 수 있다(조정, 『趙靖先生文集』, 趙靖先生文集刊行委員會, 1977, 454쪽).

77) 고경명, 「정기록」.

78) 『쇄미록』, 「永同人通文」, 17~18쪽, 전라도 영동 사람이 1592년 5월 13일 작성했다.

79) 김현金晛, 김흔金昕, 김섬金暹과 전라도 고부에 거주하는 다른 선비들이 1592년 5월 27일경에 서명한 격문. 격문의 날짜는 없지만 7월 6일 이전이다(『쇄미록』, 「古阜儒生 檄文」, 20쪽).

80) 송제민 격문, 『난중잡록』 1권, 490~494쪽(임진년 7월 10일).

81) 『쇄미록』, 「都巡察 (李洸) 檄文」, 18~19쪽.

82) 『난중잡록』 1권, 376~377쪽.

83) 『난중잡록』 1권, 365쪽(전 현감 조종도와 전 직장 이노의 모병통문).

84) 정경세鄭經世가 김성일에게 보낸 계啓, 『난중잡록』 1권, 389쪽.

85) 『쇄미록』, 「都巡察 (李洸) 檄文」, 18~19쪽.

86) 양호는 전라와 충청을 지칭한다.

87) 유평로에게서 온 통문, 고경명, 위의 책, 37쪽; 『난중잡록』 1권, 399~400쪽.

88) 고종후에게서 온 격문은 고경명, 위의 책, 53~54쪽.

89) '중화'는 중국을 지칭한다. 그렇지만 또한 '교화'의 상징이기도 하다. 조선인들이 그들의 나라를 소중화라고 지칭할 때는 영토는 중국보다 작지만 문화적으로는 동등하다는 의미였다.

90) 경상도 의병장 김면이 호남 방백에게 구원을 청하는 글, 『난중잡록』 2권, 557쪽.

91) 『난중잡록』 1권 임진년 5월 20일, 정경세가 김성일에게 보낸 계啓.

92) 『난중잡록』 1권 임진년 6월 15일.

93) 『쇄미록』, 「都巡察 (李洸) 檄文」, 18~19쪽.

94) 『난중잡록』 1권 임진년 5월 20일, 정경세가 김성일에게 보낸 계啓.

95) 『쇄미록』, 「同道 州府郡縣에 고하는 격문」, 31~33쪽.

96) 고경명, 「정기록」.

97) 『난중잡록』 1권, 365쪽.

98) 『黔澗先生文集』 「義兵檄文」 김치복의 격문.

99) 고경명, 앞의 책, 46쪽; 「정기록」 '崔潭陽 遇에게 보낸 서한.'

100) 『난중잡록』 1권, 357쪽, 이광이 영남의 장병들에게 보낸 격문.

101) 『쇄미록』, 「永同人通文」, 17~18쪽.

102) 충청과 경기 지방, 황해, 평안도의 지방관과 향교의 교관에게 보내는 유평로의 통문에서. 고경명, 위의 책, 37~39쪽; 『난중잡록』 1권, 400~403쪽.

103) 『쇄미록』, 「金德齡檄嶺南文」, 390~391쪽.

104) 『쇄미록』, 「永同人通文」, 17~18쪽.

105) 고경명, 위의 책, 52~53쪽. 각 사찰의 승도에게 보낸 통문. 고종후의 통문은 사찰에 은거 중인 승려들에게 전해졌다.

106) 고경명, 위의 책, 55쪽.

107) 『쇄미록』, 「古阜儒生 檄文」, 20쪽.

108) 김용이 경상도 안동으로 보내는 통문(『난중잡록』 2권, 613~614쪽, '김용金涌의 募軍通文').

109) 송제민의 격문, 『난중잡록』 1권, 490~494쪽. -[ED]

110) 조종도와 이노의 모병통문, 『난중잡록』 1권, 365쪽.

111) 『난중잡록』 1권, 366쪽, 「조종도와 이노의 모병통문」 중에서. 조종도는 황석산성에서 죽었다고 기록되었다.

112) 이것은 대부분의 기독교 왕국의 이미지와 애국심을 동일시하던 16세기 초 프랑스를 연상시킨다. Liah Greenfeld, *Nationalism: Five Roads to Modernity*(London: Blackwell, 1992), pp. 102~103.

2_의병과 상상의 공동체 출현

1) 원본 편집자들이 1장과 2장의 장 제목과 전환되는 문장을 추가했다. -[ED]

2) 예시로 『쇄미록』, 17~18쪽(「永同人 通文」).

3) 예를 들어, 『난중잡록』은 통문을 기록한 후 이 통문이 모든 지역으로 발송되었다고 기록했다(조경남, 『국역 대동야승』, 『난중잡록』, 민족문화추진회, 1972, 453쪽).

4) 유평로의 통문, no. 21 참조.

5) 조정, 『趙靖先生文集』, 趙靖先生文集刊行委員會, 1977, 169~171쪽; 김성우, 『조선중기의

국가와 사회』, 역사비평사, 2001, 343쪽.

6) 『쇄미록』, 31~34쪽(「同道 州府郡縣에 고하는 격문」, 광주목사 권율의 격문).

7) 『쇄미록』, 22쪽(「封世子詔」).

8) 『쇄미록』, 33~35쪽.

9) 『쇄미록』, 16~17쪽(「宣禮敎書」).

10) 『난중잡록』 1권, 367쪽. 교지를 내릴 시기에 조정은 개성에 머물렀다.

11) 교지를 발송한 시점은 분명하지 않다. 『선조실록』 5월 3일 앞부분에서 왕이 경성의 사민士民
    들에게 교서를 썼지만 도성이 적의 손에 떨어졌기 때문에 메시지를 전달할 사람이 전하지 못
    했다고 말한다(『선조실록』 26권 25년 5월 3일(임술) 8번째 기사). 이것은 조정이 개성에 머물
    고 있을 때였다. 5월 초『선조수정실록』에서는 왕이 죄기서罪己書를 내려 팔도로 발송했는
    데, 백성이 의병으로 봉기해야 한다는 내용을 담아 관료들에게 보냈다고 말한다(『선조수정
    실록』 26권 25년 5월 1일(경신) 9번째 기사). 『실록』은 특정 일이 아닌 월별로 만들어졌지만 도
    입부는 경성이 함락된 이후에 온다. 그러므로 이 교지는 빨라도 6월 13일에 쓰였음이 틀림
    없다. 『난중잡록』도 왕이 6월 7일(4월 28일)에 비통한 교지를 보냈다고 기록했다(『난중잡록』
    1권, 347쪽).

12) '수행적인 장면performative scene'이란 표현은 언어철학자 오스틴J. L. Austin의
    Performativity이론(혹은 performative analysis)에서 인용한 것으로, 수행성은 사회적 행동의
    한 형태로 기능하고 변화의 효과가 있는 언어에 대한 복잡적인 개념이다. 오스틴은 특정한
    능력, 즉 행동을 하거나 행동을 완성할 수 있는 언어와 의사소통의 능력을 언급했다. – 옮긴
    이

13) 예를 들면, 통문은 영동의 거주자들에게 1592년 6월 22일에 발송되었다(『쇄미록』, 22쪽).

14) Jean François Gilmont, "Protestant Reformation and Reading," in *A History of Reading in
    the West*, ed. Guglielmo Cavallo and Roger Chartier(Amherst: University of Massachusetts
    Press, 1999), pp. 179~237, 특히 pp. 224~233.

15) 예술과 문학에 대한 사회적 환경에 대한 토론은 Joseph Grigely, *Textualterity: Art, Theory,
    and Textual Criticism*(Ann Arbor: University of Michigan Press, 1995), p. 122 참조.

16) 이광이 고경명에게 보낸 서한 참조(『난중잡록』 1권, 351쪽).

17) 예를 들어, 한 통문은 유난히 그 통문을 들을 문맹자들에게 호소하는 것을 이야기한다. 『쇄미
    록』, 7~18쪽 참조.

18) 이 서문은 1601년 이정구가 지었다(고경명, 앞의 책, 25쪽).

19) 고경명, 앞의 책, 「연보」, 207쪽.

20) Joseph McDermott, "The Ascendance of the Imprint in China," in *Printing and Book Culture in Late Imperial China*, ed. Cynthia J. Brokaw and Kai—wing Chow(Berkeley: University of California Press, 2005), pp. 55~104, 특히 pp. 90~91을 주목할 것.

21) 조선 회화에 대한 조사는 Pow—Key Sohn, "Early Korean Printing," *Journal of the American Oriental Society* 79, no. 2, 1959, pp. 96~103 참조.

22) 필사 문화의 힘에 대한 논의는 Sheldon Pollock, ed., *Literary Cultures in History*(Berkeley: University of California Press, 2003), p. 21 참조.

23) 김동욱, 「판본고—한글소설 방각본의 성립에 대하여」, 「춘향전연구」 3, 1983, 385~399쪽; William Skillend, *Kodae sosŭl: A Survey of Korean Traditional Style Popular Novels*(London: School of Oriental and African Studies, University of London, 1968).

24) 예로 다음에 나오는 부분의 김성일, 유평로 그리고 김수의 서한이 있다.

25) Jurgis Elisonas, "The Inseparable Trinity: Japan's Relations with China and Korea," in *The Cambridge History of Japan*, ed. John W. Hall(Cambridge: Cambridge University Press, 1991), 4: 276~277.

26) 「난중잡록」 2권, 577쪽.

27) 16세기 후반까지 정부는 당초의 반불교적 태도를 많이 누그러뜨렸고, 당시에는 일본과 전투에서 승려들의 기여를 환영했다. —[MD]

28) 「난중잡록」 2권, 578쪽; Samuel D. Kim, "The Korean Monk—Soldiers in the Imjin Wars: An Analysis of Buddhist Resistance to the Hideyoshi Invasion, 1592—1598"(Ph.D. diss., Columbia University, 1978).

29) 최영희, 「壬辰倭亂中의 社會動態: 義兵을 中心으로」, 한국연구원, 1975, 60쪽.

30) 1592년 9월 12일, 군대의 배치를 논의하는 조정회의에서 김천일의 부대가 관군보다 우위에 있다는 윤두수의 가정은 그들이 의병이라는 데에 기인했다(「선조실록」 29권 25년 8월 7일(갑오) 1번째 기사).

31) 「선조실록」 34권 26년 1월 11일(병인) 15번째 기사.

32) 최영희, 위의 책, 63쪽.

33) 영남 초유사 김성일을 포함하여 이 활동의 예는, 김성일과 자원자를 대거 모집한 나주목사 권율이 포함된다(조원래, 「임진왜란과 湖南地方의 義兵抗爭」, 아세아문화사, 2003, 7쪽).

34) 이 범주에서 자주 거론되는 한 예로 수백 명을 동원하여 싸우다 용인 전투에서 죽은, 전라감사 이광 휘하의 백광언이 있다(조원래, 위의 책, 7쪽).

35) 하나의 사례는 조헌에 합류하여 금산 전투에서 죽은 해남현감 변응정邊應井이 있다(조원래,

위의 책, 7쪽).

36) 최영희, 위의 책, 49~51쪽; 최효식, 『壬辰倭亂期 嶺南義兵硏究』, 국학자료원, 2003, 468~494쪽.

37) 최효식, 위의 책, 206~213쪽.

38) Kenneth M. Swope, "Crouching Tigers, Secret Weapons: Military Technology Employed During the Sino—Japanese—Korean War, 1592—1598," *Journal of Military History* 69, no. 1, 2005, pp. 27~28.

39) 『쇄미록』, 17~18쪽.

40) 조원래, 『임진왜란과 湖南地方의 義兵抗爭』, 아세아문화사, 2003, 142쪽.

41) J. L. Boots, "Korean Weapons and Armor," *Transactions of the Korea Branch of the Royal Asiatic Society* 33, no. 2, 1934, p. 4.

42) 이 점에 대한 논의는 송정현, 『朝鮮社會와 壬辰義兵 硏究』, 학연문화사, 1998, 58~61쪽을 참조.

43) 『난중잡록』 1권, 467쪽.

44) 최효식, 위의 책, 134~138쪽.

45) 조원래, 위의 책, 216쪽.

46) 『난중잡록』 2권, 623~629쪽.

47) 최영희, 위의 책, 25~26쪽; 조원래, 위의 책, 216~221쪽.

48) 『난중잡록』 2권, 562~572쪽.

49) 北島万次, 朝鮮日々記·高麗日記—秀吉の朝鮮侵略とその歷史的告発(日記·記錄による日本 歷史叢書 近世編 4)(東京: そしえて, 1982), 245~250쪽.

50) 조원래, 위의 책, 86~88쪽.

51) 반면 조원래는 약 1만 5,000명으로 추정했다(조원래, 위의 책, 140쪽).

52) 『난중잡록』 2권, 647쪽; 최효식, 위의 책, 102쪽; 장병옥, 『의병항쟁사』, 한원, 1991, 116쪽.

53) 장병옥, 위의 책, 118~131쪽.

54) 조원래, 위의 책, 144쪽.

55) JaHyun Kim Haboush, "Dead Bodies in the Postwar Discourse of Identity in Seventeenth—Century Korea: Subversion and Literary Production in the Private Sector," *Journal of Asian Studies* 62, no. 2, 2003, p. 428.

56) 『선조실록』 32권 25년 11월 16일(임신) 2번째 기사.

57) 『선조수정실록』 26권 25년 6월 1일(기축) 31번째 기사.

58) 인민주권은 개인의 실제 주권 혹은 국민의 이론적 주권으로 해석되는데, 실제 주권의 경우 그 개념은 관행에서 영감을 받았다. 그리고 수입된 개념인 이론적 주권은 정치적 변화를 이끌었다. 이러한 견해가 개인주의-자유주의 혹은 집단주의적 민족주의를 이끌었다. Greenfeld, *Nationalism: Five Roads to Modernity*(London: Blackwell, 1992), pp. 10~11.

59) 이 개념을 언급하는 첫 번째 기록은 『서경書經』「탕고湯誥」에 등장한다. Clae Waltham, ed., and James Legge, trans., *Shu Ching: Book of History, a Modernized Edition of the Translations of James Legge*(Chicago: Regnery, 1971), pp. 72~73을 볼 것.

60) 『태조실록』1권 1년 7월 28일(정미) 3번째 기사의 태조 즉위 교서. 이 책은 Peter Lee and Wm. Theodore de Bary, eds., *Sources of Korean Tradition: From Early Times Through the Sixteenth Century*(New York: Columbia University Press, 1997)의 영역본을 인용했으나 본서에서는 국사편찬위원회에서 제공하는 조선왕조실록(http://sillok.history.go.kr/)의 국역본 참조.

61) 4월 25일에 내려진 선조 교지는 "안팎의 크고 작은 신료臣僚와 한량閑良·기로耆老·군민君民" 앞으로 보내 "각 도의 군사와 백성들은 모두 나의 잘못을 용서하고 지극한 뜻을 알아주어 분발하여 적을 소탕하고 전과 같이 편안케 하라"고 호소했다(『쇄미록』, 21~22쪽(『宣祖教書』)). 『선조수정실록』은 5월 1일자에 같은 유형의 또 다른 교서를 기록한다(『선조수정실록』 26권 25년 5월 1일(경신) 9번째 기사).

62) Martina Deuchler, *The Confucian Tranformation of Korea: A Study of Society and Ideology*(Cambridge, Mass.: Council on East Asian Studies, Harvard University, 1992), pp. 12~13.

63) Tu Wei-ming, "Yi Toegye's Perception of Human Nature: A Preliminary Inquiry into the Four-Seven Debate in Korean Neo-Confucianism," in *The Rise of Neo-Confucianism in Korea*, ed. Wm. Theodore de Bary and JaHyun Kim Haboush(New York: Columbia University Press, 1985), pp. 261~281.

64) Young-chan Ro, *The Korean Neo-Confucianism of Yi Yulgok*(Albany: State University of New York Press, 1989).

65) Yong-ho Ch'oe, "Private Academies and the State in Late Chosŏn Korea," in *Culture and the State in Late Chosŏn Korea*, ed. JaHyun Kim Haboush and Martina Deuchler(Cambridge, Mass.: Harvard University Asia Center, 1999), pp. 15~45.

66) 이것은 상호 지원을 제공하는 자치단체를 지칭한다. Sakai Tadao, "Yi Yulgok and the Community Compact," in *The Rise of Neo-Confucianism in Korea*, ed. Wm. Theodore de Bary and JaHyun Haboush(New York: Columbia University Press), pp. 323~348; Martina Deuchler, "The Practice of Confucianism: Ritual and Order in Chosŏn Dynasty Korea,"

in *Rethinking Confucianism: Past and Present in China, Japan, Korea, and Vietnam*, ed. Benjamin Elman, John Duncan, and Herman Ooms(Los Angeles: Asia Pacific Monograph Series, University of California, Los Angeles, 2002), pp. 292~334를 보고, 중국은 Cynthia Joanne Brokaw, *The Ledgers of Merit and Demerit: Social Change and Moral Order in Late Imperial China*(Princeton: Princeton University Press, 1991)을 참조.

67) 사회적 지위가 빈번히 덕성으로 결정된다면 두 가지 가능한 주장의 공존 — 사족은 그들의 도덕성의 우위 때문에 특권을 지녔다거나 그들의 귀족적 지위는 도덕적 우위의 결과였다는 — 은 긴장을 해소하기보다 악화시킬 잠재력을 지녔다. Jay M. Smith, *Nobility Reimagined*(Ithaca: Cornell University Press, 2005), pp. 26~179. 1789년 이전 18세기 프랑스에서 계층과 귀족의 자질 사이의 갈등에 대한 논의를 보라.

68) 나는 그들의 새로운 역할이 정치적－정치적 정체성에서 산업사회로의 변화에 대한 표식자로 제안된, 통치성에서 민족정체성으로의 변화라고 제안하지는 않는다. 나는 그들의 새로운 역할이 유연한 정치적 입장에서 민족적 정체성으로의 전환이며, 갤러가 제안하는 농경－유식자 정치체로부터 산업사회로의 변화를 만드는 사람을 제안하지는 않았다. 그의 일반화에서 갤러는 중국 관료주의는 집권 계층이 나라와 공존하는 드문 예시 중 하나라고 인식했으며, 민족주의의 어떤 종류임을 주장했다. 이는 확실히 조선의 지배 엘리트에 적용되었다. Ernest Gellner, *Nations and Nationalism*(Ithaca: Cornell University Press, 1983), pp. 13~17.

69) JaHyun Kim Haboush, "Open Letters: Patriotic Exhortations During the Imjin War," in *Epistolary Korea: Letters in The Communicative Space of the Chosŏn, 1392-1910*, ed. JaHyun Kim Haboush(New York: Columbia University Press, 2009), p. 131.

70) 조지 모스George L. Mosse는 '대중의 민족화nationalization'를 정치적으로 묘사했다. "의례와 축제, 일반 의지에 대한 명확한 표현을 주는 신화를 통해 백성들은 민족적 신비로움에 활발하게 참여토록 이끌어내라." George L. Mosse, *The Nationalization of the Masses*(Ithaca: Cornell University Press, 1975), p. 2. 나는 조금 다르게 사용했다.

71) Greenfeld, *Nationalism*, p. 7.

72) 명군이 도착한 직후, 예를 들면 의병은 군량 수송에 투입되었다. 1593년 2월 11일, 이 업무를 배당받은 유일한 의병은 경기도 의병이었다(『선조실록』 34권 26년 1월 11일(병인), 8번째 기사). 그렇지만 2월 23일 전 의병부대가 그 업무에 배치되었다(『선조실록』 34권 26년 1월 23일 (무인), 5번째 기사).

73) 『선조수정실록』 28권 27년 4월 1일(기유) 3번째 기사.

74) 『선조실록』에 따르면 선조와 대신들이 김덕령에 대해 논의했고, 그를 위협으로 여겨 제거하

는 것이 현명하다고 생각한 것이 분명하다(『선조실록』 78권 29년 8월 4일(기해) 3번째 기사).

75) 『선조수정실록』의 기사에 따르면 그의 죽음을 들은 왜인들은 기쁜 얼굴로 서로 치하했다. 남도의 군민軍民들은 항상 그에게 기대고 그를 소중하게 여겼는데 억울하게 죽게 되자 소문을 들은 자 모두 원통하게 여기고 가슴 아파했다. 그때부터 남쪽 사민士民들은 덕령의 일을 경계하여 용력勇力이 있는 자는 모두 숨어버리고 다시는 의병을 일으키지 않았다(『선조수정실록』 30권 29년 8월 1일(병신) 1번째 기사).

3_언어 전쟁: 일본군 점령기 한문의 위상 변화

1) 예를 들어 1593년 조선 정부에서 보낸 것으로 여겨지는 많은 문서의 사본들이 존재한다. 이 문서들은 당시 문서가 배포된 경상도 경주의 한 가문이 소유하고 있었다(金宗澤, 「宣祖大王 言敎巧」, 『국어교육논지』, 1975, 27~34쪽).

2) 국가들 간의 외교관계는 양국을 왕래하는 사절단이 임무를 수행하는 정교한 시스템을 통해 유지되었다. 양국 간 관계의 성격이나 합의에 따라 사절단은 쌍방 혹은 일방으로 교환되었다. 사절단은 임무수행 기간 중 역관을 대동했고, 모든 문서는 그것이 사적이든 공적이든 한문으로 쓰였다.

3) 수많은 사람이 다양한 방법으로 한국과 중국을 왕래하던 고려의 원 간섭기와 달리, 19세기 후반까지도 조선 사회에서 개인이 외국으로 여행하는 것은 매우 드문 일이었다. 하지만 이들은 '사절단의 임무'라는 범위 내에서 개인 자격으로 중국에 다녀올 수 있었다. 조선은 1년에도 수차례 중국에 사절단을 보냈고, 관리들이 사신 자격으로 일정한 수의 인원을 자비로 데리고 가는 것을 허용했다. 이러한 방식으로 상당히 많은 사족이 중국을 방문했고, 그들 중 일부는 중국인들을 만나 교류했으며, 다음에 파견되는 사행단의 수행원들을 통해 편지를 교환했다.

4) Benedict Anderson, *Imagined Community: Reflections on the Origin and Spread of Nationalism* (New York: Verso, 1983), pp. 14~15.

5) 불경과 같은 것을 말한다. -옮긴이

6) 폴록은 중세 후기late medieval 남아시아의 언어공간에서 문학과 지역사회 간의 상호 구성적 관계를 논의했다. Sheldon Pollock, "The Cosmopolitan Vernacular," *Journal of Asian Studies* 57, no.1, 1998, pp. 16~37 참조.

7) JaHyun Kim Haboush, "Royal Edicts: Constructing an Ethnopolitical Community," in *Epistolary Korea: Letters in the Communicative Space of the Chosŏn, 1392-1910*, ed. JaHyun

Kim Haboush(New York: Columbia University Press, 2009), p. 19.

8) 세스페데스는 많은 조선인 전쟁포로를 가톨릭으로 개종시킨 것으로 보인다. 김양선은 그 수를 7,000명으로 추산했다. 김양선, 「壬辰倭亂 從軍神父 세스페데스의 來韓활동과 그 영향」, 『사학연구』 18, 1964, 705~739쪽.

9) Virginia Mason Vaughan, "Preface: The Mental Maps of English Renaissance Drama," in *Playing the Globe: Genre and Geography in English Renaissance Drama*, ed. John Gilles and Virginia Mason Vaughan(London: Associated University Press, 1998), p. 14.

10) 『선조수정실록』 권25 24년 3월 1일(정유) 4번째 기사; Theodore de Bary and Donald Keene, eds., *Sources of Japanese Tradition*, 2nd ed.(New York: Columbia University Press, 2002) I : 466~467.

11) 『국서총목록國書総目録』에 따르면 요시노의 회고는 1593년에 쓰였다. 하지만 저자가 이야기하는 글은 히데요시가 죽고 18년 뒤인 1616년 쓰인 글로 보인다. 吉野甚五左衛門, 「吉野甚五左衛門覚書」, 『続ゝ群書類従』, 東京: 続群書類従完成会, 1923. ―[ED]

12) 한 심尋의 길이는 약 1.8m(약 5.11feet)쯤 된다.

13) 吉野甚五左衛門, 「吉野甚五左衛門覚書」, 379~380쪽. 일본어로 된 이 문장은 다른 많은 연구에서도 인용되었다. Stephen Turnbull, *Samurai Invasion: Japan's Korean War, 1592-1598*(London: Cassell, 2002), pp. 50~51. Turnbull은 이 부분을 "and there came to our ears the Chinese expression, 'Manō! Manō!'"와 같이 잘못 번역했는데, 그러고는 "요시노가 조선 사람들이 중국어를 한다고 생각하게끔 만든 경멸과 무지의 단서를 제공한다"고 했다. 이러한 Turnbull의 논의는 Samuel J. Hawley, *The Imjin War: Japan's Sixteenth-Century Invasion of Korea and Attempt to Conquer China*(Seoul: Royal Asiatic Society Seoul Branch, 2005) p. 138과 Sajima Akiko, "The Japan—Ming Negotiations," paper presented to the Imjin War conference at Oxford University, August 2001, pp. 2~3에도 인용되었다.

14) 北島万次, 『朝鮮日ゝ記・高麗日記—秀吉の朝鮮侵略とその歴史的告発』, 東京: そしえて, 1982, 41~55쪽; Jurgis Elisonas, "The Inseparable Trinity: Japan's Relations with China and Korea," in *The Cambridge History of Japan*, ed. John W. Hall(Cambridge: Cambridge University Press, 1991), 4: 273.

15) 『난중잡록』은 6월 16일 양산의 방화, 6월 19일 영산과 청도의 방화, 6월 21일 창녕과 현풍의 방화 사실을 전하고 있다. 같은 날 하양에서의 방화와 그곳 주민들의 학살을, 그리고 6월 23일에는 인동과 송주, 창원의 방화 사실을 전하고 있다. 이에 따르면 양산과 영산, 청도, 창녕, 현풍, 송주는 모두 먼지가 돼 사라졌다. 「난중잡록 1권, 334쪽, 337쪽, 341쪽 참조.

16) 이는 처음에는 병참상의 불안정성에 기인했고, 다음에는 히데요시의 건강이 나빠진 것이 원인이 되었다. Hawley, *The Imjin War*, pp. 123~124.

17) 기타지마 만지北島万次는 이러한 방문을 쓰고 기록을 보관해두는 것이 종군 승려의 의무 중 하나였다고 설명한다. 北島万次, 「朝鮮日々記」, 44쪽.

18) 이 방문을 덴케이의 「서정일기」가 기록했다. 天荊, 「西征日記」, 「続々群書類従」(東京: 続群書類従完成会, 1969-1978) 3: 677.

19) 「난중잡록」1권, 342쪽(1592년 4월 24일), 350쪽(5월 3일).

20) 일본군이 서울에 입성하기 전, 성난 군중들이 왕궁에 불을 질렀다. 「선조수정실록」 26권 25년 4월 14일(계묘) 28번째 기사.

21) "가토 기요사마가 히데요시의 인장을 삼켜버렸다('ate'라고 표기)", 「加藤清正あて豊臣秀吉朱印状」, 「加藤文書」. 北島万次, "The Imjin Waeran," paper presented to the Imjin War conference at Oxford University(August 2001), pp. 9~10; 「朝鮮日々記」, 76~78쪽에서 재인용.

22) "관백 히데요시 히데츠구가 히데요시의 각서를 삼켜버렸다(ate)." 「關白秀次あて豊臣秀吉覚書」, 「征韓文書」, 北島万次, 「朝鮮日々記」, 67~71쪽. 이 글의 영어 번역은 Yoshi Saburo Kuno, *Japanese Expansion on the Asiatic Continent: A Study in the History of Japan with Special Reference to Her international Relations with China, Korea and Russia*(Berkeley: University of California Press, 1937), Ⅰ: 314-318; Hawley, *The Imjin War*, pp. 172~173 참조.

23) "소 요시토시가 히데요시의 인장을 삼켜버렸다('ate'라고 표기)", 「宗義智あて豊臣秀吉朱印状」, 「宗家朝鮮陳文書」, 北島万次, "The Imjin Waeran," pp. 9~10에서 재인용. 아울러 北島万次, 「朝鮮日々記」, 90쪽 참조.

24) 세금은 곡물을 단위로 하여 계산되었다. 팔도에서 거둬들인 세금의 총량은 8,181만 6,186석石이었다. 「高麗国八州之石納覚之事」, 「土佐国蠹簡集」, 北島万次, "The Imjin Waeran," p. 11에서 재인용. 또한 北島万次, 「朝鮮日々記」, 90~91쪽 참조.

25) 「加藤文書」, 北島万次, 「朝鮮日々記」, 91~92쪽에서 재인용.

26) 「난중잡록」2권, 502쪽.

27) 종묘는 성난 군중들이 왕궁에 불을 지를 때도 불에 타지 않았다. 또한 선왕들의 위패는 조선 왕실이 피란할 때 종묘에서 빼내 함께 가져갔다.

28) 두 무덤이 언제 파괴되었는지는 정확히 알 수 없다. 「선조수정실록」은 이를 1592년 12월로 기록했는데(「선조수정실록」 권26 25년 12월 1번째 기사), 「선조실록」에서는 1593년 5월에 이

기록이 처음 나타난다(『선조실록』 37권 26년 4월 13일(정유) 2번째 기사). 『선조수정실록』을 보면 이 사건이 1592년 발생한 것으로 보이는데, 조선 정부는 이듬해 5월까지 이 소식을 접하지 못한 것 같다. 두 무덤은 오늘날에도 서울의 한강 남변인 삼성동에 있는데, 그 당시 이곳은 서울 성벽의 바깥에 해당했다.

29) 天荊, 「西征日記」, 678쪽.

30) 이러한 문서들에는 일본 군주의 연호가 사용되었으며, 몇몇 장수가 서명했다. 이 기록에는 다음과 같은 기록자의 언급이 달려 있다. "흉악하고 해괴한 말이 이 지경에까지 이르렀으니 만 대를 두고도 잊을 수 없는 일이다." 『난중잡록』 1권, 371쪽(1592년 5월 20일).

31) 「咸鏡道百姓あて加藤淸正榜文」, 『泰長院文書』. 北島万次, "The Imjin Waeran," 12에서 재인용. 나는 이 자료의 영어 해석을 따랐고, 약간 수정을 가했다. 또 北島万次, 『朝鮮日々記』, 99쪽 참조.

32) 세금의 '총합'이 24만 4,360석이라는 것이다. 세금으로 내는 곡물의 종류는 다양했다. 「朝鮮國租稅牒」. 北島万次, "The Imjin Waeran," p. 13에서 재인용. 또한 北島万次, 『朝鮮日々記』, 102쪽 참조. 「田田尊經閣文藏」, 北島万次, 『朝鮮日々記』, 103~105쪽.

33) 토관진무土官鎭撫 국경인鞠景仁(?~1592)은 본래 전주에 살다가 죄를 지어 회령으로 유배되었는데, 기요마사의 군대가 회령 가까이에 이르자 조선 정부에 원한을 품고 경성부 아전으로 있던 작은아버지 국세필鞠世弼 등과 함께 부민들을 선동해 반란을 일으켜 관리를 살해하고 왕자들을 사로잡았다(『선조수정실록』 권26, 선조 25년 7월 1일 무오). – 옮긴이

34) 「加藤淸正이 木下半助에게 보낸 편지」, 1592년 9월 20일. Hawley, *The Imjin War*, pp. 268~269 no. 10; 北島万次, 『朝鮮日々記』, 117~119쪽; Elisonas, "The Inseparable Trinity," pp.275~276.

35) 엘리소나 Jurgis Elisonas는 이 상황을 다음과 같이 묘사했다. "(일본군은) 그들이 정복한 지역을 '일본의 법률에 따라' 다스리라고 한 그들 주인의 명령에 충실했다. 조선에 주둔한 히데요시의 장수들은 농민에게 세금을 걷고, 무기를 몰수했으며, 인질을 잡아 조선인을 강압했다. 이에 반항하는 이들에 대해서는 마치 히데요시의 통일 정부 아래에서 다이코 겐지太閤檢地가 행해지는 지역과 마찬가지로 무자비하게 탄압했다." Elisonas, "The Inseparable Trinity," p. 275.

36) 田尻鑑種, 「高麗日記」, 문록 초1년(1592) 7월 18일. 北島万次, 『朝鮮日々記』, 381쪽에서 재인용.

37) 『선조실록』 30권 25년 9월 15일(임신) 2번째 기사.

38) 北島万次, 『朝鮮日々記』, 106쪽.

39) 『난중잡록』1권, 460쪽(1592년 7월 5일, 원서의 주에는 이 기사가 1592년 7월 4일의 것으로 되어 있으나, 실제로는 7월 5일의 기사여서 바로잡았다 – 옮긴이).

40) 『난중잡록』1권, 466~467쪽(1592년 7월 9일).

41) 이정암, 이장희 옮김, 『서정일록』, 탐구당, 1979, 72~73쪽.

42) 北島万次, 『朝鮮日々記』, 156~157쪽.

43) 이 방문은 앞서 언급한 "일본은 전일의 일본이 아니며 …"로 시작하는 방문이다. 이정암은 이 두 때문에 방문의 문장이 조악하고 이해하기 어렵다고 했다. 『서정일록』의 1592년 6월 초5일의 기사에서, 이정암은 아마도 자신의 번역을 거쳐 이 기사를 순수 한문으로 번역해놓았다. 이정암, 위의 책, 72~73쪽.

44) 이탁영, 이호응 옮김, 『역주 정만록』, 의성문화원, 1992, 98~99쪽.

45) 『난중잡록』1권, 371쪽(1592년 5월 20일).

46) 北島万次, 『朝鮮日々記』, 92~93쪽에서 재인용.

47) Kenneth M. Swope, "The Three Great Campaigns of the Wanli Emperor, 1592−1600: Court, Military, and Society in Late Sixteenth−Century China"(Ph.D. diss., University of Michigan, 2001), pp. 214~223.

48) Luis Frois, *Historia de Japan*, ed. Josef Wicki(Lisbon: Biblioteca Nacional de Lisbona, 1976−1982), 5:599, Elisonas, "The Inseparable Trinity," p. 280에서 재인용.

49) 『선조수정실록』26권 25년 12월 4번째 기사.

50) 스와프는 이러한 수치에는 논란이 있을 수 있다고 했다. Swope, "The Three Great Campaigns," pp. 247~248.

51) 『난중잡록』2권, 623쪽(원서의 주에는 이 기사가 1593년 1월 5일의 것으로 되어 있으나, 실제로는 1월 8일의 기사여서 바로잡았다 – 옮긴이).

52) Swope, *op. cit.*, pp. 250~254.

53) 이 전투에 대한 자세한 논의는 Hawley, *The Imjin War*, pp. 324~327 참조.

54) 田尻鑑種, 『高麗日記』, 문록 초2년(1593) 1월 23일. 北島万次, 『朝鮮日々記』, 384쪽에서 재인용. 이때 Elisonas, "The Inseparable Trinity," p. 280의 번역을 아울러 참고했다.

55) 『난중잡록』2권, 633쪽(1593년 4월 19일).

56) 『선조수정실록』27권 26년 1월 1일(병진) 4번째 기사.

57) Swope, "The Tree Great Campaigns," p. 257.

58) 『선조실록』43권 26년 10월 2일(임오) 16번째 기사.

4_언어 전략: 일상어를 통한 민족적 공간의 출현

1) 앤더슨의 『상상의 공동체』에서 'Vernacular'를 일상어의 의미로 사용했기에 이 책에서도 일상어로 표기한다. —옮긴이

2) Peter Lee and Wm. Theodore de Bary, eds., *Sources of Korean Tradition: From Early Times Through the Sixteenth Century*(New York: Columbia University Press, 1997), 1: 57~59.

3) 자세한 내용을 파악하려면 Kenneth M. Swope, "The Three Great Campaigns of the Wanli Emperor, 1592-1600: Court, Military, and Society in Late Sixteenth-Century China"(Ph.D. diss., University of Michigan, 2001), pp. 89~156 참조.

4) Kenneth M. Swope, "Bestowing the Double-Edged Sword: Wanli as a Supreme Military Commander," in *Culture, Courtiers, and Competition: The Ming Court(1368-1644)*, ed. David M. Robinson(Cambridge, Mass.: Harvard University Asia Center, 2008), pp. 92~93.

5) 조승훈은 그의 상관에게 패배는 조선군이 참전하지 않고, 그 부대의 일부가 왜군에게 항복했기 때문이라고 보고했다. 조선에서는 조승훈이 지나치게 자신만만했으며, 그의 명성을 쌓는 데 무모하게 열정적이라고 평가했다(『선조실록』28권 25년 7월 20일(정축) 4번째 기사; 『선조실록』28권 25년 7월 24일(신사) 3번째 기사; 국사편찬위원회, 『한국사』 29권, 탐구당, 75~77쪽).

6) 『선조실록』28권 25년 7월 29일(병술) 3번째 기사.

7) Swope, *op.cit.*, p. 93.

8) 이 말은 중국이 자신을 지칭하는 용어이다. 비록 대만처럼 고유명사가 되었지만 보통 정치체보다는 '문화적 중심'을 의미한다.

9) 나는 교서를 『선조실록』에 실린 것을 번역했고, 스와프는 "Bestowing the Double-Edged Sword," pp. 95~96에 그 자신의 번역을 실었다.

10) 『선조실록』30권 25년 9월 2일(기미) 1번째 기사.

11) 『선조실록』30권 25년 9월 2일(기미) 2번째 기사.

12) 『선조실록』30권 25년 9월 2일(기미) 7번째 기사.

13) 『선조수정실록』26권 25년 9월 1일(정사) 6번째 기사.

14) 『선조실록』30권 25년 9월 2일(기미) 2번째 기사.

15) Swope, *op.cit.*, pp. 92~93.

16) 『서경書經』에 따르면 주왕실의 건국자인 우왕이 기자를 조선의 제후로 봉했다. 기자가 조선에 왔을 때 교화의 도구로 형법을 창안했다는 말이 전해진다.—[MD]

17) 『선조실록』32권 25년 11월 15일(신미) 4번째 기사.

18) 『선조실록』 32권 25년 11월 15일(신미) 3번째 기사.

19) 『선조실록』 32권 25년 11월 16일(임신) 5번째 기사.

20) 『선조실록』 32권 25년 11월 18일(갑술) 2번째 기사; 『선조실록』 32권 25년 11월 22일(무인) 2번째 기사.

21) 대동강 동쪽은 실질적으로 대동강의 남쪽 지역, 평양의 남쪽 시작을 의미했다.

22) 국사편찬위원회, 위의 책, 89~90쪽.

23) 『선조실록』 33권 25년 12월 17일(계묘) 4번째 기사.

24) 임진왜란 당시 이여송은 '흠차제독계료보정산동등처방해어왜군무총병관중군도독부도독동지欽差提督薊遼保定山東等處防海禦倭軍務摠兵官中軍都督府都督同知'의 직임을 받았고 『선조실록』에서는 제독提督으로 표기. -옮긴이

25) 『선조실록』 33권 25년 12월 25일(신해) 2번째 기사.

26) 『선조실록』 33권 25년 12월 26일(임자) 2번째 기사; 『선조실록』 33권 25년 12월 27일(계축) 2번째 기사, 3번째 기사.

27) 종전 때까지 이 과제는 조선인에게 책임이 있었고, 조선 국왕과 그의 근신들이 관할했다. Gari Ledyard, "Confucianism and War: The Korean Security Crisis of 1598," *Journal of Korean Studies 6*, 1988, p. 103.

28) (선조와 이항복의 대화를 보면) 이여송은 말을 얻었다(『선조실록』 35권 26년 2월 17일(임인) 11번째 기사).

29) 당저(當宁): 현재의 국왕. -옮긴이

30) 『선조실록』 34권 26년 1월 13일(무진) 6번째 기사.

31) 그는 출발하기 전 회의에 참석한 다른 관료들과 마찬가지로 조선 조정 전체가 비난을 받는다고 여겨 초조해진 선조와 광범위한 논의를 했다. 회의 참석자들은 이여송의 비난에 대해 가능한 사유들을 조사했다. 참석한 승지에 따르면, 그들 중 일부(이여송의 부관)가 여자 노비나 기생을 그들의 공개적인 행렬이나 다른 행사에 동반했다(『선조실록』 34권 26년 1월 14일(기사) 3번째 기사).

32) Swope, *op.cit.*, p. 84.

33) 오희문, 『쇄미록』, 국사편찬위원회, 1962, 265쪽.

34) 『선조실록』 34권 26년 1월 28일(계미) 6번째 기사.

35) Kenneth M. Swope, "Deceit, Disguise, and Dependence: China, Japan, and the Future of the Tributary System, 1592~1596," *International History Review 24*, no. 4, 2002, p. 771.

36) 『선조실록』에는 2월 6일부터 8일까지 치른 전투에 대한 상세한 묘사가 있다(『선조실록』 34권

26년 1월 11일(병인) 13번째 기사). 이와 함께 Kenneth M. Swope, "Turning the Tide: The Strategic and Psychological Significance of the Liberation of Pyongyang in 1593," *War and Society* 21, no. 2, 2003, pp. 1~22 참조.

37) 『선조실록』 34권 26년 1월 11일(병인) 13번째 기사.

38) Swope, *op, cit.*, pp. 254~255.

39) 『선조수정실록』 27권 26년 1월 1일(병진) 2번째 기사.

40) 선조는 퇴각하는 적을 추격해야 한다고 명령했고, 일본군의 철수를 방기한 조선 장수의 참수를 원했다. 하지만 이여송은 그 장수의 사면을 요청했다(『선조수정실록』 27권 26년 1월 1일 (병진) 2번째 기사).

41) Swope, "The Three Great Campaigns," p. 254.

42) Yoshi Saburo Kuno, *Japanese Expansion on the Asiatic Continent: A Study in the History of Japan with Special Reference to Her International Relations with China, Korea, and Russia*(Berkeley: University of California Press, 1937), vol. 1, p. 164.

43) Swope, "The Three Great Campaigns," pp. 252~253.

44) 논의에서 옛 역사에도 그런 전례가 있었다고 말한 영의정 이산해를 제외하고 모두 거부했다 (『선조실록』 26권 25년 4월 28일(정사) 2번째 기사).

45) 『선조실록』 26권 25년 4월 17일(병오) 4번째 기사; 『선조수정실록』 26권, 25년 4월 14일(계묘) 16번째 기사; 『亂中雜錄』 3권, 344~345쪽.

46) 『선조실록』 26권 25년 4월 30일(기미) 1번째 기사, 3번째 기사; 수행원 중 한 명이었던 유성룡은 『징비록』에 이 광경을 묘사했다(유성룡, 남만성 옮김, 『징비록』, 현암사, 1970, 74~78쪽, 288~299쪽).

47) 『선조실록』 26권 25년 5월 8일(정묘) 7번째 기사.

48) Timothy Tackett, *When the King Took Flight*(Cambridge, Mass.: Harvard University Press, 2003), pp. 9~25.

49) 더 자세한 내용은 1장을 참조.

50) 유성룡, 위의 책, 111~113쪽, 305~306쪽.

51) 『선조실록』 27권 25년 6월 10일(무술) 1번째 기사.

52) 『선조실록』 27권 25년 6월 2일(경인) 5번째 기사.

53) 『선조실록』 27권 25년 6월 11일(기해) 4번째 기사.

54) 교서의 내용이 『선조실록』에 실리지 않은 것은 주목할 만하다. 그렇지만 교서를 받은 이가 다른 서책에 기록했다. 오희문의 『쇄미록』 16~17쪽에 실렸다. 같은 서신이 『난중잡록』 1권,

453~454쪽에도 나타난다. 그렇지만 잘린 형태다.

55) 『난중잡록』 2권, 515~517쪽.

56) 『난중잡록』 2권, 518~519쪽.

57) 『난중잡록』 2권, 540~542쪽.

58) 『선조실록』 29권 25년 8월 1일(무자) 5번째 기사. 『한국사』 29권, 72~73쪽.

59) 그들이 등장하는 실록 기사의 논의와 보고가 이런 시각을 보여준다(『선조실록』 28권 25년 7월 20일(정축) 4번째 기사; 『선조실록』 28권 25년 7월 24일(신사) 3번째 기사; 『선조실록』 28권 25년 7월 26일(계미) 4번째 기사; 『한국사』 29권, 75~77쪽).

60) 왕실 일행이 용천을 떠나 박천으로 옮기는 중이었다(『선조실록』 27권 25년 6월 14일(임인) 4번째 기사).

61) 이 기사는 6월 22일에 나타난다(『선조실록』 27권 25년 6월 22일(경술) 2번째 기사).

62) 『선조실록』 27권 25년 6월 13일(신축) 8번째 기사; 『선조실록』 27권 25년 6월 14일(임인) 5번째 기사.

63) 필부는 지위가 낮은 보통 사람을 의미하지만 여기서는 영혼이 없고 도덕심이 낮은 사람이다.

64) 『선조실록』 27권 25년 6월 24일(임자) 1번째 기사; 『선조실록』 27권 25년 6월 26일(갑인) 1번째 기사, 4번째 기사, 7번째 기사.

65) 『선조실록』 28권 25년 7월 29일(병술) 3번째 기사; 『선조실록』 29권 25년 8월 2일(기축) 1번째 기사.

66) 8월 19일 왕은 한글로 쓴 방문榜文을 많이 복사하여 평안도 순찰사 송언신宋言慎 (1542~1612)에게 보내 주민들을 효유하도록 명했다. 북에 있는 유성룡에게 이 방문을 보내 백성들에게 널리 알리라고 했다(선조실록』 29권 25년 8월 19일(병오)).

67) 그들은 Kuno, *Japanese Expansion*, vol.1, pp. 159~173, Elisonas의 "The Inseparable Trinity," pp. 281~285, Swope의 "Deceit, Disguise, and Dependence," pp. 757~782, Hawley의 *The Imjin War*, pp. 299~428에 포함시켰다.

68) Swope, "Deceit, Disguise, and Dependence," pp. 776~778; Elisonas, "The Inseparable Trinity," pp. 284~285.

69) 베리(Mary E. Berry)에 따르면 히데요시는 강화 협상을 오래 끄는 것은 반대하지 않았다. 그는 '적절하지 않은 합의'의 모호함을 선호했지만 이것이 더 이상 불가능해지자 두 번째 침략을 결정했다. Mary Elizabeth Berry, *Hideyoshi*(Cambridge, Mass.: Harvard University Press, 1982), p. 217, p. 232.

70) Ronald P. Toby, *State and Diplomacy in Early Modern Japan: Asia in the Development of*

the Tokugawa Bakufu(Stanford: Stanford University Press, 1984), pp. 77~78; Kenneth R. Robinson, "Centering the King of Chosŏn: Aspects of Korean Maritime Diplomacy, 1392~1592," *Journal of Asian Studies* 59, no.1, 2000, pp. 109~122.

71) Ray Huang, "The Lung-ch'ing and, Wan-li Reigns, 1567~1620," in *Cambridge History of China*(Cambridge: Cambridge University Press, 1988), 7:571.

72) 고니시 조안(少西飛 혹은 小西飛彈守): 1550~1626, 고니시 유키나가의 중군, 임진왜란 때 강화 회담에서 일본 측 실무대표로 활동했는데 세례명 요한을 음차한 나이토 조안(內藤 如安으로도 불렸다. - 옮긴이

73) Swope, "Deceit, Disguise, and Dependence," pp. 772~773.

74) Swope, "Bestowing the Double-Edged Sword," p. 77.

75) Kuno, *Japanese Expansion*, 1:169-170. 그의 아내와 아이들은 노비로 팔렸다. Hawley, *The Imjin War*, pp. 422~423.

76) Swope, "Deceit, Disguise, and Dependence," p. 780.

77) 선조와 이여송의 회담은 1593년 3월에, 송응창과의 회견은 1593년 6월에 각각 열렸다(『한국사』 29권, 96~97쪽).

78) 『선조실록』 41권 26년 8월 14일(을미) 2번째 기사; 『선조실록』 42권 26년 9월 1일(임자) 12번째 기사; 『한국사』 29권, 98~105쪽.

79) 『선조실록』 41권 26년 8월 6일(정해) 11번째 기사; 『선조실록』 47권 27년 1월 2일(신사) 2번째 기사; 『선조실록』 60권 28년 2월 2일(을사) 4번째 기사; 『선조실록』 69권 28년 11월 3일(신미) 2번째 기사. 예를 들어 1592년 10월 왜군의 포로인 조선 관료가 석방되면서 가토 기요마사의 편지와 함께 돌아왔다. 그 내용은 조선이 영토 할양에 동의한다면 일본은 철수할 것이며, 포로인 조선의 대군들을 돌려보낸다는 취지였다(『선조실록』 31권 25년 10월 19일(을사) 5번째 기사).

80) 예를 들어 좌의정 윤두수가 치계馳啓한 내용을 보라(『선조실록』 47권 27년 1월 2일(신사) 2번째 기사). 반면에 영의정 유성룡은 시간을 벌 필요가 있다고 계속 주장했다. 16세기 말, 양반들은 여러 당파로 갈라졌다. 유성룡은 남인의 영수였던 반면 윤두수는 서인을 대표했다. - [MD]

81) 이 글은 이런 상황에서 조정에서 보낸 교지임이 분명한 문서의 사본에 기초한 것이다. 이 사본은 경상북도 경주의 한 가문이 소유한 것으로, 그 방문은 여러 곳을 거쳤을 것이다(金宗澤, 「宣祖大王 言敎攷」, 『國語敎育論志』 2, 1975, 27~34쪽에는 한글 고어古語 형태로 실렸다. 이것을 참고하여 역자가 현대어로 정리했다).

82) 『선조실록』 42권 26년 9월 9일(경신) 3번째 기사.

83) 흥미로운 것은 이 교지가 『선조실록』에는 실리지 않고 『난중잡록』에만 실렸다는 점이다. 전쟁 초기에 『선조실록』 기사는 교지 한 개를 보냈다고 전하는데 교지는 오직 『쇄미록』에만 수록되었다(『난중잡록』 4권, 기해년 1월 8일).

84) JaHyun Kim Haboush, "Royal Edicts: Constructing an Ethnopolitical Community," in *Epistolary Korea: Letters in the Communicative Space of the Chosŏn, 1392-1910*, ed. JaHyun Kim Haboush(New York: Columbia University Press, 2009), p. 21, pp. 24~26.

5_후유증: 몽유록과 기념문화

1) JaHyun Kim Haboush, "Constructing the Center: The Ritual Controversy and the Search for a New Identity in Seventeenth−Century Korea," in *Culture and the State in Late Chosŏn Korea*, ed. JaHyun Kim Haboush and Martina Deuchler(Cambridge, Mass.: Harvard University Asia Center, 1999), pp. 46~90.

2) 稻葉 岩吉, 『光海君時代の滿鮮關係』, 大阪屋號書店, 1933, 111~241쪽.

3) 인조의 조정은 1636년 12월 14일 남한산성에 들어갔고 1637년 1월 13일에 항복했다. 47일 간의 일과 항복 의식에 대한 서술은 나만갑, 『丙子南漢日記』, 서문당, 1977, 28~110쪽 혹은 이를 역주한 김광순, 『山城日記』, 형설출판사, 1985를 참조.

4) Anthony D. Smith, *The Ethnic Origins of Nations*(Oxford: Blackwell, 1986), pp. 6~46.

5) Mary Elizabeth Berry, *Hideyoshi*(Cambridge, Mass.: Harvard University, 1982)를 참조.

6) Frederic E. Wakeman, *The Great Enterprise: The Manchu Reconstruction of Imperial Order in Seventeenth-Century China*(Berkeley: University of California Press, 1985).

7) 차문섭, 『조선시대 군사관계연구』, 단국대학교 출판부, 1996; 허선도, 『朝鮮時代 火藥兵器史 硏究』, 일조각, 1994; 이태진, 『朝鮮後期의 政治와 軍營制 變遷』, 한국연구원, 1985.

8) 한명기, 『임진왜란과 한중관계』, 역사비평사, 1998; 손승철, 『조선시대 한일관계연구』, 지성 의 샘, 1994(개정판이 손승철, 『조선시대 한일관계사 연구: 교린관계의 허와 실』, 경인문화사, 2006로 재출판).

9) 정옥자, 『조선후기 조선중화사상 연구』, 일지사, 1998.

10) 임철호, 『임진록 연구』, 정음사 1986; 임철호, 『설화와 민중의 역사의식: 임진왜란 설화를 중 심으로』, 집문당, 1990; 김태준, 『임진왜란과 한국문학』, 민음사, 1992; 소재영, 『壬丙兩亂과 文學意識』, 한국연구원, 1980.

11) Ernest Renan, "What Is a Nation?," in *Nation and Narration*, ed. Homi K. Bhabha(London: Routledge, 1990), p. 19.

12) Kristin Ann Hass, *Carried to the Wall: American Memory and the Vietnam Veterans Memorial* (Berkeley: University of California Press, 1998), pp. 34~86.

13) 나는 비교적 최근인 1973년에도 임진전쟁의 전사자 추모 행사에 초대받아 참석했다.

14) 『임진록』에는 이런 사례가 생생히 묘사되었다. 임철호, 『임진록 연구』와 Peter Lee, *The Record of the Black Dragon Tear*(Seoul: Institute of Korean Culture, Korea University, 2000) 참조.

15) Mikhail Bakhtin, *The Dialogic Imagination: Four Essays*, ed. Michael Holquist, trans. Caryl Emerson and Michael Holquist(Austin: University of Texas Press. 1981), p. 428.

16) 『달천몽유록』의 판본은 국어국문학회(Association of Korean Language and Literature)에서 나온 것을 참조했다.

17) 국립중앙도서관본에는 『강도몽유록』과 『피생몽유록』 둘 다 담겨 있다. 김기동, 『(筆寫本)古典小說全集』 3권, 아세아문화사, 1980, 201~238쪽.

18) 조동일, 『한국문학통사』 2권, 지식산업사, 1994, 483~493쪽.

19) 유정국은 10개 이야기를 인용했다. 유정국, 『夢遊錄 小說의 硏究』, 아세아문화사, 1987, 5~128쪽 참조; 소재영은 2개의 몽유록을 새로 발굴하여 소개했다. 소재영, 「임진왜란과 소설문학」, 김태준 편, 『임진왜란과 한국문학』, 민음사, 1992, 246~248쪽 참조.

20) 가장 눈에 띄는 예시로, 그의 유명한 철학적 논설 속의 '장자의 호접몽胡蝶夢', 전기 장르 대명희곡 「모란정」과 유명한 청나라 소설 「홍루몽」 등이 있다.

21) 『구운몽』은 한글본과 한자본이 모두 유통되었다. 현재 남아 있는 한글본이 한자본보다 앞선 것이 아니어서 학자들마다 소설이 쓰인 언어에 대한 의견이 다르다. 조동일, 『한국문학통사』 3, 118~125쪽; 정규복, 『한국고전문학의 원전비판적 연구』, 국어국문학회, 1992. 동일한 문제는 한국에서 가장 오래된 한글소설로 오랫동안 여겨진 『홍길동전』을 생각할 때도 일어난다. 허균(1569~1618)이 썼다는 것이 오랜 통설이었는데, 이조차도 최근에는 논쟁이 있다. 일부는 나중에 추가로 작성된 것이라 주장한다. 이윤석, 『홍길동전 연구: 서지와 해석』, 계명대학교 출판부, 1997 참조.

22) Judith Zeitlin, *Historian of the Strange: Pu Songling and the Chinese Classical Tale*(Stanford: Stanford University Press, 1993), pp. 133~181.

23) JaHyun Kim Haboush, "Dreamland: Korean Dreamscapes as an Alternative Confucian Space," in *Das andere China* [The other China], ed. Helwig Schmidt-Glintzer(Wiesbaden:

Harrassowitz, 1995), pp. 659~670.

24) 이 장에서 논의된 세 작품보다 이전에 쓰인 네 소설 중 오직『원생몽유록』이라는 한 작품만이 관찰자—화자 시점을 따랐다. 이 이야기는 꿈꾸는 이가 조선 역사에서 유명한 일곱 명의 비극적 인물을 만나는 서사이다. 강력한 숙부 세조世祖(1417~1468, 재위 1455~1468)에게 왕위를 내준 소년왕 단종端宗(재위 1452~1455)과 '6명의 충신으로 알려진' 6명의 대신(死六臣)은 세조가 단종 복위를 위한 비밀스러운 계획을 알아내자 사형에 처해졌다. 『원생몽유록』의 저자가 누구인지 확정할 수는 없지만, 일반적으로 단종에게 충심을 다하며 관직에서 물러나 살아남은 6명의 충신(生六臣) 중 한 사람인 원호元昊(?~1450)이거나 원호보다 약 1세기 뒤를 살았던 유명한 작가 임채(1549~1587)로 본다. 유정국, 『몽유록 소설 연구』, 아세아문화사, 1987, 5쪽.

25) 알려진 12개 몽유록 중 5개는 전쟁에 관한 것이다. 17세기 중반 이후 쓰인 몽유록은 기존의 시점에서 다시 쓰였다. 즉 관찰자—화자가 아니라 꿈을 통해 자기 내면의 정신세계에 들어가는 것이다.

26) Praesnjit Duara, "The Regime of Authenticity: Timelessness, Gender, and National History in Modern China," in *Constructing Nationhood in Modern East Asia*, ed. Kai—wing Chow, Kevin M. Doak, and Poshek Fu(Ann Arbor: University of Michigan Press, 2001), p. 367.

27) David Goodman, *Japanese Drama and Culture in the 1960s: The Return of Gods*(Armonk, N.Y.: M. E. Sharpe, 1988).

28) Kim Sŏngnae, "Lamentations of the Dead: The Historical Imagery of Violence on Cheju Island, South Korea," *Journal of Ritual Studies* 3, no. 2, 1989, pp. 251~258; Boudewijn Walraven, "Muga: The Songs of Korean Shamanism"(Ph.D. diss., Leiden University, 1985), pp. 1~11 참조.

29) Tzvetan Todorov, *The Fantastic: A Structural Approach to a Literary Genre*(Ithaca: Cornell University Press, 1975), p. 25.

30) *Ibid.*, p. 41.

31) Judith Zeitlin, *op. cit.*, pp. 7~8.

32) 『피생몽유록』의 꿈꾸는 이는 그가 도착한 날과 같은 날 꿈을 꾸는데, 『강도몽유록』의 꿈꾸는 이는 며칠 후 꿈을 꾼다. 『달천몽유록』의 파담자가 달천 강변에 도착하여 죽은 사람을 불쌍히 여기는 시를 쓰는 것과 그가 꿈을 꾸는 것 사이에는 몇 달 간 차이가 있다. 尹繼善, 「달천몽유록」, 國語國文學會, 『한문 소설선』, 1976, 140쪽으로 추정(저자는 이 책의 출간연도를 1982년

이라 밝혔지만 1982년 출간된『한문소설선』은 확인 불가하여 역자가 정정했다 - 옮긴이). 소재영과 유종국은 파담자가 도착과 같은 날 꿈꾼 것을 암시했다. 소재영, 앞의 글, 245쪽; 유종국,『몽유록 소설 연구』, 아세아문화사, 1987, 74쪽. 나는 여러 버전을 조사했는데, 이 경우에는 해당되지 않는다.

33) 윤계선,『달천몽유록』, 141쪽.

34) 구인환 엮음,『강도몽유록』,『몽유록』, 신원문화사, 2004, 46쪽(저자는 원문을 인용했으나 번역본에서「강도몽유록」의 국역본 인용 - 옮긴이).

35) Rosemary Jackson, *Fantasy: The literature of Subversion*(New York: Methuen, 1981), pp. 171~180.

36) Martina Deuchler, *The Confucian Transformation of Korea: A Study of Society and Ideology* (Cambridge, Mass.: Council on East Asian Studies, Harvard University, 1992), pp. 179~202; Susan Naquin, "Funerals in North China: Uniformity and Variation," in *Death Ritual in Late Imperial and Modern China*, ed. James Watson and Evelyn Rawski(Berkeley: University of California Press, 1988), pp. 37~70.

37) 윤계선,『달천몽유록』, 141쪽.

38) 임제 외, 구인환 편,「강도몽유록」,『몽유록』, 신원문화사, 2004, 46쪽(저자가 표기한 원문을 찾을 수 없어서 국역본에서 인용).

39) 이장희,『임진왜란사 연구』, 아세아문화사, 1999, 37~49쪽.

40) 윤계선,『달천몽유록』, 141쪽.

41) 같은 책, 142쪽.

42) 달천강에서 조선군이 처참하게 패한 것과 신립의 역할은 임진전쟁의 전후 담론에서 익숙한 비유다. 황중윤의『달천몽유록』은 바로 이 문제에 초점을 맞춘다. 소설에서 조선군의 패배는 조선 정부의 사회적·군사적 시스템이라는 더 큰 맥락 속에 있다. 작중에서 신립과 그의 형제는 군대의 미숙함을 자세히 묘사한다. 훈련이나 전문 지식이 없는 농민군에게 주로 의존하면서 권력자들이 군 복무를 회피할 수 있도록 한다는 것이다. 황중윤의『몽유록』은 윤계선의 것과 제목이 동일하지만 전자의『달천몽유록』의 '달㺚' 자에는 犭변이 붙어 있다. 황중윤의『몽유록』은 현존하는 판본이 단 하나이고, 본문은 꽤 훼손되었다. 황중윤의 문집은 재출간되었다. 황중윤,「달천몽유록」,『황동명 소설집』, 문학과 언어연구회, 1984, 275~294쪽(원문에서 인용한『황중윤 소설집』은 현재 확인이 불가능하여 역자는 황중윤(김인경·조지형 옮김),『황중윤의 한문소설: 逸史·三皇演義』, 새문사, 2014, 465~482쪽을 참조했다). 윤계선의『달천몽유록』속 '달達'자는 보통 犭 없이 쓰이지만 의병장 조경남(1570~1641)이 쓴 임진전쟁 역

사서로 여러 권으로 된 『난중잡록』에서는 達자가 辶변이 들어간 것으로 쓰였다. 조경남, 「亂中雜錄」, 『大東野乘』 4권, 32a~43a(趙慶男, 「亂中雜錄」, 『國譯 大東野乘』 7권, 민족문화추진회, 1972, 302~304쪽(경자년 9월)).

43) 『산해경山海經』에 나오는 신인神人으로 모든 신선을 관리하는 최고위最高位 신선이다. 곤륜산에서 살며 중국의 많은 황제에게 선술仙術을 가르쳤다고 전해진다. 서왕모는 천계天界에 반도원蟠桃園이라는 신비한 복숭아 과수원을 갖고 있는데 여기의 복숭아는 장생長生을 약속한다고 한다. 반도원에 이 복숭아가 열리면 그것을 축하하는 연회가 열리는데 그것이 반도회이다. 반도원의 신비한 복숭아 이야기는 『서유기』에도 등장한다. – 옮긴이

44) 서왕모가 주최한 연회를 그린 그림 중 하나가 1993년 뉴욕 소더비에서 경매되었다(no. 34).

45) 이 시점은 독자들처럼 북쪽을 바라보는 것이다. 자리 배치는 전형적인 공식석상에서의 그것인데, 이 꿈에서 그대로 재현되었다. 이를 해명해준 익명의 독자에게 감사의 말을 전한다.

46) 윤계선, 『달천몽유록』, 156쪽.

47) 같은 책, 157쪽.

48) 같은 책, 159~160쪽.

49) 『선조실록』 41권 26년 8월 8일(기축).

50) 정충단旌忠壇: 저자는 『증보문헌비고』에 실린 내용을 인용했다. 현재는 진주시 남강가에 있는 '창열사'이다. – 옮긴이

51) 『증보문헌비고』, 「예고」 10, 제단 3, 정충단.

52) 황경환, 『朝鮮王朝의 祭祀: 宗朝大祭를 中心으로』, 문화재관리국, 1967, 136~137쪽.

53) Hass, *Carried to the Wall*, pp. 43~55.

54) Thomas Laqueur, "Memory and the Naming in the Great War," in *Commemorations: The Politics of National Identity*, ed. John R. Gillis(Princeton: Princeton University Press, 1994), p. 152.

55) Hass, *Carried to the Wall*, p. 57; James Mayo, *War Memorials as Political Landscape: The American Experience and Beyond*(New York: Praeger, 1988), p. 94.

56) 이극신을 극악무도하게 묘사한 것 때문에 일부 학자들은 이 작품이 특정 인물에 대한 은밀한 공격이라고 주장한다(차용주, 『夢遊錄系 構造의 分析的 研究』, 㫾學社, 1981, 164쪽; 유종국, 앞의 책, 83~84쪽 참조). 한 비평은 심지어 동명의 역사적 인물을 추적하여, 그가 비판 대상일 가능성을 제기한다(서대석, 「夢遊錄의 장르적 性格과 文學史的 意義」, 『한국학논집』 3, 1975, 531~532쪽).

57) 임제 외, 구인환 편, 「강도몽유록」, 『몽유록』, 신원문화사, 2004, 60쪽(원문 주석에는 『江都夢

遊錄』, 10a로 표기했다. 영인본 혹은 원본의 출처로 생각되나 확인이 불가하여 역자가 활용한 참고문헌으로 넣음—옮긴이).

58) 같은 책, 4쪽. 조선 조정은 효자, 충신, 열녀 세 가지 범주의 덕행에 대해 개인에게 영예를 부여했다. 이 영예는 종종 물질적인 보수를 동반했다. 자세한 내용은 박주, 『朝鮮時代의 旌表政策』, 일조각, 1990을 참조.

59) 같은 책, 50쪽, 불교에서 말하는 연옥에 대한 설명. 자세한 내용은 Louis Frederic, *Buddhism: Flammarion Iconographie Guides*(Paris: Flammarion, 1995), pp. 252~253 참조.

60) *Ibid.*, p. 60.

61) Duara, "The Regime of Authenticity," pp. 368~369.

62) 장덕선·채진원 編, 「朴氏傳」, 『한국고전문학대계』 1권, 교문사, 1984, 391쪽.

63) 실례로 동래성 방어에 끝내 성공하지는 못했지만 격렬히 저항하여 일본군의 존경을 받은 송상현은 '충렬'이란 시호를 받았다. 『효종실록』 10권 4년 3월 4일(경오) 참조.

64) Jenny Sharpe, "The Unspeakable Limits of Rape: Colonial Violence and Counter-Insurgency," in *Colonial Discourse and Post-Colonial Theory*, ed. Patrick Williams and Laura Chrisman(New York: Columbia University Press, 1994), pp. 226~235.

65) Peter H. Lee, *Anthology of Korean Literature*(Honolulu: University of Hawaii Press, 1981), pp. 110~111.

66) Mark Edward Lewis, *Writing and Authority in Early China*(Albany: State University of New York Press, 1999), pp. 2~4.

67) 조동일, 『한국문학통사』 3권, 지식산업사, 1994, 9~129쪽.

68) 大谷森繁, 『조선후기 소설독자연구』, 고려대학교 민족문화연구소, 1985, 17~74쪽.

69) Martina Deuchler, "Despoilers of the Way-Insulters of the Sages: Controversies over the Classics in Seventeenth-Century Korea," in Haboush and Deuchler, *Culture and the State in Late Chosŏn Korea*, pp. 91~133; Ch'oe Yong-Ho, "Private Academies and the State in Late Chosŏn Korea," in *ibid.*, pp. 15~45.

70) 김일근, 『諺簡의 研究: 한글書簡의 研究와 資料集成』, 건국대학교 출판부, 1986, 191~192쪽, 202쪽.

71) 조선은 Haboush and Deuchler, *Culture and the State in Late Chosŏn Korea*, pp. 1~13을 보고, 중국의 사례는 Judith Berling, *The Syncretic Religion of Lin Chao-en*(New York: Columbia University Press, 1980); Donald S. Lopez, ed., *Religions of China in Practice*(Princeton: Princeton University Press, 1996) 참조.

72) Rosemary Jackson, *Fantasy: The Literature of Subversion*(New York: Methuen, 1981), p. 4.

73) Robert Buswell, Jr., "Buddhism Under Confucian Domination: The Synthetic Vision of Sŏsan Hyujŏng," in Haboush and Deuchler, *Culture and the State in Late Chosŏn Korea*, pp. 134~159; Boudewijn Walraven, "Popular Religion in a Confucianized Society," in *ibid.*, pp. 160~198 참조.

74) Jean-Paul Sartre, "'Aminadab' of the Fantastic Considered as a Language," *Situations* I (1947), pp. 56~72; Jackson, *Fantasy*, p. 86.

75) 이장희, 『임진왜란사 연구』, 아세아문화사, 1999, 65~66쪽.

76) Gari Ledyard, "Confucianism and War: The Korean Security Crisis of 1598," *Journal of Korean Studies* 6, 1988, pp. 81~119.

77) David McMullen, "Historical and Literary Theory in the Mid-Eighth Century," in *Perspectives on the Tang*, ed. Arthur F. Wright and David Twitchett(New Haven: Yale University Press, 1973), pp. 307~344; Charles A. Peterson, "The Restoration Completed: Emperor Hsien-tsung and the Provinces," in *ibid.*, pp. 151~192.

78) 『선조실록』41권 26년 8월 30일(신해).

79) 선조는 1592년 4월 13일에 서울을 떠나 1593년 10월 1일 돌아왔다. 그는 정릉동 행궁이라 불리는 곳에 머물렀다(『선조실록』43권 26년 10월 1일(신사)).

80) 18세기 군주 영조가 명나라의 상징을 활용한 방식과 18세기 학자인 박지원朴趾源 (1737~1805)의 이야기 「호생전」을 보면 청에 대한 조선의 곤경을 잘 알 수 있다. JaHyunKim Haboush, *The Confucian Kingship in Korea: Yŏngjo and the Politics of Sagacity*(New York: Columbia University Press, 2001), pp. 40~45와 Peter. H. Lee, *Anthology of Korean Literature*(Hawaii: University of Hawaii Press, 1983), pp. 213~221 참조.

81) Raymond Williams, *Marxism and Literature*(Oxford: Oxford University Press, 1977), pp. 133~134.

82) 휴정休靜은 서산대사, 유정惟政은 사명당대사이다. – 옮긴이

83) Samuel Dukhae Kim, "The Korean Monk-Soldiers in the Imjin Wars: An Analysis of Buddhist Resistance to the Hideyoshi Invasion, 1592~1598"(Ph.D. diss., Columbia University, 1978).

84) Buswell, "Buddhism Under Confucian Domination," pp. 134~159.

85) 박종화, 『임진왜란』3권, 을유문화사, 1972, pp. 181~184.

86) 『선조수정실록』28권 27년 4월 1일(기유) 2번째 기사; 『선조실록』55권 27년 9월 22일(정유)

6번째 기사.

87) 김동화, 『護國大聖四溟大師研究』, 『불교학보』 8, 1971, 13~205쪽.

88) Abraham Lincoln, "Gettysburg Address," delivered at the Soldiers' National Cemetery dedication, November 19, 1863.

89) Wolfgang Iser, *Walter Pater: The Aesthetic Moment*(Cambridge: Cambridge University Press, 1987), p. 83.

90) Renan, *What Is a Nation?*, p. 19.

참고문헌

1. 사료

(1) 원사료

金誠一, 『鶴峯全集』, 鶴峰金先生紀念事業會, 1976.

趙靖, 李鉉淙 編譯, 『趙靖先生文集』, 趙靖先生文集刊行委員會, 1977.

『江都夢遊錄』, 국립중앙도서관, Ko 3636-8.

『皮生冥夢錄』, 국립중앙도서관, Ko 3636-8.

(2) 영인본 및 역주본

『朝鮮王朝實錄』 48卷, 국사편찬위원회, 1970.

『宣祖實錄』 221卷(『朝鮮王朝實錄』 21~25卷, 국사편찬위원회, 1955~1963).

『宣祖修正實錄』 42卷(『朝鮮王朝實錄』 25卷, 국사편찬위원회, 1971).

『增補文獻備考』 3卷, 고전간행회, 1959.

고경명, 『國譯 霽峰全書』 3卷, 정신문화연구원, 1980.

김광순譯, 『山城日記』, 형설출판사, 1985.

金起東 編, 「皮生冥夢錄」, 『(筆寫本)古典小說全集』 3권, 아세아문화사, 1980, 201~222쪽.

_____, 「江都夢遊錄」, 『(筆寫本)古典小說全集』 3권, 아세아문화사, 1980, 223~238쪽.

金誠一, 『國譯 鶴峯全集』, 鶴峰金先生紀念事業會, 1976.

羅萬甲, 『丙子南漢日記』, 瑞文堂, 1977.

吳希文, 『瑣尾錄』, 국사편찬위원회, 1962.

柳成龍 著, 南晩星 譯, 『懲毖錄』, 玄岩社, 1970.

李肯翊, 『國譯 燃藜室記述』 12권, 民族文化推進會, 1976.

李魯, 『龍蛇日記』, 한일문화연구소, 1960.

尹繼善, 「達川夢遊錄」, 國語國文學會 編, 『(原文)漢文小說選』, 1976(저자는 출간연도가 1982년이라고 밝혔지만 확인한 바로는 1976년에 간행되었다).

李廷馣, 『西征日錄』, 탐구당, 1979.

장덕선, 채진원 編,「朴氏傳」,『韓國古典文學大系』1권, 교문사, 1984.

鄭琢,『龍蛇日記』, 釜山大學校韓日文化研究所, 1962.

趙敬男,「亂中雜錄」,『國譯 大東野乘』, 民族文化推進會, 1972.

2. 논저

(1) 국내연구

慶星大學校鄕土文化研究所 編,『論介 事蹟 研究』, 신지서원, 1996.

국사편찬위원회,『한국사 29, 조선 중기의 외침과 그 대응』, 탐구당, 1995.

김동욱,「판본고-한글소설 방각본의 성립에 대하여」,『춘향전연구』3, 1983.

김동화,「護國大聖四溟大師硏究」,『불교학보』8, 1971.

김석린,「임진 의병장 조헌 연구」, 신구문화사, 1993.

김성우,『조선중기 국가와 사족』, 역사비평사, 2001.

김양선,「임진왜란 종군신부 Cespedes 내한활동과 그 영향」,『사학연구』18, 1964.

金一根,「諺簡의 硏究 : 한글書簡의 硏究와 資料集成」, 건국대학교 출판부, 1986.

金宗澤,「宣祖大王 言敎巧」,『국어교육논지』, 1975.

김태준 外,『임진왜란과 한국문학』, 민음사, 1992.

박종화,『임진왜란』6권, 을유문화사, 1972.

朴珠,『朝鮮時代의 旌表政策』, 一潮閣, 1990.

徐大錫,「몽유록의 장르적 성격과 문학사적 의의」,『한국학논집』3, 1975.

蘇在英,『壬丙兩亂과 文學意識』, 韓國研究院, 1980.

_____,「임진왜란과 소설문학」, 김태준 편,『임진왜란과 한국문학』, 민음사, 1992.

손승철『朝鮮時代의 韓日關係史 硏究』, 지성의 샘, 1994.

송정현,『朝鮮社會와 壬辰義兵 研究』, 학연문화사, 1998.

柳鍾國,『夢遊錄小說研究』, 아세아문화사, 1987.

李相佰,『韓國史 : 近世前期 編』, 을유문화사, 1962.

이윤석,『홍길동전 연구: 서지와 해석』, 계명대학교 출판부, 1997.

李章熙,『임진왜란사 연구』, 아세아문화사, 1999.

李埰衍,『壬辰倭亂 捕虜實記 研究』, 박이정출판사, 1995.

李擢英, 李虎應 譯註,『譯註 征蠻錄: 壬辰變生後日錄』, 의성군문화원, 1992.

李泰鎭,『朝鮮後期의 政治와 軍營制變遷』, 한국연구원, 1986.

임철호, 『壬辰錄 研究』, 정음사, 1986.

_____, 『설화와 민중의 역사의식: 임진왜란 설화를 중심으로』, 집문당, 1989.

장병옥, 『의병항쟁사』, 한원, 1991.

정규복, 『한국 고전문학의 원전비평적 연구』, 보고사, 1992.

정옥자, 『조선후기 조선중화사상연구』, 일지사, 1998.

조동일, 『한국문학통사』 5권, 지식산업사, 1994.

조원래, 『임진왜란과 湖南地方의 義兵抗爭』, 아세아문화사, 2001.

『조선왕조의 제사』, 문화재관리국, 1967.

차문섭, 『조선시대 군사관계 연구』, 단국대학교 출판부, 1996.

차용주, 『夢遊錄系 構造의 分析的 研究』, 亞學社, 1981.

崔永禧, 『壬辰倭亂中의 社會動態: 義兵을 中心으로』, 韓國研究院, 1975.

崔孝軾, 『壬辰倭亂期 嶺南義兵研究』, 국학자료원, 2003.

한명기, 『임진왜란과 한중관계』, 역사비평사, 1998.

허선도, 『朝鮮時代火藥兵器史研究』, 일조각, 1994.

황경환, 『朝鮮王朝의 祭祀:宗朝大祭를 中心으로』, 문화재관리국, 1967.

황중윤, 「달천몽유록」, 『황동명 소설집』, 문학과언어연구회, 1984.

大谷森繁, 『朝鮮後期 小說讀者研究』, 고려대학교 민족문화연구소, 1985.

(2) 해외연구

Anderson, Benedict, *Imagined Communities: Reflections on the Origin and Spread of Nationalism*, New York: Verso, 1983.

Bakhtin, Mikhail, *The Dialogic Imagination: Four Essays*, Edited by Michael Holquist, translated by Caryl Emerson and Michael Holquist, Austin: University of Texas Press, 1981.

Bell, David A., *The Cult of Nation in France: Inventing Nationalism, 1680-1800*, Cambridge, Mass.: Harvard University Press, 2003.

Berling, Judith, *The Syncretic Religion of Lin Chao-en*, New York: Columbia University Press, 1980.

Berry, Mary Elizabeth, *Hideyoshi*, Cambridge, Mass.: Harvard University Press, 1982.

Boots, J. L., "Korean Weapons and Armor," *Transactions of the Korea Branch of the Royal Asiatic Society* 33, no. 2, 1934, 1-137.

Brokaw, Cynthia Joanne, *The Ledgers of Merit and Demerit: Social Change and Moral Order in*

Late Imperial China, Princeton: Princeton University Press, 1991.

Buswell, Robert, "Buddhism Under Confucian Domination: The Synthetic Vision of Sŏsan Hyujŏng," in *Culture and the State in Late Chŏson Korea*, Edited by JaHyun Kim Haboush and Martina Deuchler, 134–159, Cambridge, Mass.: Harvard University Asia Center, 1999.

Colley, Linda, *Britons: Forging the Nation 1707-1837*, 3rd revised edition, New Haven: Yale University Press, 2009.

Connerton, Paul, *How Societies Remember*, New York: Cambridge University Press, 1989.

de Bary, Wm., Theodore, Donald Keene, et al., *Sources of Japanese Tradition*, vol. I: *From Earliest Times to 1600*, 2nd edition, New York: Columbia University Press, 2002.

de Bary, Wm., Theodore, and JaHyun Kim Haboush, *The Rise of NeoConfucianism in Korea*, New York: Columbia University Press, 1985.

Deuchler, Martina, *The Confucian Tranformation of Korea: A Study of Society and Ideology*, Cambridge, Mass.: Council on East Asian Studies, Harvard University, 1992.

————— , "Despoilers of the Way—Insulters of the Sages: Controversies over the Classics in Seventeenth—Century Korea," in *Culture and the State in Late Chosŏn Korea*, Edited by JaHyun Kim Haboush and Martina Deuchler, 91–133, Cambridge, Mass.: Harvard University Asia Center, 1999.

————— , "The Practice of Confucianism: Ritual and Order in Chosŏn Dynasty Korea," in *Rethinking Confucianism: Past and Present in China, Japan, Korea, and Vietnam*, Edited by Benjamin Elman, John Duncan, and Herman Ooms, 292–334, Los Angeles: Asia Pacific Monograph Series, University of California, Los Angeles, 2002.

Duara, Prasenjit, "The Regime of Authenticity: Timelessness, Gender, and National History in Modern China," in *Constructing Nationhood in Modern East Asia*, Edited by Kai—wing Chow, Kevin M. Doak, and Poshek Fu, 359–386, Ann Arbor: University of Michigan Press, 2001.

Elisonas, Jurgis, "The Inseparable Trinity: Japan's Relations with China and Korea," in *The Cambridge History of Japan*, Edited by John W. Hall, 4:235–300, Cambridge: Cambridge University Press, 1991.

Frank, Andre Gunder, *ReOrient: Global Economy in the Asian Age,* Berkeley: University of California Press, 1998.

Frederic, Louis, *Buddhism: Flammarion Iconographie Guides*, Paris: Flammarion, 1995.

Geary, Patrick J., *The Myth of Nations: The Medieval Origins of Europe*, Princeton: Princeton University Press, 2003.

Geertz, Clifford, *The Interpretation of Cultures: Selected Essays*, New York: Basic Books, 1973.

Gellner, Ernest, *Nations and Nationalism*, Ithaca: Cornell University Press, 1983.

Gilmont, Jean—François, "Protestant Reformation and Reading," in *A History of Reading in the West*, Edited by Guglielmo Cavallo and Roger Chartier, 213—237, Amherst: University of Massachusetts Press, 1999.

Goodman, David, *Japanese Drama and Culture in the 1960s: The Return of Gods*, Armonk: M. E. Sharpe, 1988.

Greenfeld, Liah, *Nationalism: Five Roads to Modernity*, London: Blackwell, 1992.

Grigely, Joseph, *Textualterity: Art, Theory, and Textual Criticism*, Ann Arbor: University of Michigan Press, 1995.

Haboush, JaHyun Kim, *The Confucian Kingship in Korea: Yŏngjo and the Politics of Sagacity*, New York: Columbia University Press, 2001.

_____ , "Constructing the Center: The Ritual Controversy and the Search for a New Identity in Seventeenth—Century Korea," in *Culture and the State in Late Chosŏn Korea*, Edited by JaHyun Kim Haboush and Martina Deuchler, 46—90, Cambridge, Mass.: Harvard University Asia Center, 1999.

_____ , "Creating a Society of Civil Culture: Early Chosŏn, 1392—1592," in *Art of the Korean Renaissance*, 1400—1600, Edited by Soyoung Lee, 3—14, New York: Metropolitan Museum of Art, 2009.

_____ , "Dead Bodies in the Postwar Discourse of Identity in Seventeenth—Century Korea: Subversion and Literary Production in the Private Sector," *Journal of Asian Studies* 62, no. 2, 2003, 415—442.

_____ , "Dreamland: Korean Dreamscapes as an Alternative Confucian Space," in *Das andere China*(The other China), Edited by Helwig Schmidt—Glintzer, 659—670, Wiesbaden: Harrassowitz, 1995.

_____ , "Open Letters: Patriotic Exhortations during the Imjin War," in *Epistolary Korea: Letters in the Communicative Space of the Chosŏn, 1392-1910*, Edited by JaHyun Kim Haboush, 121—140, New York: Columbia University Press, 2009.

————— , "Royal Edicts: Constructing an Ethnopolitical Community," in *Epistolary Korea: Letters in the Communicative Space of the Chosŏn, 1392-1910*, Edited by JaHyun Kim Haboush, 17−28, New York: Columbia University Press, 2009.

Haboush, Jahyun Kim, and Martina Deuchler, "Introduction," in *Culture and the State in Late Chosŏn Korea*, 1−14, Cambridge: Harvard University Asia Center, 1999.

Haboush, JaHyun Kim, and Kenneth Robinson, *A Korean War Captive in Japan, 1597-1600: The Writings of Kang Hang*, New York: Columbia University Press, 2013.

Hass, Kristin Ann, *Carried to the Wall: American Memory and the Vietnam Veterans Memorial*, Berkeley: University of California Press, 1998.

Hawley, Samuel Jay, *The Imjin War: Japans Sixteenth-Century Invasion of Korea and Attempt to Conquer China*, Seoul: Royal Asiatic Society, Korea Branch; Berkeley: Institute of East Asian Studies, University of California, 2005.

Hobsbawm, Eric J., *Nations and Nationalism Since 1780: Programme, Myth, Reality*, Cambridge: Cambridge University Press, 1990.

Hobsbawm, Eric J., and Terence Ranger, *The Invention of Tradition*, Cambridge: Cambridge University Press, 1983.

Huang, Ray, "The Lung−ch'ing and Wan−li Reigns, 1567−1620," In *Cambridge History of China*, Edited by Frederick W. Mote and Denis Twitchett, 7:511−584, Cambridge: Cambridge University Press, 1988.

Iser, Wolfgang, *Walter Pater: The Aesthetic Moment*, Cambridge: Cambridge University Press, 1987.

Jackson, Rosemary, *Fantasy: The Literature of Subversion*, New York: Methuen, 1981.

Kim, Samuel Dukhae, "The Korean Monk−Soldiers in the Imjin Wars: An Analysis of Buddhist Resistance to the Hideyoshi Invasion, 1592−1598," Ph.D. dissertation, Columbia University, 1978.

Kim, Sŏngnae, "Lamentations of the Dead: The Historical Imagery of Violence on Cheju Island, South Korea," *Journal of Ritual Studies* 3, no. 2, 1989, 251−285.

Kitajima Manji(北島万次), "The Imjin Waeran," Paper presented to the Imjin War conference at Oxford University, August, 2001.

————— , "The Imjin Waeran: Contrasting the First and the Second Invasions of Korea," in *The East Asian War, 1592-1598: International Relations, Violence and Memory*, Edited by James

B. Lewis, 73—92, London: Routledge, 2014.

Kuno, Yoshi Saburo, *Japanese Expansion on the Asiatic Continent: A Study in the History of Japan with Special Reference to Her International Relations with China, Korea, and Russia*, 2 vols., Berkeley: University of California Press, 1937.

Laqueur, Thomas, "Memory and the Naming in the Great War," in *Commemorations: The Politics of National Identity*, Edited by John R. Gillis, 150—167, Princeton: Princeton University Press, 1994.

Ledyard, Gari, "Confucianism and War: The Korean Security Crisis of 1598," *Journal of Korean Studies* 6, 1988, 81—119.

Lee, Ki—Baek, *A New History of Korea*, Cambridge, Mass.: Harvard University Press, 1984.

Lee, Peter H., *Anthology of Korean Literature*, Honolulu: University of Hawaii Press, 1981.

_____ , *The Record of the Black Dragon Year*, Seoul: Institute of Korean Culture, Korea University, 2000.

Lee, Peter H., and Wm., Theodore de Bary, eds., *Sources of Korean Tradition*, vol. i: *From Early Times Through the Sixteenth Century*, New York: Columbia University Press, 1997.

Lewis, Mark Edward, *Writing and Authority in Early China*, Albany: State University of New York Press, 1999.

Lincoln, Abraham, "Gettysburg Address," delivered at the Soldiers' National Cemetery dedication, November 19, 1863.

Lopez, Donald S., ed. *Religions of China in Practice*, Princeton: Princeton University Press, 1996.

Lukacs, Georg, *The Historical Novel*, Translated by Hannah Mitchell and Stanley Mitchell, Lincoln: University of Nebraska Press, 1983.

Marx, Anthony, *Faith in Nation: Exclusionary Origins of Nationalism*, New York: Oxford University Press, 2003.

Mayo, James, *War Memorials as Political Landscape: The American Experience and Beyond*, New York: Praeger, 1988.

McDermott, Joseph, "The Ascendance of the Imprint in China," in *Printing and Book Culture in Late Imperial China*, Edited by Cynthia J. Brokaw and Kai—wing Chow, 55—106, Berkeley: University of California Press, 2005.

McMullen, David, "Historical and Literary Theory in the Mid—Eighth Century," in *Perspectives on the Tang*, Edited by Arthur F. Wright and David Twitchett, 307–344, New Haven: Yale University Press, 1973.

Mosse, George L., *The Nationalization of the Masses*, Ithaca: Cornell University Press, 1975.

Naquin, Susan, "Funerals in North China: Uniformity and Variation," in *Death Ritual in Late Imperial and Modern China*, Edited by James Watson and Evelyn Rawski, pp. 37~70, Berkeley: University of California Press, 1988.

Palais, James B., *Confucian Statecraft and Korean Institutions: Yu Hyŏngwon and the Late Chosŏn Dynasty*, Seattle: University of Washington Press, 1996.

Peterson, Charles A., "The Restoration Completed: Emperor Hsientsung and the Provinces," in *Perspectives on the Tang*, Edited by Arthur F. Wright and David Twitchett, pp. 151~192, New Haven: Yale University Press, 1973.

Pollock, Sheldon, "The Cosmopolitan Vernacular," *Journal of Asian Studies* 57, no. 1, 1998, 16~37.

_____, ed., *Literary Cultures in History*, Berkeley: University of California Press, 2003.

Pomeranz, Kenneth, *The Great Divergence: China, Europe, and the Making of the Modern World Economy*, Revised edition, Princeton: Princeton University Press, 2001.

Renan, Ernest, "What Is a Nation?" in *Nation and Narration*, Edited by Homi K. Bhabha, 8~22, London: Routledge, 1990.

Ro, Young–chan, *The Korean Neo-Confucianism of Yi Yulgok*, Albany: State University of New York Press, 1989.

Robinson, Kenneth R., "Centering the King of Chosŏn: Aspects of Korean Maritime Diplomacy, 1392–1592," *Journal of Asian Studies* 59, no. 1, 2000, 109~125.

Rogers, Michael, "Medieval National Consciousness in Korea," in *China Among Equals*, Edited by Morris Rossabi, 151~172, Berkeley: University of California Press, 1983.

Sajima Akiko, "The Japan–Ming Negotiations," Paper presented to the Imjin War conference at Oxford University, August 2001.

_____ , "Hideyoshi's View of Chosŏn Korea and Japan–Ming Negotiations," in *The East Asian War, 1592-1598: International Relations, Violence,and Memory*, Edited by James B. Lewis, 93~107, London: Routledge, 2014.

Sakai Tadao, "Yi Yulgok and the Community Compact," in *The Rise of Neo-Confucianism in Korea*, Edited by Wm., Theodore de Bary and JaHyun Kim Haboush, 323~348, New

York: Columbia University Press, 1985.

Sartre, Jean—Paul, "Aminadab' of the Fantastic Considered as a Language," *Situations* 1, 1947, 56~72.

Sharpe, Jenny, "The Unspeakable Limits of Rape: Colonial Violence and Counter—Insurgency," in *Colonial Discourse and Post-Colonial Theory*, Edited by Patrick Williams and Laura Chrisman, 221~243, New York: Columbia University Press, 1994.

Skillend, William, *Kodae sosŏl: A Survey of Korean Traditional Style Popular Novels*, London: School of Oriental and African Studies, University of London, 1968.

Smith, Anthony D., *The Ethnic Origins of Nations*, Oxford: Blackwell, 1986.

_____, *Theories of Nationalism*, 2nd edition, Boulder: Holmes & Meier Publishers, 1983.

Smith, Jay M., *Nobility Reimagined*, Ithaca: Cornell University Press, 2005.

Sohn, Pow—Key, "Early Korean Printing," *Journal of the American Oriental Society* 79, no. 2, 1959, 96~103.

Sotheby's, *Korean Works of Art*, New York: Sotheby's, June 18, 1993.

Swope, Kenneth Michael, "Bestowing the Double—Edged Sword: Wanli as a Supreme Military Commander," in *Culture, Courtiers, and Competetion: The Ming Court(1368-1644)*, Edited by David M. Robinson, 61~115, Cambridge, Mass.: Harvard University Asia Center, 2008.

_____, "Deceit, Disguise, and Dependence: China, Japan, and the Future of the Tributary System, 1592—1596," *International History Review* 24, no. 4, 2002, 757~782.

_____, "The Three Great Campaigns of the Wanli Emperor, 1592—1600: Court, Military, and Society in Late Sixteenth—Century China," Ph.D. dissertation, University of Michigan, 2001.

_____, "Turning the Tide: The Strategic and Psychological Significance of the Liberation of Pyongyang in 1593," *War and Society* 21, no. 2, 2003, 1~22.

Tackett, Timothy, *When the King Took Flight*, Cambridge, Mass.: Harvard University Press, 2003.

Toby, Ronald P., *State and Diplomacy in Early Modern Japan: Asia in the Development of the Tokugawa Bakufu*, Stanford: Stanford University Press, 1984.

Todorov, Tzvetan, *The Fantastic: A Structural Approach to a Literary Genre*, Ithaca: Cornell University Press, 1975.

Tu, Wei—tning, "Yi T'oegye's Perception of Human Nature: A Preliminary Inquiry into the Four—Seven Debate in Korean Neo—Confucianism," in *The Rise of NeO-Confucianism in Korea*, Edited by Wm., Theodore de Bary and JaHyun Kim Haboush, 261~281, New York: Columbia University Press, 1985.

Turnbull, Stephen, *Samurai Invasion: Japan's Korean War, 1592-1598*, London: Cassell, 2002.

Vaughan, Virginia Mason, "Preface: The Mental Maps of English Renaissance Drama," in *Playing the Globe; Genre and Geography in English Renaissance Drama*, Edited by John Gilles and Virginia Mason Vaughan, 7~18, London: Associated University Presses, 1998.

Wakeman, Frederic E., Jr., *The Great Enterprise: The Manchu Reconstruction of Imperial Order in Seventeenth-Century China*, Berkeley: University of California Press, 1985.

Walraven, Boudewijn, "Muga: The Songs of Korean Shamanism," Ph.D. dissertation, Leiden University, 1985.

————— , "Popular Religion in Confucianized Society," in *Culture and the State in Late Chosŏn Korea*, Edited by JaHyun Kim Haboush and Martina Deuchler, 160~198, Cambridge, Mass.: Harvard University Asia Center, 1999.

Waltham, Clae, ed., *Shu Ching; Book of History: A Modernized Edition oft the Translations of James Legge*, Translated by James Legge, Chicago: Regenry, 1971.

Williams, Raymond, *Marxism and Literature*, Oxford: Oxford University Press, 1977.

Zeitlin, Judith, *Historian of the Strange: Pu Songling and the Chinese Classical Tale*, Stanford: Stanford University Press, 1993.

吉野甚五左衛門, 『吉野甚五左衛門覚書』(東京: 続群書類従, 1931):23.

稲葉岩吉, 『光海君時代の滿鮮關係』(京城: 大阪屋號書店, 1933).

天荊, 「西征日記」, 『続々群書類従』(東京: 続群書類従完成会, 1969~1978) 3:677.

桑田忠親, 豊臣秀吉研究(東京: 角川書店, 1975).

内藤雋輔, 『文禄・慶長役における被擄人の研究』(東京: 東京大学出版会, 1976).

北島万次(Kitajima Manji), 朝鮮日々記・高麗日記——秀吉の朝鮮侵略とその歴史的告発(日記・記録による日本歴史叢書 近世編4)(東京: そしえて, 1982).

3. 역자 추가

임제 외, 구인환 編, 『몽유록』, 신원문화사, 2005.

4. 기타

국사편찬위원회원 조선왕조실록 사이트: http://sillok.history.go.kr(저자는 2015년 2월 5일을 기준으로 하였으나 역자는 2019년 7월 26일 기준으로 적용).

이성주·김정규·한준서, 〈불멸의 이순신〉, 한국방송, 2004년 9월 4일~2005년 8월 28일.

찾아보기